国家社科基金
后期资助项目

中国产业政策转型研究

The Transformation of Chinese Industrial Policies

刘涛雄　张永伟　罗贞礼　等著

中国财经出版传媒集团
经济科学出版社
Economic Science Press

国家社科基金后期资助项目
出版说明

  后期资助项目是国家社科基金设立的一类重要项目，旨在鼓励广大社科研究者潜心治学，支持基础研究多出优秀成果。它是经过严格评审，从接近完成的科研成果中遴选立项的。为扩大后期资助项目的影响，更好地推动学术发展，促进成果转化，全国哲学社会科学工作办公室按照"统一设计、统一标识、统一版式、形成系列"的总体要求，组织出版国家社科基金后期资助项目成果。

全国哲学社会科学工作办公室

前　　言

众所周知,对于产业政策的必要性和有效性问题的争论由来已久。一方面,市场的自发调节能够实现资源的最优配置,而经济发展过程是由市场力量自发推动的资本加速累积的过程,政府干预会导致价格机制的扭曲,降低市场配置资源的效率;另一方面,由于存在信息不对称、外部性、公共物品等原因,价格机制有时并不能起到最优配置资源的作用,从而出现"市场失灵"。由此,政府制定产业政策,可以有效地弥补市场不足,促进特定产业和经济发展。从中国的实践来看,一方面,改革开放以来,中国经济快速增长令世人瞩目,作为中国经济政策一部分的产业政策必然发挥了重要作用;另一方面,产业政策的有效性近年来又越来越受到大家的质疑,认为扭曲了市场对资源配置的基础性作用,甚至在一些领域、一些地方成为创新涌现的障碍。

当前,中国正处于跨越中等收入阶段、发展转型和结构调整的关键时期。从其他国家的发展经验来看,这个阶段往往也是产业政策的目标内容手段和实施方式的重要转型时期,而且一个总的趋势是从对具体产业的扶持帮助为主,逐渐转向对创新的激励和竞争环境的维护。十八届三中全会则明确提出使市场在资源配置中起决定性作用和更好地发挥政府作用。伴随政府与市场关系的调整,产业政策何去何从更是受到了政策制定部门和学者们的广泛关注。本书正是基于中国转变经济发展方式和转变政府职能的关键背景,站在对中国实施多年的产业政策进行系统总结与反思的视角,大胆聚焦中国产业政策是否需要转型和应该如何转型这一时代命题,并主要从三个方面展开研究。一是从理论与实践层面对产业政策的历史演进进行梳理,并从政策主体、政策工具和政策目标等多个范畴出发,提出一个"竞争—创新"的基本分析框架及逻辑体系；二是以中国产业政策转型的现状与问题、多个产业案例及国际经验研究为基础，应用"竞争—创新"基本分析框架，回答"中国产业政策为什么转型""如何转型"等基本问题，从发展阶段和发展议程转换出发，明确中国产业政策转型的战略取向；三是围绕"从产业政策迈向创新与竞争政策"这一总的政策转型取向，进一步提出了政策的目标、手段、组织程序、绩效评价等具体转型建议。在以上逻辑框架下，全书共分六篇十九章展开。

作为一本著作，为了内容全面系统，难免显得面面俱到。但本书力图体现以下几个特点：一是分析框架的创新性。关于产业政策的争论十分庞杂，能否将其置于一个清晰而简洁的理论框架之下？书中创建了"竞争—创新"的政策分析框架；并通过对政策进行多维度分解，以探讨政策各要素之间的微观互动，从而建立起产业政策分析的逻辑体系，为产业政策理论提供了新的分析范式和手段。二是学术前沿性。通过对典型国家（包括发达国家和后发国家）产业政策的历史演变，特别是政策转型经验的介绍，为认知产业政策在不同发展阶段的演进特点和历史转变共性，加快中国产业政策转型提供重要的依据及借鉴；通过选择若干有代表性行业的产业政策进行案例分析，让人从中既能透视这些产业实施产业政策的许多不同之处，也能更加明了中国产业政策成效、失灵、转型的一些共性问题。三是视野开放性。对多个国家产业政策的演进与转型的典型经验进行了分析归纳，既包括和我国工业化道路有类似之处的日本、韩国等，也包括典型的欧美发达经济体美国、法国等，及时总结和推广带有一般性的国际经验，对于加强创新与竞争政策的制度供给，以及探寻对于中国更合适的产业政策转型思路与对策，将具有重要的启示。四是政策实践性。通过突出"从产业政策迈向创新与竞争政策"这一带有普遍性的基本规律，坚持从"四大"转型原则导向出发，分别提出了"从以产业扶持为主转向维护竞争和促进创新""从挑选型政策转向普适型政策""从行政批文转向行政立法""从政府主导转向第三方评估"等多项具体化的转型建议。

"十三五"期间，中国产业发展的环境、条件、任务、要求等都发生了新的变化，以创新为主要引领和支撑的产业经济体系和发展模式将加快形成。面对历史性变化和新的产业转型任务，无论从"创新、协调、绿色、开放、共享"五大发展理念视角，还是从实现"两个一百年"奋斗目标战略高度进行分析,推进中国产业政策的有效转型,都将具有重大的现实意义。本书期望能为中国真正成为一个创新驱动的国家尽绵薄之力!

刘涛雄

2017 年 8 月

目 录

第一篇 历史演进：缘起、理论与实践

第一章 产业政策的研究缘起 ………………………………… 3
第一节 基于产业政策的研究背景 …………………………… 3
第二节 基于产业政策的研究问题 …………………………… 5

第二章 产业政策的理论基础 ………………………………… 7
第一节 产业政策研究的理论借鉴 …………………………… 7
第二节 产业政策的理论与争论 ……………………………… 10

第三章 产业政策实践的概况 ………………………………… 15
第一节 国外产业政策的实践脉络 …………………………… 15
第二节 中国产业政策的实践历程 …………………………… 19

第二篇 一个分析框架：政策、创新与竞争

第四章 基本框架与政策刻画 ………………………………… 25
第一节 基本框架："竞争—创新"分析框架 ………………… 25
第二节 政策刻画：政策空间与政策效果 …………………… 28

第五章　创新激励与政策取向 ……………………………………… 30
第一节　创新激励：创新主体与激励创新 …………………… 30
第二节　政策取向：政策类型与转型取向 …………………… 32

第三篇　现状与问题

第六章　现状分析 ……………………………………………………… 39
第一节　产业结构政策 ………………………………………… 39
第二节　产业技术政策 ………………………………………… 40
第三节　产业组织政策 ………………………………………… 41
第四节　产业布局政策 ………………………………………… 43
第五节　主要政策的颁布过程 ………………………………… 44

第七章　问题及剖析
第一节　主要问题 ……………………………………………… 47
第二节　问题剖析 ……………………………………………… 51

第四篇　案例研究

第八章　钢铁产业政策 ………………………………………………… 57
第一节　钢铁产业概述 ………………………………………… 57
第二节　钢铁产业政策分析 …………………………………… 61
第三节　政策建议 ……………………………………………… 67

第九章　高铁产业政策 ………………………………………………… 70
第一节　高铁产业概述 ………………………………………… 70
第二节　高铁产业政策分析 …………………………………… 71
第三节　政策建议 ……………………………………………… 81

第十章　芯片产业政策 ………………………………………………… 84
第一节　芯片产业概述 ………………………………………… 84

第二节　芯片产业政策分析 …………………………………… 90
　　第三节　政策建议 …………………………………………… 98

第十一章　动漫产业政策 ……………………………………… 100
　　第一节　动漫产业概述 ……………………………………… 100
　　第二节　动漫产业政策分析 ………………………………… 104
　　第三节　政策建议 …………………………………………… 109

第十二章　页岩气产业政策 …………………………………… 114
　　第一节　页岩气产业概述 …………………………………… 114
　　第二节　页岩气产业政策分析 ……………………………… 115
　　第三节　政策建议 …………………………………………… 120

第十三章　生物医药产业政策 ………………………………… 122
　　第一节　生物医药产业概述 ………………………………… 122
　　第二节　生物医药产业政策分析 …………………………… 124
　　第三节　政策建议 …………………………………………… 141

第五篇　国际经验

第十四章　美国的产业政策 …………………………………… 147
　　第一节　美国产业政策的主要特征 ………………………… 147
　　第二节　美国产业政策的转型 ……………………………… 152
　　第三节　启　示 ……………………………………………… 154

第十五章　日本的产业政策 …………………………………… 157
　　第一节　日本产业政策的主要特征 ………………………… 157
　　第二节　日本产业政策的转型 ……………………………… 163
　　第三节　启　示 ……………………………………………… 170

第十六章　韩国的产业政策 …………………………………… 173
　　第一节　韩国产业政策的主要特征 ………………………… 173

第二节　韩国产业政策的转型 …………………………… 178
　　第三节　启　示 ………………………………………… 185

第十七章　法国的产业政策 ………………………………… 187
　　第一节　法国产业政策的主要特征 ……………………… 187
　　第二节　法国产业政策的转型 …………………………… 188
　　第三节　启　示 ………………………………………… 193

第六篇　产业政策转型建议

第十八章　产业政策转型的主要原则 ……………………… 197
　　第一节　产业政策转型应面向经济"新常态"的挑战 …… 197
　　第二节　产业政策转型应吸取已有的经验教训 ………… 197
　　第三节　产业政策转型应围绕促进创新这一核心功能 … 198
　　第四节　产业政策转型应立足"两只手"的有机协调 …… 198

第十九章　产业政策转型实施建议 ………………………… 200
　　第一节　政策目标转型：从以产业扶持为主转向促进
　　　　　　创新和维护竞争 ………………………………… 200
　　第二节　政策手段转型：从挑选型政策转向普
　　　　　　适型政策 ………………………………………… 202
　　第三节　政策组织与程序转型：从行政批文转向
　　　　　　行政立法 ………………………………………… 203
　　第四节　政策绩效评价转型：从政府主导转向
　　　　　　第三方评估 ……………………………………… 204

结　语 …………………………………………………………… 206

参考文献 ………………………………………………………… 208

后　记 …………………………………………………………… 211

第一篇

历史演进：缘起、理论与实践

作为传统产业政策，其特征主要表现为国家直接干预；而现行的产业政策，在开放性的全球经济中，则更多侧重于从直接干预变为间接影响，呈现出"多元化"的产业政策特征。伴随着产业政策的历史演进，无论在理论界还是在实践中一直都存在着种种争议，如实施和适用范围过宽，实施的措施与手段过泛；损害竞争：按所有制、按大小企业、按准入等形成不同的政策；过度行政化：直接干预、市场扭曲、产能过剩、权力寻租；产业政策的有效性已经减弱；资源浪费、地方保护等。因此，产业政策从提出到现在，其研究缘起基本上是围绕普适性与特殊性的辩证关系，在自由主义与干预主义两大阵营之间的不断争论中，不断向时空及纵深推进，并力求实现产业政策存在的必要性与市场选择决定性的某种动态平衡。

第一章　产业政策的研究缘起

第一节　基于产业政策的研究背景

如何调整产业政策的直接干预，以及更有效地设计与实施多元化的产业政策，采取主动保护幼稚产业、弥补市场的不足，发挥后发优势，实现超常发展，已成为政界与学界未来关注的政策研究重点。产业政策，无论在理论上还是实践上都是一个十分宽泛的概念。一般认为，产业政策的大规模兴起主要是在第二次世界大战后，表现为许多国家，如日本、德国等国家政府纷纷加强对市场的干预来实现一定的政府产业和经济发展目标。但是，从政府对市场的干预来讲，几乎是有市场以来就一直存在，因为政府对市场的干预往往会落实到具体的产业，因此很难绝对断定产业政策何时兴起以及其精确含义。政策制定者和学术界对产业政策也有诸多范围不一的定义。如经济合作与发展组织（OECD, 2013）认为，产业政策应该有一个宽泛的定义，既包括为了发展特定产业部门、企业的集聚和行为所做的有针对性的干预，也包括创新、基础设施和知识技能方面的政策。[1] 有学者认为，按照政策影响的对象来将产业政策分为四类：一是影响科学技术创新机会；二是影响学习和技术能力的社会分布；三是影响经济主体面对的激励机制和经济信号；四是影响私人部门的治理模式。[2] 阿吉翁等（Aghion et al., 2011）则倾向于接收"产业政策主要是针对特定产业，尤其是指一些国家对本国幼稚产业的保

---

[1] OECD. Perspectives on Global Development, OECD Development Centre, Paris. © OECD Observer, 2013：No. 296, Q3.

[2] Mario Cimoli, Giovanni Dosi, and Joseph E. Stiglitz. Industrial Policy and Development: The Political Economy of Capabilities Accumulation. Print publication date：2009 Print ISBN - 13：9780199235261 Published to Oxford Scholarship Online：2010 February.

护和扶持政策"。① 根据学术界的一般看法,仍然不妨把产业政策进行广义和狭义的区分。广义产业政策,包括水平型产业政策与垂直型产业政策的广域意义,是指政府为实现期许的经济与社会发展目标,而采取干预的、影响产业发展的各种政策的总和;而狭义产业政策,是指政府制定的某一产业或某些产业的垂直型产业政策。产业政策曾被刘鹤和杨伟民定义为,为了国民经济持续、稳定、协调地发展,尽快赶超发达国家而制定的产业导向目标及其实施手段体系。②

产业政策作为重要的公共资源与宏观经济调整的重要手段,其作用虽然不可否认,但并不是放之四海而皆准的真理,其作用也有很大的局限性。可以说,目前世界上还没有一种固定的产业政策适合所有的国家或者所有的发展阶段。整体而言,随着产业政策分阶段逐步实施,中国经济发展水平已经发生了翻天覆地的变化。改革开放以来,中国经济得到了高速发展,1978~2010年32年间GDP一直保持着两位数的增长,2013年经济总量已达9.038万亿美元,其综合影响力日益增强,已成为世界第二大经济体(第一大经济体为美国,GDP为16.20万亿美元),其中,产业政策带来的经济增长作用是不可否认的。当前,中国正处于发挥市场在资源配置中的决定性作用与更好地发挥政府作用的关键时期;产业发展中还存在许多"瓶颈"问题,如产能过剩、创新动力不足、政策依赖性强;客观上,经济在转型,产业在转型,政策也在转型。在国际产业转移程度日益加深的今天,伴随着全球化进程的加快,在产业政策领域,产业政策转型已经成为非常重要的传统政策创新方式。为此,我们以狭义产业政策概念为主,同时融入了对某些产业部门有重要影响的广义范畴的水平性政策,比如,竞争政策等,确定从三大方面展开重点研究:一是从理论与实践层面对产业政策的历史演进进行概述,并从政策主体、政策工具和政策目标等多个方面,建立一种基于"竞争—创新"的政策分析框架;二是以中国产业政策现状与问题、多个产业案例及国际经验研究为基础,围绕"如何转"的问题进行有效借鉴与深入探讨;三是从与国家"十三五"期间产业政策规划编制形成有效对接的视角,以期在支持创新与竞争政策的更高层次上提炼出更多带有产业政策转型规律性的东西,并为中国加快产业政策转型提供可行的决策参考。

---

① Aghion, Philippe and Dewatripont, Mathias and Du, Luosha and Harrison. Ann E. and Legros, Patrick. Industrial Policy and Competition. Workpaper, Available at SSRN: https://ssrn.com/abstract = 1811643 or http://dx.doi.org/10.2139/ssrn.1811643, 2011.
② 刘鹤,杨伟民. 第七讲产业政策的制定和实施. 中国计划管理, 1991 (7): 37-39.

第二节 基于产业政策的研究问题

从主观上讲，研究产业政策，是为了弥补市场调节机制的缺陷。事实上，伴随着改革开放的进程加速，特别是在党的十三届六中全会之后，在中国产业政策学科的初创阶段，基本上是从西方引进概念体系、理论框架建立和发展起来的，只是考虑到中国毕竟有自己特殊的国情，不能完全照搬基于西方的产业政策的经验事实，需要依据中国产业政策的具体实践，来建构有中国特色的、符合中国实际的产业政策概念，以及站在实现产业政策学科中国化的高度，尽量找准本土特色，建立起适合中国产业政策环境和产业政策过程的理论和模型，并不断创新中国的产业政策研究范式。当然，产业政策的任何研究范式离不开其研究内容。产业政策的研究内容涉及虽然比较宽广，但从问题角度来看，主要表现为以下两个方面：

一是基于产业政策问题的普适性与特殊性的辩证关系。产业政策问题既具有普适性又具有特殊性，其中，产业政策的普适性是产业政策存在必要性的基础，而其特殊性则是产业政策市场选择决定性的基础。[1] 可以说，同一国家内不同地区的经济发展水平、产业特色等也可能造成地区间对同一产业政策问题的不同认识，并最终出台不同的产业政策；作为政府，为实现公共利益所制定的产业政策，必须得到公众的支持方可获得产业普遍的效力；当然，从政策生态角度来说，产业政策也是环境的产物，产业政策系统的正常运行也离不开相应的产业政策环境。因此，在现实中，政策执行主体也会以灵活多样的方式执行产业政策的固有关系。

二是基于产业政策存在的必要性与市场配置资源选择决定性之间的关系。从产业政策存在的必要性与市场选择决定性关系的视角，着重要解决的是影响全局、关系长远的经济发展中的问题；从引领经济发展"新常态"的现实要求出发，为弥补中国产业政策的理论创新的不足和决策部署的"短板"，在遵循产业政策的同时，强调要毫无例外地充分认知到市场的选择作用，并为中国经济迈向更高质量、更高效益的增长模式提供应有的重要政策保障。

总之，作为传统产业政策，其研究特征主要表现为国家直接干预；而现行的产业政策，在开放性的全球经济中，则更多侧重于从直接干预变为

---

[1] 孙萍，张晓杰. 产业政策的普适性与特殊性. 行政论坛，2007（2）：38-40.

间接影响，呈现出"多元化"的产业政策特征。伴随着产业政策的历史演进，无论在理论界还是在实践中都一直存在着多种争议，如实施范围和适用范围是否过宽，实施的措施与手段是否过泛等。因此，产业政策从提出到现在，其研究内容基本上是围绕普适性与特殊性的辩证关系，在自由主义与干预主义两大阵营之间的不断争论中，不断向时空及纵深推进，并力求实现产业政策存在必要性与市场选择决定性的某种动态平衡。

第二章 产业政策的理论基础

理解产业政策需要对其理论基础以及经济体发展的制度环境和发展阶段有充分的认知。伴随着不同阶段经济理论及产业政策的成长，人们对产业政策的理论基础也有了更深的认知。产业政策相关理论研究遍及发展战略、国际贸易、技术创新、经济增长、公共政策等各个领域，体系十分庞杂。但从理论渊源与基础来看，大体可以区分为新古典主义、结构主义和实用演化主义三大流派，不同理论流派相互交织，在竞争和互补中发展，呈现出此起彼伏的发展历史。

第一节 产业政策研究的理论借鉴

一、产业政策的新古典主义理论基础

作为西方的主流学派，新古典主义经济发展理论对产业政策理论的形成具有重要影响。该理论先强调政府如果出现过多的干预就有可能阻碍经济的进步；同时，基于市场经济发展环境，该理论也认为，单纯的自由市场制度常常容易导致经济在运行过程中的"过度扩张"或"产能过剩"，也可能出现"生产不足"或"严重短缺"现象，即所谓的"市场失灵"现象（Bator，1958）。[1] 所谓市场失灵是指，市场自由竞争并不总是能够实现资源的优化配置。作为案例研究，中国的经济发展现象则是并非单纯依靠开放市场就能解决好的。[2] 佐兹曼等（Zysman et al.，1990）认为，为了加快新技术的开发与扩散，对高技术产业实施产业政策，即政府实施

---

[1] Bator. F. M. The Simple Analytics of Welfare Maximization. American Economic Review，1957，47（1）：22-59.

[2] 厉以宁. 中国宏观经济的实证分析. 北京：北京大学出版社，1992.

有效且合理的干预,且能获得直接的、正的技术外部性。[1] 针对如何矫正外部性问题,鲍莫尔(1982)则提出,通过政府的干预作用来解决两个基本问题:一是免费提供以实现效用最大化;二是不断创新筹资方式以弥补公共品的支出成本,以有效加强对资源的合理配置,并不断提升对社会公共品的有效供给效率。[2] 至于准公共品兼具公共品和私人物品的一些特征,可以将准公共品根据类别的不同,分别以政府特许、委托及生产等多种方式直接向社会供给。[3]

二、产业政策的结构主义基础

20世纪80~90年代,随着全球化、区域一体化等的不断推进,以及国际贸易、知识经济等新理论的相继涌现,产业政策更显性化地得到了新的重视与广泛实施,其中,结构主义理论为此提供了新的理论和实践依据。比如说,克鲁格曼和赫尔普曼(Krugman,Helpman)等为不完全竞争的市场结构提供了"新贸易理论",并成为其重要的奠基者。[4] 而布兰德等(Brande et al.,1986),则将产业组织理论引入传统的国际贸易理论,提出了战略性贸易政策理论,其理论依据可归结为两点:一是实现利润转移或追求规模经济效应;二是获得技术外溢效应,是现代经济理论发展中最具影响力的创新成果之一。[5] 克鲁格曼(Krugman,1983)通过知识生产的外部效应,大胆引入"干中学"(learning-by-doing)的重要理念,设计了政府干预幼稚产业并参与国际竞争的理论模型,以实现该国在生产规模上的优势。[6] 洛塞尔等(Laussel et al.,1988)通过制定保护主义与干预主义等方面的相关政策,在没有得到静态分配效率理论支持的背景下,证明对高新技术等战略性产业的发展支持同样也是正确的。[7] 事实

---

[1] Zysman J. L. A. Schumpeterian efficiencies, and free trade. New York Tyson and G. Dosi, Technology, trade policy and in de la Mothe and L. M. Ducharme. Science, technology. USA: Columbia University Press, 1990.

[2] [美]鲍莫尔. 福利经济及国家理论. 北京:商务印书馆,1982.

[3] 陈瑾玫. 中国产业政策效应研究. 辽宁大学博士学位论文,2007.

[4] 赵庆国. 高速铁路产业发展政策研究. 江西财经大学博士学位论文,2013.

[5] Brander J., B. Spencer. Rationals for strategic trade policy and industrial policy. in Krugman, P. Strategic trade policy and the new international economics. Cambridge, USA: MIT Press, 1986.

[6] Krugman P. New Theories of Trade Among Industrial Countries. The American Economic Review, 1983, 73(2):343-347.

[7] Laussel D., C. Montet and A. Pequin-Feissolle. Optimal Trade Policy under Oligopoly: A Calibrated Model of the Europe-Japan Rivalry in the EEC Car Market. European Economic Review, 1988:7(32):1547-1565.

上,战略性贸易政策也是一种产业政策,并为政府实施产业政策提供了重要的理论依据。

三、产业政策的动态比较优势理论基础

不同国家在不同的经济发展阶段,其比较优势是有差异的。欠发达国家在实施贸易自由化进程中,其高技术产业常常居于比较劣势地位。从经济发展的变化视角来看,不同国家的资源禀赋结构也处于不断变化过程中,因此,其比较优势也会是动态的。按照大卫·李嘉图动态比较优势理论的基本逻辑,国家或产业是否具有强的竞争力将完全取决于其自然禀赋,历史上综合竞争力强的国家或产业将在未来的国际竞争格局中始终处于领先地位,而弱势国家或产业则注定会永远落后,世界经济格局将不会改变,而产业政策则没有存在的必要。事实证明,这种理论是存在较大缺陷的。美国政治学家汉密尔顿与德国经济学家李斯特从克服静态比较优势理论的固有缺陷视角,大胆提出了"幼稚产业保护说";而日本经济学家筱原三代平认为,经济增长和资源禀赋结构变化导致产业结构和技术结构迅速升级这个特点,促使政府需制定和实施经济政策尤其是产业政策,并通过政府实行强而有效的干预,较快地促进具有未来竞争潜力的产业迅速升级,最终实现整体经济的追赶与超越。[①]

四、产业政策的实用主义理论基础

基于罗默(Romer,1986)、卢卡斯(Lucas,1988)、阿格汗和哈威特(Aghion,Howitt,1992)等提出的新增长理论,[②③④] 以及由奥斯曼和罗德里克(Hausmann,Rodrik,2003)、罗德里克(Rodrik,2008)提出的新发展理论,逐渐使实用主义理论成为产业政策新的理论基础之一。其中,新增长理论认为,不同国家生产率的增长很大程度上受研发系统和政策、教育系统的影响,它的主要观点表现在:第一,创新和新技术的采用是生产率增长和人均 GDP 增长的重要引擎,创新通常以新产品、新生产过程

[①] 赵庆国. 高速铁路产业发展政策研究. 江西财经大学博士学位论文,2013.

[②] Romer P. M. Increasing Returns and Long-run Growth. The Journal of Political Economy,1986;94 (5): 1002 - 1037.

[③] Laussel D., C. Montet and A. Pequin-Feissolle. Optimal trade policy under oligopoly: the EEC market. European Economic A calibrated model of Europe-Japan rivalry in Review,1988,7 (32): 1547 - 1565.

[④] Aghion P., P. Howitt. A Model of Growth Through Creative Destruction. Econometrica,1992,60 (2): 323 - 351.

以及新的组织等形式出现;第二,创新和采用新技术主要是在企业内发生,主要依赖于企业的创新激励,而激励受经济政策和经济环境(如专利制度、知识产权政策、研发资助条件以及竞争政策等)的影响;第三,有关创造性破坏是生产力增长的重要原因;第四,一国的人力资本存量决定了该国的创新能力以及缩小与富国差距的能力,也决定了该国超越富国的能力。[1][2][3]为此,罗德里克(Rodrik,2010)主要强调了要尽量获取私人与政府的相关信息问题。[4]因此,当我们更为简单抽象地注意到企业和政府共同参与战略合作的过程时,实质上已兼顾了产业政策的多重目标。简而言之,根据新增长理论和新发展理论,产业政策在扩大技术外部性过程中,是完全能够发挥其积极作用的。

第二节 产业政策的理论与争论

当我们动态地、历史地看待产业政策是否有效时,各国还是以实际行动普遍确定了产业政策的意义。既有基于理论研究的偏好,也有出于现实需要的考虑。但在理论上,则一直存在市场机制主导论和政府干预论两种思想分歧。作为产业政策代表性的争论事件,如20世纪70~80年代,日本国内就出现了比较激烈的争论;经济合作与发展组织(OECD)也曾发动多个国家的学者进行过比较深入的讨论;中国自2016年8月以来,以林毅夫与张维迎为代表围绕"产业政策该不该施行"亦爆发了激烈争论。此外,很多人认为,美国几乎从未在官方文件中出现过产业政策,长期以来对产业政策是持抵制态度的,但不意味着美国没有产业政策,只是美国在整个国民经济生活中是以财政政策和货币政策为主,从宏观上间接调控经济,而产业政策更多的是隐藏其中,特别是隐藏在财政政策之中而已;长期致力于产业政策推广的联合国工业发展组织(UNIDO)于2010年也发表了题为"为了繁荣的产业政策"的战略报告;而经济合作与发展组织(OECD)则将其2013年全球发展展望报告的标题定为

---

[1] Hausmann R., D. Rodrik. Economic Development as Self-Discovery. Journal of Development Economics, 2003, 72 (2): 603–633.

[2] Rodrik D. Normalizing industrial policy. Commission on Growth and Development Working Paper, 2007.

[3] Rodrik D. One Economics, Many Recipes. Princeton: Princeton University Press, 2008.

[4] Rodrik D. The return of industrial policy. Project Syndicate, 2010 (12).

"变革中世界的产业政策"。关于产业政策利弊的争辩,从现实的角度来看,不仅涉及具体相关政策的得失,而且涉及国家发展模式的优劣;从学术视角来看,这涉及经济社会发展尤其是产业转型与升级过程中国家与市场的关系。

一、产业政策的理论分歧

(一)市场机制主导论

从市场引导信号的不同,可以将市场机制主导论分为需求偏好变动引起的产业结构变动理论和生产技术不同及生产者收益不同导致的产业结构变动理论。埃切瓦里亚(Echevarria,1997)和其他学者探讨的需求偏好变动引起产业结构变动理论认为,产品的边际效用是直接影响产品消费结构变化的主因,并会导致产业的转型发展。[1][2][3] 而约万诺维奇(Jovanovic,1982)与其他学者提出的生产技术不同导致产业结构变动理论,则是把不同产业的增长速度、产品的相对收入弹性、产品是替代还是互补等因素结合起来解释产业转变。[4][5][6][7][8] 市场机制主导论强调所制定的产业政策,主要通过市场来尽量避免过多的人为干预,创造能维护市场公平竞争秩序的制度与环境。

(二)政府产业政策干预论

在市场失灵的情况下,作为政府实施的用"看得见的手"干预市场,竞争政策和产业政策的重点是完全不同的,现实中的产业结构演变历程也体现了这一点。一方面,由于市场机制本身无法克服其不完美性,很难确

---

[1] Echevarria C. Changes in Sectoral Composition Associated with Economic Growth. International Economic Review, 1997, 38 (21): 431–452.

[2] Kongsamut P. R., Sergio D. and Y. Xie. Beyond Balanced Growth. Review of Economic Studies, 2001 (68): 869–882.

[3] Foellmi R., J. Zweimuller. Heterogenous Mark-Ups, Demand Composition and the Inequality-Growth Relation. mimeo University of Zurich, 2002.

[4] Boyan, Jovanovic. Selection and the evolution of industry. Econometrica, 1982, 50 (3): 649–670.

[5] Hopenhayn, Hugo. Entry, Exit and Firm Dynamics in Long-Run Equilibrium. Econometrica, 1992 (60): 27–50.

[6] Ericson R., A. Pakes. Markov-Perfect Industry Dynamics: A Framework for Empirical work. Review of Economic Studies, 1995 (62): 53–82.

[7] Lucas, Robert E. B. International Migration and Economic Development: Lessons from Low-Income Countries. Northam Pton M. A., Cheltenham. UK: Edward Elgar, 2005.

[8] Ngai L. Rachel, Pissarides Christopher A. Structural change in a multi-sector model of growth. IZA Discussion papers, 2005, No. 1800.

保对产业转型升级的结果是最优的;另一方面,产业政策作为欠发达国家克服其存在的严重信息外部性和协调外部性,已成为其赶超发展的重要工具。历史上,诸如罗森斯坦－罗丹(Rosenstein-Rodan, 1943)的"大推进理论",[①] 以及"增长极理论""中心—外围理论""联系效应理论""战略性贸易政策理论"等,都从不同侧面体现了产业政策干预的"共同"规律。而决定产业政策作用效果好坏的真正评判标准,应当是根据不同国家各自的实际经济状况,制定能被接受的、合适的产业政策,并不断地提高其自身制定和执行产业政策的能力。

二、产业政策的典型争论

(一) 20世纪70~80年代日本产业政策争论

第二次世界大战后,作为一种共识,日本的产业取得出人意料的发展,但在上述产业发展过程中,相关的经济学家、产业政策制定者以及新闻界人士,都参与了对产业政策的广泛争论,包括政府所能发挥的作用、机制运转的根本方式等。根据日本著名经济学家小宫隆太郎的研究,他将日本产业政策争论,按先后顺序共划分为三个不同时代:第一代——战前与战时派;第二代——乐观派;第三代——通用派等。其中,"日本经济观"代表了第一代学者和第二代学者的共识,但有差异,其中,第一代表现悲观,第二代则更显自信;而对第三代学者而言,由于日本经济得到了高速增长,他们已缺失了系统的"日本经济观",同时,对诸如反垄断、反政府干预,以及竞争与自由化意识,也非常淡薄。[②]

1. 第一代——第二次世界大战前与第二次世界大战时派。

以有泽广巳、中山伊知郎等为代表,在第二次世界大战后不久,1949~1950年间,出现了"贸易主义"(中山伊知郎等为代表)和"开发主义"(有泽广巳、都留重人为代表)之间的争论,这称得上是纯粹意义上的、日本最早的有关产业政策的争论。争论中,中山伊知郎比较偏向于自由贸易主义,而有泽广巳、都留重人等却倾向于计划经济,包含有保护主义、重商主义和介入主义的思想倾向,对实际的产业政策产生了重大影响并加快了当时重化学工业等的振兴和发展。但进入20世纪60年代后,随着日本成为GATT(关税和贸易总协定)、IMF(国际货币基金组织)、OECD

---

① Paul Rosenstein-Rodan. Problems of Industrialization of Eastern and South-Eastern Europe. Economic Journal, 1943 (53): 2-11.

② 小宫隆太郎, 余晁鹏. 日本产业政策争论的回顾和展望. 现代日本经济, 1988 (3): 5-8.

（经济合作与发展组织）成员，对日本提出了贸易、汇兑、资本等多种自由化的要求，才与第一代学者的保护和介入主义的经济思想形成了更多思想分歧。

2. 第二代——乐观派。

以馆龙一郎、马场正雄、金森久雄、小宫隆太郎等为代表，从20世纪60年代中期开始，第二代人（指在欧美大学中学习了近代经济学理论的一批人）陆续登上了日本产业政策（广义来说是经济政策）的争论舞台。第二次世界大战后派的第二代学者，对于日本经济的前景认知，较之第二次世界大战前与第二次世界大战时的第一代学者来说，已表现了乐观的判断态度。日本第二代产业政策的基调是基于"市场的失败"的情况下，为纠正不合理情形与必要的有效对策，不支持政府对产业进行多余的干预，因而与第一代学者产生了尖锐的认知对立，并总体否定了对通产省、运输省和农林水产省所采取的相应政策。当然，居于中立者也不乏其人。

3. 第三代——通用派。

1984年，历经两年由40余名研究者参与的重大研究成果——"日本的产业组织"（小宫隆太郎，奥野正宽，铃村兴太郎编．东京大学出版会）得到了正式出版。该著作凝聚了第二代学者与第三代学者们的争论和共同智慧，但在其共同研究中担当理论部分的铃村兴太郎、奥野正宽、伊藤元重、清野一治等4人，却都属于第三代学者的代表人物。他们认为，产业政策作为市场机制下资源分配过程的一种政府干预，只有在"市场失败"的情况下才有它存在的必要，但第二代学者们却坚持认为，构成现实日本经济的市场一般是健全的、发挥作用的，市场失败的经济状况会比较少见；而第三代学者则认为，基于市场的失败而产生的经济情况会比较普遍，并以此认知作为他们全部研究工作的出发点。另外，第二代学者一般把近于完全竞争状态作为研究的基点，但第三代学者却按照少数几家大企业垄断市场的模式而热衷于追求竞技理论领域的研究，认为有各种各样的情况，政府在产业发展的过程中遇到失败时，很有必要采取各种政策并惯于运用微观经济学等新概念去剖析产业发展问题。

（二）21世纪中国产业政策的争论

2016年8月25日，北京大学国家发展研究院教授张维迎在亚布力中国企业家论坛2016年夏季峰会上做了题为"为什么产业政策注定会失败"的演讲。随后，北京大学国家发展研究院名誉院长林毅夫撰文"经济发展有产业政策才能成功"，与张维迎的观点相左；张维迎继而以"林毅夫在产业政策问题的四个错误"进行回应,林毅夫则以"回应张维迎指出的所谓四个问题"一文,将产业政策有无必要、"市场"与"政府"孰优孰劣的辩论推向高潮。关于张维迎和林毅夫的辩论,引起了学界和社会的很大兴趣,许多专家学者也参与了这场讨论,著名经济学家吴敬琏"论产业政策:好的政策应该要促进竞争",颇具启迪性;而国家发展和改革委员会回应产业政策争论:各国都在使用产业政策,也值得关注。[①~⑤]

---

① 张维迎,林毅夫. 产业政策大辩论的实质. http://news.cnfol.com/guoneicaijing/20161109/23779302.shtml.

② 张维迎. 为什么产业政策注定会失败? . http://money.163.com/16/1108/19/C5CE6FS2002580S6.html.

③ 林毅夫. 经济发展有产业政策才能成功. http://www.cb.com.cn/linyifu/2016_0913/1168706_2.html.

④ 吴敬琏. 论产业政策:好的政策应该要促进竞争. http://news.21so.com/2016/qqb21news_114/42137.html.

⑤ 发改委回应产业政策争论:各国都在使用产业政策. http://www.cnr.cn/list/finance/20160914/t20160914_523137292.shtml.

第三章 产业政策实践的概况

世界上各种具体政策的广泛存在以及诸多政策实践的检验已经表明，市场存在固有的缺陷和不足，对资源的配置作用也难言尽善尽美，它需要借助必要的产业政策进行多种方式的干预，即由政府牵头采取较为主动的政策干预措施。鉴于此，作为政府为克服市场失灵而实施的带有一定强制性的调控经济的基本工具——产业政策，也就自然应运而生并在世界范围内得到普及，并与不同国家实际产业的发展需求紧密联系，从而形成不同国家产业政策的发展特征与差异化的实践历程。乍看之下，一些发达国家大都出现了两条相向而行式的产业政策实践轨迹，但从政府与市场的关系而言，大多以"中间道路"式的轨迹来演进产业政策，并非表现出完全两极化的实践方式，只是随着市场化程度的不断提高，竞争态势会随之增强，并不断提升政府通过制定政策、加快引导企业在国际市场上开展竞争的重要性认知水平。因此，市场还是政府，这不再是单项选择题，更多的是努力追求多面性选择的最优化平衡而已。[1]

第一节 国外产业政策的实践脉络

一、美国

美国属于典型的自由市场经济，政府比较注重发挥市场主体的作用。尽管美国至今仍不主张过多地干预经济活动，计划的作用较小，其政府功能转向秩序导向，但政府针对产业政策的争议也比较大，存在着截然不同的两种立场：一些很赞同，而另一些则坚决反对，并均有其坚实的理论基础和充分的实际案例作为政策支持。其中，持赞同意见的，主要集中在两

---

[1] 徐明妍.纵向限制反垄断规制的发展及启示——以竞争政策为视角.华东政法大学博士学位论文，2013.

个方面：一是可提供良好的秩序与市场环境，以促进各产业加快发展，其核心还是为产业发展创造必要的条件；二是对科技研发、教育方面的作用应成为政府产业政策的关注点，尤其对以多种补贴方式大量支持科技创新活动等，则被普遍认为是美国式的产业政策措施，如美国提出的"工商立国"的重要理念，就是其第一次产业政策的正式提案；在第二次世界大战结束以后，随着《赛勒—凯弗维尔法》（1950）、《地区再开发法案》（1961）、《公共工程和经济开发法案》（1965）、《阿巴拉契亚区域发展法案》（1965）、《反托拉斯诉讼程序改进法》（1980）等区域或组织性产业政策的集中出台，立法手段成为美国产业政策的主要推进手段，即以反垄断为主要目的、以采取直接司法行动为手段；① 在里根政府时期，为加强对美国获得更多出口机会的保护力度，诸如"贸易政策行动计划""自由和公平贸易"等，则成为其产业政策的核心内容，而所谓的"特别301条款"（即"综合贸易与竞争力法案"），其核心宗旨是提供了让美国可直接单方面采取制裁措施的法律依据；之后，到了布什政府时期，则在1989年单方面认定了一批"重点观察国家"，借由"国家贸易政策纲要"进行发布，加速这些国家向美国开放其国内市场；克林顿执政后，通过颁布《国家出口战略》，以出口补贴、优惠税收、进口壁垒等政策措施，支持美国战略性新兴产业在国际市场上的竞争力，并获取更多的规模经济收益。在奥巴马政府时期，又一次提振了20世纪80年代美国重振制造业的信心，国会于2007年8月9日签署了美国竞争法案，授权为新的科学技术项目提供336亿美元的资助，用以复兴美国的制造业；而《先进制造业国家战略规划》《国家制造业创新网络：一个初步设计》等政策的先后出台，则是为增强在现有的美国创新体系中，特别是为研发活动和国内商品的生产中应用新技术架构桥梁；到了2014年1月，奥巴马宣布成立新的制造业创新中心，该中心实际上由政府与私营部门共同参与。②③

二、德国

基于其市场原则与社会均衡原则相结合的社会市场经济制度特征，德国实行产业政策的主要目的是加强对市场竞争的监督与管理，以最大限度

---

① 宾雪花. 美国产业政策立法与反托拉斯法关系探析. 经济法论丛，2012（2）：321 – 336.
② 唐凤. 美重振制造业出新牌巨资成立三所创新研究机构. 中国科学报，2013 – 5 – 14. http：//news. sciencenet. cn/htmlnews/2013/5/277842. shtm。
③ 王静波. 美国制造业技术创新推进举措. 上海情报信息平台. http：//www. istis. sh. cn/list/list. aspx？id = 8292。

地校正市场竞争结果，消除在市场运作中的经济不平衡，计划方面的作用较小，政府功能主要转向秩序导向，整体干预程度介于美国模式和日韩模式之间。① 到20世纪60年代后期，由于经济情况发生变化，开始出台在市场机制充分运作前提下的产业政策。同时，也十分重视反对限制竞争和反对不正当竞争。其具体做法是：制定反垄断法；通过加强对权威性监督垄断机构的建立，避免企业兼并与监督市场权力的滥用，并为大中小企业积极运用经济杠杆、鼓励自由竞争创造更公平的发展环境。60年代以后，随着德国经济出现的变化，德国政府开始强调技术进步作用下的产业结构、技术结构和产品结构的调整和升级，其产业政策取向主要体现在以下三个方面：一是如何充分发挥农业在产业结构中的基础作用；二是如何加快地区性经济的整体发展；三是如何有效地遏制诸如垄断与保护性竞争，并确保中小企业的可持续发展。到60年代，政府开始扶持能源、交通、原材料等基础产业和基础设施的发展；70年代，则重点支持微电子和生物工程等新型产业的发展；进入80年代以后，随着电子信息、生物工程、航空航天、核电技术等多种新兴产业的发展，与其配套的产业扶持政策也已进入快速变动时期；90年代以后，政府十分关注实现能源需求、供给与环境等方面的协调性，并制定了一系列促进资源有效利用的法律，以促进新兴产业振兴，如《可再生能源优先法》（2000年）、《新（修改）可再生能源法》即上网电价法（Feed-in tariff law）（2004年）等先后被颁布实施。21世纪以来，德国政府进一步加大了产业政策的影响分量，并进一步放大了产业政策的作用范围，新材料产业、IT产业以及健康产业等，都是产业政策的典型"导向性"产业。

三、日本

日本出于国家干预和市场机制的协调实践目的，在其早期发展阶段表现了较高程度的市场干预特征，一直坚持政府主导型市场经济发展方式，计划手段发挥着重要的作用。建有相对比较完整的产业政策体系，主要通过实施重点产业政策，即"倾斜式生产方式"扶持主导产业的发展，实现结构调整，引导社会资源重新组合和再分配。其产业扶持政策的演变特征表现为：①1931~1945年，产业政策突出管制经济，以扶持战略性产业发展为主。②1945~1960年，日本经济处于非常时期，在资金、原材料严重不足的情况下，把恢复传统能源型产业的生产方式，作为产业政策的重点

---

① 左伟. 美德日市场经济模式的比较研究及启示. 当代经济管理，2014（4）：86-92.

倾斜对象。③1960~1973年，机械、钢铁等重化工业经济正处于高速增长时期，政府主要以产业扶持政策和企业改组政策作为这一时期产业政策的主导重点。④1974~1985年，经济处于稳定增长时期，产业政策重点是扶持低能耗、高环保的知识密集型产业发展，微电子、机械电子装置产业、光学机械产业、生物工程学产业、新原材料产业及宇宙航天产业等脱颖而出。⑤1986~2000年，经济步入了结构转换时期，产业政策重点以服务化和信息化为主。⑥2000年以后，日本经济迈入发展新时期，产业政策开始向"创造性知识密集型"倾斜，从单一性的增长转向以生活大国为主要目标，并开始将能源供给与环境保护等方面的协调性作为政府关注的重点。①

四、韩国

在韩国经济的发展过程中，产业政策的核心作用是毋庸置疑的，但在政府主导下，从进出口替代到技术立国，因对市场实施过多的干预，导致企业活力衰退，加上过于集中的政企关系的关联影响，使产业政策绩效出现多种负面作用。产业政策发展的演变特征是：①20世纪50年代初，韩国经济开始稳定化和工业化的进程，产业政策重点是支持以内向型为特征的经济发展。②20世纪60年代初，韩国开始步入以进口替代战略向出口导向战略转型时期，劳动密集型产业政策成为这一阶段比较集中的产业政策特征，以此加快推进产业结构的调整目标。③20世纪70年代初期，提出"重化工业宣言"，产业重心向化学、钢铁、机械等基础产业转移，主要推进以重化学工业为核心的产业政策。④20世纪80年代初，政府以大力培植出口产业为重点，主要推进以产业结构调整与促进国际化为目标的产业政策。⑤到了20世纪90年代之后，韩国的产业结构调整突出以技术立国为宗旨，致力于提高技术领域的自主开发并进军高技术领域，主要以提升产业结构高级化能力为重点的产业政策。⑥进入21世纪后，信息、生物、文化创意等高新技术或战略性产业等，成为政府产业政策支持的重点，《国家能源基本计划》《低碳绿色增长基本法》等政策法规被相继实施，以期大力培育新的经济增长点。②

---

① [日] 小宫隆太郎，奥野正宽，铃村兴太郎. 日本的产业政策. 东京大学出版会日文版（日文版），1984.

② 霍焱. 韩国产业政策研究——政府在经济发展中的作用分析. 延边大学硕士学位论文，2003.

五、俄罗斯

作为典型的转型国家与发展中国家，俄罗斯的产业政策从本质上说仍体现为一种政府行为，属于国家直接干预或支持各产业部门加速发展的产业政策，重点是提高特定行业（或企业）竞争力，目的是鼓励产业发展和促进产业结构升级。但在不同时期，俄罗斯产业政策的演进特点也呈现出较大差异性。①1991～1999年，虽然主张并大力实施自由经济政策，但对产业政策并不意味着完全持否定意见，在实际经济运行当中，仍然专门成立了"国家委员会"（1992年），以制定和引导产业政策的实施；1993年首次使用产业政策的概念，1994年以后，将国内产业分为3种类型：新兴产业、幼稚产业和夕阳产业，并制定出不同的产业扶持和保护政策。但因这一时期国家的主要任务是建立市场经济体制，所以很难切实落实这些可行的产业政策。②2000～2008年的产业政策，作为一种经济政策工具，主要通过稳定基金的建立和功能扩展，加快以"柔性型"取代"刚性型"为产业政策的最大特点。③2008～2012年，其产业政策作用效果并不理想，因过于关注新能源、核技术、信息技术、空间技术、通信技术与医药等领域，对消费工业等领域不太重视，虽然主体目标没有离开经济现代化方向，但最终还是没能解决好经济结构的根本失衡问题，导致其竞争力在世界排名中下降。④2012年以后，第三次执政的普京总统主张借鉴韩国和中国的经验，并较好地围绕"新型工业化"发展领域，提出了一些新型的产业政策，其主要特点是将结构优化、创新与投资等政策进行融合推进。[1]

第二节 中国产业政策的实践历程

新中国成立初期实施的产业政策，带有明显的经济政策特点，在计划经济时期，尤其是"三五"计划前后，"三线建设"等成为当时产业政策的内容，而1989年《关于当前产业政策要点的决定》的正式颁布，则标志着产业政策进入了正式实施阶段。进入20世纪90年代后，中国产业政策的实践效果已得到明显提高。由于产业政策具有明显的历史阶段性，在不同时期、不同体制环境下，产业政策的内容、范围及干预的方式都有所

---

[1] 周静言. 后危机时代俄罗斯产业政策调整研究. 辽宁大学博士学位论文，2014.

不同。① 改革开放近 40 年来，中国产业政策演进的历史过程表明：一方面，产业政策的重点经历了从推动总体产业发展到促进重点产业升级与产业结构调整为主的演变，政策工具也由以往的强制性转向更多的指导性，无论是对产业组织、产业结构调整、优化产业布局，还是对产业发展的机制体制改革等关键问题，产业政策成效都是十分显著的；另一方面，因受制于多种外在条件的影响，中国产业政策的实施过程也并非一帆风顺。如进入 2000 年后，随着经济体制改革的逐步深化与宏观经济的全面运行，产业政策干预微观经济主体的趋势日益加剧，行政手段在产业政策中发挥着越来越重要的作用。面对中国产业经济发展更多的挑战与机遇，有必要在分析已有产业政策绩效的基础上，构建能确保更充分发挥市场决定作用，同时更好地发挥政府作用的产业政策体系，以切实减少产业政策对微观经济主体运行的过度干预，并促进产业创新力与竞争力的整体提升。

一、新中国成立～1965 年：产业政策以重工业发展优先，工业以钢为纲，农业以粮为纲，优先发展国防工业

这一时期，中国经济建设在复杂环境中艰难前行，尽管没有明确使用"产业政策"这个名词，但在计划经济背景下，为了当时的政治目标或政治形势需要，制定了"重工业优先发展"的战略、"以农业为基础，以工业为主导""以钢为纲""以粮为纲"等经济建设方针，这些可以视作当时产业政策的具体表现。

二、1966～1977 年：产业政策的安排顺序是农优于工，趋向于"农、轻、重并举"，并优先发展加工业

这一时期，围绕"农、轻、重并举"，政府给予了其大量的倾斜式的政策扶持，初步建立了比较完整的工业体系，既包括原来所没有的传统的资本密集的基础产业，也包括第二次世界大战后发展起来的技术密集型工业部门。但也出现了产业结构矛盾突出，和"轻先于重"带来的经济发展动力不足等消极影响。

---

① 马晓河，赵淑芳. 中国改革开放近 40 年来产业结构转换、政策演进及其评价. 改革，2008（6）：5-22.

三、1978~2000年：产业政策突出支持重化工业和能源交通基础设施建设，促进产业升级与对外开放

从《中华人民共和国国民经济和社会发展第七个五年计划 1986~1990》开始，在正式文件中才使用"产业政策"这一专用术语；《国务院关于当前产业政策要点的决定》的颁布，可以说是中国诸多产业政策中的第一个正式文件；随后，《中华人民共和国中外合资经营企业法》《90年代国家产业政策纲要》《指导外商投资方向暂行规定》《外商投资产业指导目录》等相继颁布。1997年以后，多项指导性产业政策措施，如《当前国家重点鼓励发展的产业、产品和技术目录》《淘汰落后生产能力、工艺和产品的目录》《工商领域制止重复建设目录》等，也都开始进入规范化实施阶段。

四、2000年以后：产业政策倾向于支持战略性新兴产业发展，以产业结构调整与产能升级为政策目标

2000年以来，中国政府针对产业结构中出现的诸多新问题，如粗放式的经济增长方式、以消耗大量资源和能源为代价的资源短缺、日益严重的环境污染等，通过颁布诸如《关于发布实施促进产业结构调整暂行规定的决定》（2005年）、《产业结构调整指导目录》（2005年）、《促进产业结构调整暂行规定》（2005年）、《关于促进自主创新成果产业化的若干政策》《高技术产业发展"十一五"规划》《关于支持中小企业技术创新的若干政策》《国家产业技术政策》《国家发展改革委关于加快国家高技术产业基地发展的指导意见》《关于组织实施2008年度重大产业技术开发专项的通知》《国家技术创新工程总体实施方案》《"十二五"国家战略性新兴产业发展规划》等一系列产业政策和进一步细化政策内容，基本完成了对产业发展路线图、重大行动计划和主要政策措施的细化等配套政策的制定工作，并不断引导产业政策措施的实际推广与有效实施。

第二篇

一个分析框架：政策、创新与竞争

  提出基于"竞争—创新"的基本分析框架，一是突出产业政策对竞争的影响分析，重点分析扭曲、阻碍、弥补、促进等的作用；二是突出产业政策对创新的影响分析，分鼓励、中性、阻碍等不同情况进行重点梳理。在此基础上，再结合对政策空间与政策效果等的政策刻画分析，最终建立产业政策转型的新分析范式。

第四章 基本框架与政策刻画

第一节 基本框架:"竞争—创新"分析框架[①]

一、分析框架的构成

作为一种行政干预手段,产业政策对竞争和创新会有不同程度的影响。我们从理论角度分析政策、创新与竞争,并提出了一个基本的分析框架,即以竞争为水平要素,创新为垂直要素,将产业政策的影响划分为九个象限,见图4-1,产业政策最理想的效果应该既能促进创新能力的培育,又能促进竞争。那么,产业政策如何影响竞争?又如何影响创新呢?什么样的产业政策既能促进创新能力的培育又能促进竞争呢?这些将成为后续探讨的重点问题。

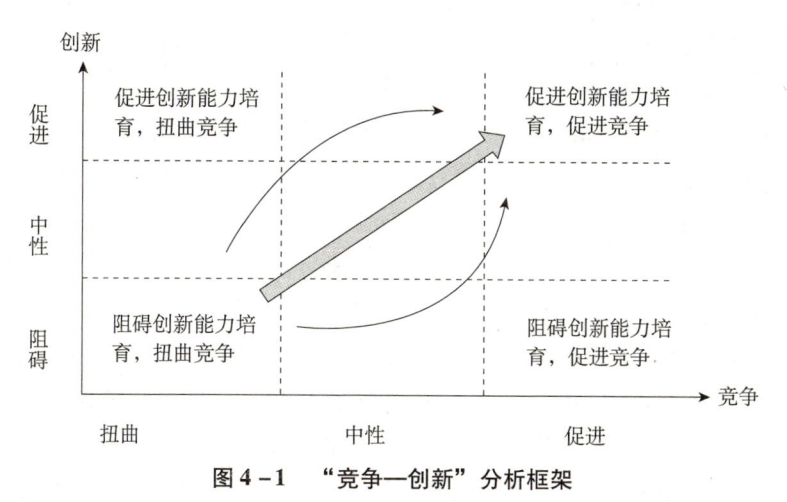

图4-1 "竞争—创新"分析框架

[①] 本节部分内容见刘涛雄,罗贞礼.从传统产业政策迈向竞争与创新政策——新常态下中国产业政策转型的逻辑与对策.党政干部参考,2016(2):23-24.

二、产业政策对竞争的影响

产业政策对市场竞争的影响可以区分为3种基本情况：扭曲、促进和中性。

——所谓"扭曲"，指政策为了实现一定目标对市场进行干预，使得本来可以正常运转的市场产生变化，市场均衡发生实质性偏离。最典型的情况是因为补贴或管制等措施扭曲了生产要素、产品等的价格，从而市场均衡式的投入要素偏离了有效率的均衡位置。

——所谓"促进"，包括两种情况：第一种情况是指，政策的目的或结果在于弥补市场竞争的"外部性"，矫正市场不足，这是传统福利经济学的主要观点，以庇古为代表。所谓的"外部性"是指，两个经济主体之间在缺乏任何相关交易的情况下，一个主体对另一个主体的福利造成的影响，这种影响可正可负。第二种情况是指，政策的目的或结果在于培育或促进竞争行为本身，这和上述第一种情况是不同的，其弥补市场外部性的做法更多的是基于市场机制的现状，在市场之外由"政策之手"发挥作用。

——所谓"中性"，是指产业政策对产业发展的影响保持中性，既不产生"扭曲"也不产生直接性"促进"后果的政策，其对竞争的影响相对比较中性。例如同样是补贴政策，如果将补贴直接给予消费者而不是生产者，那么，政策对市场竞争的影响就比较中性。

而在上述三要素中，如何理解"促进"中的"外部性"问题，将成为正确把握产业政策对市场竞争影响的关键。

一方面，当在一定的市场交易环境中，市场主体的某些行为导致的对全社会成本收益的影响和对其自身成本收益的影响之间存在不一致时，我们说这个市场存在外部性。如对生产过程中会产生环境污染的企业，如果它不用为产生的污染缴纳环境税或付出其他成本，污染的成本完全由社会承担，则其生产行为产生的所有成本中企业自身承担的成本和社会成本不一致，这就产生了外部性。显然，当存在这种外部性时，如果没有政策干预，企业愿意将产量提高到社会最优产量之上，从而导致过度生产的情况，这是负外部性的情况。同样可能产生正外部性的情况，典型的情况是在研究开发活动中，一个企业的开发活动产生的成果可能会被其他企业所学习甚至外溢到整个产业，从而为其他企业带来正的收益，当这部分收益不能被原开发企业所获得时，正的外部性就产生了。因为这种正外部性的存在，企业对研究开发活动的投入往往会低于社会最优所需要的投入。

另一方面，为弥补正外部性，就需要政策对企业的研究开发活动的补贴，以鼓励企业增加对研发活动的投入，这也是世界各国的普遍做法。传统的福利经济学认为，政策存在的核心意义便在于弥补市场的外部性。当市场存在负外部性时，需要采取征税、惩罚、管制等方法来抑制企业的相应行为；当存在正外部性时，需要采取补贴、免税等行为来促进企业的相应行为。而"促进"市场竞争是立足于用市场竞争的方法来解决现有市场竞争的不足，"政策之手"的作用在培育、保护和促进竞争本身。对于许多市场存在外部性的现象，不是因为市场机制过多了，而恰恰在于市场发育不够充分。比如，对于研发活动的外部性而言，说明缺少了一个对研发成果进行交易的市场，而知识产权保护制度正是着眼于培育这样一个市场。持这种观点的以新制度经济学家科斯为代表。科斯在《社会成本问题》中指出，政府干预不一定优于市场交易，主张按照成本最小化的原则在两种外部性解决方式中自由选择。如果按照科斯对产权的重新界定是解决外部性问题的关键的重要观点，反垄断、反腐败、产权保护、降低交易成本等方面的政策措施，我们都可认为是旨在促进竞争。

三、产业政策对创新的影响

从创新的视角来看待产业政策，我们也可以将产业政策对企业创新的影响区分为3种基本情况：促进、中性、阻碍。

所谓"阻碍"是指，创新政策不利于激发或者容易打击市场主体创新的热情和积极性，相对于创新，企业更容易选择其他逐利的方式。如有些地方政府为鼓励创新进行相关补贴时采取所谓的"认定制度"，要求必须符合相关认定（如市级示范性企业）才能获得补贴资格，就容易出现"暗箱"操作，导致那些真正具有创新意愿和能力的企业得不到相应的激励。所谓"中性"是指，产业政策本身对创新的影响并不明显，既不会促进创新也不会阻碍创新。与产业政策对竞争的中性影响类似，某种创新类产品针对消费端的补贴就比较中性。所谓"促进"，则与上述内涵相同。产业政策对创新的3种影响，主要是通过产业政策的目的和手段产生的。

综合以上分析，我们可以将产业政策对竞争和创新影响的实际效果划分为9个区间，即一些产业政策既能促进创新又能促进竞争，如产权保护、专利制度等；一些产业政策能促进竞争但会阻碍创新，如日本在20世纪50~60年代专门实施了针对中小企业的扶持政策。通过财政补贴、税收优惠、优先购买等手段来支持中小企业发展，被日本学者，如小宫隆太郎（1984）批评为有"利益均沾"之嫌，削弱了产业政策本身的效果，不利于生产规模的扩大和技术革新；一些产业政策能激励创新但会阻碍竞争，如政府针对大企业进行的高新技术产品的采购等，虽然能激励大企业进行技术革新，同时一定程度上会干扰中小企业在该技术领域的竞争角逐；一些产业政策既会阻碍竞争也会阻碍创新，如地方政府片面追求GDP增长而对落后产业和过剩产能的补贴及保护举措；一些产业政策对竞争和创新的影响都比较中性，如针对消费端而不是供给端的相关补贴等。还有一些产业政策能促进创新但对竞争影响比较中性，一些能促进竞争但对创新影响比较中性，一些会阻碍创新但对竞争影响比较中性，一些阻碍竞争但对创新影响比较中性，由于这些影响不是特别普遍，在此不一一列举。

第二节　政策刻画：政策空间与政策效果

当我们具体考察特定产业的特定政策时，我们发现中国产业政策的内容十分庞杂，表现形式十分多样。为了研究的深入，我们需要一个相对统一的、能把各种不同类型的政策进行具体刻画的基本框架。如果我们把所有政策构成的总体理解为一个政策空间，每一项具体的政策理解为这个空间中的一个点，那么，这个政策空间至少可以用以下4个维度来刻画。

一、维度一：理论基础

实施产业政策的理论基础包括两个方面：一是市场弥补；二是市场促进。如前文所述，市场弥补是针对外部性而言的。产业政策是为了弥补市场调节产生的外部性问题，矫正市场失灵，当市场存在负的外部性时，通过采取征税、罚款、行政管制等方法来抑制市场主体的相应行为；当存在正的外部性时，提供采取补贴、税收优惠等行为来促进企业的相应行为。与市场弥补不同的是，市场促进是针对市场调节本身而言的。如果说市场弥补是在市场之外由"政策之手"发挥作用，那么，市场促进就是通过产业政策实施鼓励或者保护市场制度本身，如在制度层面上实施反垄断、反腐败、完善产权制度和专利保护制度等，让"市场之手"能充分发挥调节作用等，这是两种理论基础的本质区别。如同样是排污治理，市场弥补的观点是进行政府罚款或者管制；而市场促进的观点是建立一个市场机制，通过产权保护进行排污权的交易买卖，以达到优胜劣汰治理排污的效果。

二、维度二：实施主体

实施主体是指，政策由谁来制定和实施。从中国的情况来看，中央政府和各地方政府都可以制定和实施产业政策。中央层面又包括国务院以及各中央级的职能部门，如国家发展和改革委员会、工业和信息化部、国家能源局、生态环境部、科学技术部，等等。地方政府又包括省级、市级甚至县级各级政府，各水平层级又包括众多的同级职能部门。中央级别的职业部门制定的产业政策适用范围一般较广，具有统筹性和纲领性。地方各级别职能部门制定的产业政策一般适用于特定区域范围内，相对而言具有针对性。

三、维度三：政策手段

政策手段包括3大类：（1）直接管制手段，包括配额制、许可制、产量价格限制、政府直接经营投资等，涵盖鼓励、允许、限制、禁止等几个方面。（2）间接诱导手段，包括财政、税收、金融、采购等方面的措施。（3）法律规制。具体来说，产业政策对前两种实施手段使用较为频繁，包括税收优惠、要素补贴（土地、贷款、矿产资源等）、投融资政策（产业引导基金、专项贷款等）、人才引进政策、准入限制、产量价格限制、强制淘汰（技术要求、设备要求）、监管（如安全环保）、贸易政策（开放关税、配额、汇率）、技术标准、研究开发支持、反垄断、产权制度、专利保护制度等。

四、维度四：政策对象

可从产业组织、产业技术、产业布局、产业结构等类别进行划分，可将政策内容细分为更为具体的子项政策。从实施对象的发展阶段来看，包括新兴产业、成熟产业和未来产业。从政策实施的主体看，可以区分为面向生产端、面向消费端或者面向市场中介与环境的政策。从实施对象的产业特征来看，可以区分为面对产品和特定技术标准。从政策对象的所有制性质来看，分为国有企业、民营企业、外资企业及混合所有制企业等。从政策实施对象的规模来看，分为大企业及中小企业。从政策实施的区域范围来看，又分为全国和特定区域。

第五章 创新激励与政策取向

第一节 创新激励:创新主体与激励创新

一、创新与创新主体

(一)创新

要系统性认知"创新"的定义与内涵,还是比较困难的。但从人们赖以公认的创新理论代表人物——熊彼特的概括性描述来看,他对"创新"的定义,就是"生产要素的重新组合",并将创新划分为产品、工艺、市场、资源开发利用、体制和管理等5大类;而对"新组合"赋予的创新性含义,则主要强调的是对生产要素或生产条件的"新组合"创新。[1]

(二)创新主体

在熊彼特看来,创新主体是企业以及具有企业家精神的个体。"企业"主要代表了一种"新组合",而"企业家"则是突出实现这种"新组合"的一群职业性代表人物。因此,从强化企业创新主体地位的角度来说,企业家最重要的职能是及时引进"新组合"的职能,并准确执行这种"新组合",进而成为名副其实的"企业家"。企业以及具有企业家精神的个体是创新的主体,对于创新的实现以及一国经济的发展有着非常重要的意义。日本学者小宫隆太郎曾对企业家及企业家精神给予了高度的肯定。[2]

一是从企业规模上看,存在着大、中、小等企业区别,其创新优劣是各有差异的。创新是一种风险投资,根据新古典经济学理论原理,大企业通过向不同研究项目进行分散化的投资可以降低创新风险,更能发挥创新骨干作用。而小企业由于运作机制灵活,反而更容易进行先导性创新。基

---

[1] 蔡晓月.熊彼特式创新的经济学分析.上海:复旦大学出版社,2009:31.
[2] [日]小宫隆太郎,奥野正宽,铃村兴太郎.日本的产业政策.北京:北京国际文化出版公司,1988:532.

思·帕维特和巴巴拉·沃德的研究发现，大公司适合在需要大规模 R&D、生产或市场的领域进行创新；小公司适合集中于专门的高精尖的原件和设备方面的创新。①

二是从市场构成来看，企业又分为现存企业和新进入者。熊彼特认为，创新是一种"创造性毁灭过程"，并且还是一个动态过程，即在"毁灭"旧组合与"创新"新组合的过程中实现创新目标。对于企业的存在而言，也是同样的道理。新的企业、新的模式、新的工艺会不断产生，并对现存的企业、模式和工艺产生冲击，进而加速创新的产生及推广，特斯拉电动汽车的产生就很好地说明了这一点。

二、创新特点与激励创新

（一）创新特点

可以从以下 3 个方面加以理解：

一是创新具有不确定性、风险性和分散性。这种"不确定性"是指，创新过程中所呈现的技术前景与市场前景的"不确定性"；而这两方面因素的不确定性，也是影响创新难易程度的关键所在。创新还具有风险性，主要分为"纯粹风险"和"投机风险"，其中，"纯粹风险"专指"只有损失机会而无获利机会的风险"；"投机风险"则指，"既有损失机会又有获利机会的风险"。创新的过程，一定会伴随风险的产生，这是由创新自身的固有特点所决定的。作为商品经济中的一种活动，创新多为投机风险。而从创新的主体和地域的角度看，创新还具有很大的分散性。建议采取组织创新等新措施，一方面，可以减少交易成本；另一方面，还能主动克服创新的分散性。其中，网络化、产业集群与新型合约是比较典型的克服创新分散性的组织创新，而"硅谷模式"则是典型的创新集群案例。

二是创新具有很强的扩散性和外部性。从各个国家的发展来看，大量的创新一旦出现，就会在社会上产生巨大的影响作用，如蒸汽机的改进、内燃机的发明、电子计算机的产生和集成电路等，直接引发了三次工业革命。模仿是可以实现的，因为大多数的技术或过程，即使它是一个非常复杂的技术，也可以通过逆向工程学习解决。所以，几乎每一种产品都可能被别人模仿。同时，基本上每一个企业（即使是那些研究开发能力极其雄厚的大企业）都有可能去模仿其他企业。而模仿者之所以能占据市场的一

---

① 徐则荣. 创新理论大师熊彼特经济思想研究. 北京：首都经济贸易大学出版社，2006：240-244.

席之地并分享到创新者的利益，是因为任何一种新产品在上市之初，其生产规模总是有限的。而这种产品一旦被市场认可，就会产生巨大的市场需求。

三是创新的根本动力源于市场对创新的激励。创新特别是技术创新动力方面存在着"需求拉动"和"技术推动"，但是从根本上说企业进行创新的动力在于获取竞争优势，进而获得超额利润，而这又源于市场对创新的激励。市场结构是影响创新的重要因素，市场结构包括市场垄断程度、产品的差异性、进入或退出障碍等。对于创新，事前的高度竞争可以催化创新的产生，缩减创新的时滞；而事后的垄断利润，可以很好地保护创新者的利益，降低创新者为创新而面临的风险，这是对创新正外部性的有效弥补。因此，只有创造出一种"事前的高度竞争"以及"事后的垄断利润"的机制，才能很好地激励创新。

（二）激励创新

一方面，产业政策会对创新产生重要的影响。创新虽然是一种经济活动，但是由于政府是重要的市场参与主体，政府可以通过不同的产业政策来改变创新的内部激励结构（改变创新的成本和收益，改变资本、土地、劳动力等要素的成本和收益）和外部激励结构（如进入壁垒、正外部性补贴等），同时，改变企业创新能力的积聚；另一方面，产业政策也能发挥其激励创新作用。从上文的分析中我们知道，市场结构会影响创新，尤其是建立一种"事前高度竞争"与"事后垄断利润"的市场机制非常重要，因为创新具有不确定性、风险性、分散性和很强的扩散性（正外部性）；而要实现产业政策的激励创新，最为核心的是能让创新企业具备竞争优势，并确保其在市场上能够获胜。

第二节 政策取向：政策类型与转型取向

一、政策类型分析

（一）市场弥补型和市场促进型产业政策

产业政策有两种基本理念，即市场弥补和市场促进。市场弥补型产业政策是指，为弥补市场外部性而实施的产业政策，包括针对正外部性的市场保护政策，如税收优惠、补贴，以及针对负外部性的市场限制政策，如行政管制、征税等。市场促进型产业政策是指，不断完善市场机制、促进市场竞争的产业政策，主要表现为反垄断、反腐败、产权制度等政策形式。在这两种政策之外，还存在一些中性的情况，如依托已有的市场渠道执行的产业政策。

（二）面向供给方和面向需求方的产业政策

面向供给方的产业政策是指，对市场供给端实施的产业政策，包括倾斜生产政策、幼稚产业扶持政策等。同样，面向需求方的产业政策是指，对市场需求端实施的产业政策，比较典型的是政府购买。从各国产业政策实施的经验来看，面对需求端的政策相对于面对生产端的政策而言，更有利于避免对企业间竞争行为的扭曲。如美国的集成电路的发展，早期便得益于美国军方对小型电子元器件的需求，从而政府进行了持续、积极的采购。美国政府在实施积极购买政策的同时，也推行研究和发展政策。前一项政策主要是针对老牌电子公司，而后一项政策主要是扶持那些新兴的半导体公司，而美国的集成电路工业正是从这些新兴的半导体公司中脱颖而出的。因此，面向需求的政策应尽可能立足于完善市场机制，采用竞争促进型政策。

（三）选择性和普遍性产业政策

选择性产业政策是指，针对符合某一标准的主体实施的产业政策。如针对企业规模大小实施的政策，针对企业所有制实施的政策，以及针对特定产品或技术路线实施的政策等。而普遍性产业政策是指，那些没有明显选择标准的政策。一般而言，产业边界越模糊，挑选型政策越困难。选择标准越难以掌握，选择性政策越困难。同样，由于技术、市场等的不确定性很强，越是新兴产业，选择性支持的困难越大。相对于普遍性政策而言，选择性政策更可能导致"寻租"和腐败。因为这种政策相当于政府对市场形成替代。如一些地方政府都会承诺对一些鼓励的产业给予低价土地补贴。而政府手中的土地资源总量是十分有限的，企业为了获得政府的土地优惠竞相奔走，甚至采用欺骗手段，进行权钱交易。选择性的扶持政策相对于竞争性的扶持政策而言，更容易扭曲企业的竞争行为。选择性政策相当于在市场竞争之外依靠政府之手开辟了一个新的竞争渠道，而且，政府在其中代替市场起到挑选作用。这种方式会明显地扭曲竞争。这样的政策也不利于激励企业进行创新。不确定性很强的产业，应该尽可能地采用普遍性支持政策，对于选择性支持的政策应该慎用。技术的不确定性越强，补贴对象越不能明确。不确定性弱（确定性强）的产业往往属于成熟产业，往往不需要支持性的产业政策。因此，选择性支持的产业政策的运用，应该十分谨慎。

（四）全国性产业政策与区域性产业政策

全国性产业政策是指，在全面范围内都可以适用的产业政策，一般这样的产业政策是由中央政府来推行。区域性产业政策是指，只在一定区域范围内适用的政策，如各省市县单独制定的产业政策等。区域性政策的意义在于政策试验，带来的问题是容易造成地方保护和市场分割。各地的恶性竞争还容易带来产能过剩问题，比如，各地实施的钢铁产业政策。因此，区域性产业政策不利于市场主体公平竞争，同时，也不利于创新的产生和扩散。所以，产业政策实施应以全国性产业政策为主，区域性产业政策为辅。

（五）鼓励国家层面的产业政策和鼓励"中小企业"的产业政策

鼓励国家层面的产业政策是指，在政府意志的主导下，以一种"国家工程"式的方法做大做强某个企业或产业。实质上是通过"政府之手"直接性干预市场，只有在特殊历史时期才能发挥其应有的作用，这种产业政策随着市场经济的不断深化，其做法会越来越脱离经济发展的实际状况，造成的结果是投入—产出效率极低，企业或产业的整体竞争力低下、创新能力不强。而"中小企业"的产业政策，是政府根据中小企业相关产业的实际情况与发展特点，主动采取的一系列相关政策、法律法规与措施。中小企业由于体制的灵活性，在某一产业或者某一创新的初始阶段更容易取得突破性成果。从创新的角度来讲，应该鼓励中小企业发展；但是要尽量减少对企业经营及竞争的干预。

（六）产业政策与竞争政策

现行的产业政策与传统产业政策的区别，主要表现为竞争程度的差异。因理解的深浅不同，竞争政策可分为广义和狭义两种类型，其中，广义竞争政策是指，国家为保护和促进市场竞争而采取的行动举措、制定的法律法规和设立的相关机构，如放松管制、促进开发、鼓励竞争，等等。狭义的竞争政策等同于竞争法、反垄断法或者条例，一般认为，竞争政策始于1890年美国的《谢尔曼法》。在发达国家的市场经济中，私人企业是微观经济的重要主体，其竞争政策主要侧重于控制私人限制性竞争行为。在产业政策与竞争政策之间，既存在差异性，也存在一致性。在其差异性方面，首先，两者的作用机制不一致，产业政策是通过政府这一"看得见的手"来进行资源配置，进而发展或者限制某一产业；竞争政策则主要是让市场这一"看不见的手"来代替政府进行资源的有效配置。其次，两者的作用对象范围不一样，产业政策是对某一特定产业进行倾斜，使得该产业具备其他产业所不具备的条件，进而实现政策的目标；而竞争政策则并不固定指向某一产业，表现为"普遍性"的政策特点。最后，两者干预经济的方式也不一样。产业政策通过税收、金融、财政等手段对特定产业进行引导或者限制，而竞争政策更多的是通过立法为市场主体提供平等的市场环境。而在其一致性方面，一是产业政策与竞争政策具有共同的理论依据，都是政府为弥补"市场失灵"而采取的举措；二是产业政策和竞争政策的最终目标是一致的。产业政策是借助政府的力量对资源进行人为配置，其作用主要发挥在对幼稚产业的保护，对支柱产业的选择、对衰退产业的调整、对经济结构的调整、对中小企业的保护、对规模经济的实现，等等；而竞争政策是借助政府的力量打击不利于市场竞争的现状，或者扫除阻碍市场主体自由、平等竞争的障碍，即通过弥补"市场失灵"这一共同目标，促进经济的增长、社会的稳定以及国际地位的提升，等等，见表5-1。也正是由于这种一致性，才使得产业政策与竞争政策之间最终能够实现相互协调。

表5-1　　　　　　　　　产业政策与竞争政策的比较

	项　目	产业政策	竞争政策
一致性	最终目标一致	都是政府为弥补"市场失灵"而采取的举措	
矛盾冲突	资源配置机制不同	"看得见的手"来进行资源配置	"看不见的手"代替政府进行资源的有效配置
	作用对象的范围不同	对某一特定产业进行倾斜或限制	普遍性政策，没有明确地指向某个产业
	干预的手段不同	税收、金融、财政、行政许可等	法律法规

从美国、日本、韩国等国家的经济政策的历史演变中也可以看出，即使在发达国家产业政策与竞争政策也是同时存在不可偏废的，日本和欧盟越来越少地使用直接干预的产业政策也表明，竞争政策在这些国家中是处于相对优先的地位，只是在特殊情况下让位于产业政策，并且尽可能地以竞争为导向，侧重于创造公平竞争的环境。因此，从创新能力培育来看，竞争政策是产业政策的一部分，甚至是核心的部分。

二、政策转型取向：从产业政策迈向创新与竞争政策

本书将利用前文提供的基本分析框架，拟选择钢铁、芯片、高铁、页岩气、动漫、生物医药等代表性产业政策进行有针对性的分析，以期了解

中国现有产业政策存在的现状；围绕日本、韩国、美国、法国等典型国家的相关产业政策经验进行比较分析，并对创新与竞争政策的实施规律进行总结；在研究的最后一篇，还将对未来转型预期取向，即"从产业政策迈向创新与竞争政策"进行专题探讨，并提出具体化的对策建议。

第三篇

现状与问题

　　新中国成立之初，虽然产业政策还不是十分明确，但实际已存在；改革开放以后，产业政策在中国开始受到重视，并逐步被视为合理引导经济发展的导向性政策，其中，由国务院颁布的《国务院关于当前产业政策要点的决定》（1989年3月），成为中国第一部正式的产业政策文本，并在"制定当前产业政策的原则"中指出"产业政策的制定权在国务院"。随着国家整体宏观经济形势的不断变化，产业政策逐渐被明确作为普遍性的重要政策工具，即使其内容与实施方式时有变化，但一直不断得到普遍执行。改革开放近40年来，中国在不断推进市场化改革的同时，较好地抓住了经济全球化发展的良好机遇，充分发挥比较优势和劳动密集型产业优势，逐步成长为全球第二大经济体，并深刻影响全球经济的发展态势。伴随着中国经济的强势发展，通过历史和现实的交织考验、决策和实施的融合创新、时间和空间的立体实践，时至今日，中国产业政策在维持经济平稳、较快增长方面发挥了重要作用，已经取得了整体性的政策效果，并初步形成了特色鲜明的产业政策体系。

但受长期计划经济发展的影响与经济欠发达条件的制约，产业政策的制定和实施过程中还存在不少问题，特别是不能适应中国经济发展阶段转换的要求，甚至导致产业发展过程中因政策转型滞后的影响，助长了投资重复、产业效率低、资源浪费、环境污染严重等问题的发生。今后，随着经济发展不断迈向更高阶段和市场经济体制的不断完善，产业政策应当调整定位与作用机制，在市场发挥资源配置的决定性作用的基础上，不断加大产业政策转型力度，使中国的产业政策由单纯的赶超模式和差别化的政策手段向注重培育竞争环境、强化市场功能和弥补市场不足、提供社会化协调的信号机制等方向转变。而在这一过程中，无论是国企还是民企，不断提升自身对产业政策调整的适时应变能力将是关键。

第六章 现状分析

第一节 产业结构政策

作为产业政策的重要组成部分之一,产业结构政策是指,政府按照一定时期内产业结构的变化趋势,针对产业结构目标进行重点规划,并通过对不同时期战略产业的分阶段确定,以实现资源的系统科学配置,以引导产业结构向新的广度和深度协调发展的系列政策措施的综合,最终的政策目标是为实现经济的持续"稳步"高质量的快速增长。[①] 按照政策目标和措施的不同,产业结构政策主要包括主导产业选择政策、战略产业扶持政策、衰退产业退出政策、幼小产业扶持政策、产业的可持续发展政策等多种不同的细分类型。

在改革开放以后,虽然对促进产业结构优化的相关产业结构政策出台步伐明显加快,但中国产业结构仍然存在着一些问题,其中,第一产业比重偏高还是比较明显,第一产业在经济结构中的比重转换也比较慢;第二产业内部结构不太合理,表现在加工工业的增长与基础工业很不协调,缺少高附加值、高技术含量的产业产品;而第三产业的发展,则表现为其占GDP的比重也不够高,产业整体素质较低,技术能力较差等。随着经济全球化进程的加快,对外贸易的快速增长、外资在各领域的全面扩张及跨国公司的大举进入,中国的产业结构体系已经纳入了全球生产体系,并突出发展新兴产业,以实现产业结构的整体升级作为政策的重点。在"十五"计划中,"推进产业结构优化升级"被列为政策转型重点目标,其中,主动把促进产业结构升级作为政策目标的重要文件,即《促进产业结构调整暂行规定》也于2005年得到颁布实施。

[①] 唐晓华. 产业结构政策若干问题解析. 经济师, 2011 (10): 6-8.

第二节 产业技术政策

产业技术政策可以理解为国家或地方政府引导、促进、规范和控制产业技术发展，使之达到经济与社会发展目标的政策。[①] 产业技术政策的重点，随产业发展的环境与要求而转移。20世纪90年代后半期，中国市场经济制度不断发展，高技术发展、市场竞争和企业自主发展使技术商业化政策和技术转移政策成为产业技术政策关注的重点。进入21世纪，专利和技术标准对产业发展的影响越来越大，因而专利政策与技术标准政策成为产业技术政策研究的前沿问题。1985年，国家科委首次颁布的《中国技术政策》中，包括能源、交通运输、通信、材料、机械、住宅建设、建材、农业、消费品、集成电路、电子计算机、城乡建设、环境保护等14项技术政策的要点。除城乡建设和环境保护外，其他技术领域的政策都包括产业技术政策。2006年，随着我国的《国家中长期科学和技术发展规划纲要（2006~2020年）》的实施，各部门也从功能分类角度主动负责并制定出台了一批实施细则，截至2009年5月，共出台了78项实施细则。

需要特别指出的是，在《国家中长期科学和技术发展规划纲要2006~2020年》中，还确定了一批国家重点攻关的重大工程，对于相关行业的技术能力形成、技术路线起到了引领作用。从这个意义上说，这些重大工程的确立与实施，也是国家产业技术政策的制定与实施。2008年金融危机爆发后，为应对危机，中国政府相继颁布了如钢铁、汽车、有色金属、物流等多个产业的调整与振兴规划。在这些规划中，除了针对市场的政策外，相当一部分政策措施是针对各个产业技术改造、提高技术标准、淘汰落后产能、加速技术研发的产业技术政策。这些产业技术政策的出台，使中国政府在应对危机与结构调整间，保持了政策的兼顾。2010年，国务院颁布了具有深远意义的重要文件，即《国务院关于加快培育和发展战略性新兴产业的决定》，既确定了"十二五"期间的中国产业选择，也确定了这些产业发展的大致技术路线。为了在新一轮竞争中获得主动地位，中央政府及时推出了支持战略性新兴产业的政策，对于未来中国经济的发展，调整产业结构，技术进步，都具有重要的意义。其中，还明确了今后这一领域产业技术政策的制定，应当尽量减少政府的过度干预，保持政府

[①] 高志前. 产业技术政策的内涵与功能. 中国科技论坛, 2008 (3): 48-59.

在技术判断上的中立态度，尊重市场，及时地进行政策调整。

21世纪的前10年，随着技术创新成为国家战略，产业技术政策与区域开发进一步紧密结合，成为推动区域产业升级、自主创新能力提高的政策工具，产业技术政策与鼓励创新的财政税收政策结合，从整体上对地方经济发展、自主创新产生了较大影响。科技部与相关部委共同组织了国家技术创新工程，在全国还建设了为技术创新服务的实验平台、中试平台。中国的产业技术政策还把关注点拓展到第一产业、第三产业。例如，科技部通过推广"科技特派员"制度，促进技术下乡，取得了较好效果。另外，产业技术政策作为产业政策的重要组成部分，同样在政府经济宏观调控中发挥越来越大的作用。例如，在政府为应对全球金融危机出台的"十大产业振兴政策"中，都包括了产业技术政策，政府通过产业技术政策，在维持经济增长的同时，淘汰落后产能，促进新兴产业、新技术、新产品的发展，以期在维持经济增长与结构调整间保持相对的政策均衡。进入21世纪，"节能减排"亦成为产业技术政策的核心内容，如在2001年的《国家重点节能技术推广目录（第四批）》中，则涉及煤炭、电力、钢铁、有色金属、石油石化、化工、建材、机械、纺织、轻工、建筑、交通、通信13个行业，一共明确了22项重点技术。

第三节 产业组织政策

所谓产业组织政策是指，政府为实现资源有效利用目标而对某一产业或企业实施干预和调整的政策总和。从政策对象看，产业组织政策可分为市场结构控制政策和市场行为控制政策两类。1993年9月，中国政府分别颁布了《中华人民共和国反不正当竞争法》，1994年4月颁布了《90年代国家产业政策纲要》及其附件《关于实施固定资产投资项目经济规模标准（第一批）的若干规定》，初步形成了中国产业组织政策的核心体系，并一直沿用至今。为了实现规模经济，同时防止不正当竞争，1994年还出台了《汽车工业产业政策》、1999年8月，国家经贸委出台了《工商投资领域制止重复建设目录（第一批）》等更为具体的产业组织政策。[①]

党的十六大后，按照推进国有企业改革，加快建立现代企业制度的整

---

① 陈瑾玫. 中国产业政策效应研究. 辽宁大学博士学位论文, 2007.

体部署，中国还通过采取一系列的税收政策和财政补贴办法，对产业组织进行了改革和调整，对重点行业进行重组。对自然垄断行业进行改革，放宽基础设施领域市场准入。为加快基础设施的建设和发展，本着"谁投资、谁受益"的原则，鼓励地方各级政府和企业以中央、地方合资或独资等形式参与基础设施建设。同时，大力改革不合理的价格和收费管理体制，在设施建设和经营方面引入竞争机制。对部分资源枯竭的煤炭、有色金属等企业实施破产关闭，1998~2003年总共对600多户国有大中型企业实施了破产关闭。同时，对破坏环境、浪费资源的小煤矿、小玻璃、小水泥、小火电、小炼钢、小炼油、小造纸、小烟厂以及糖精厂等小企业也进行关闭。[①]

此后，各省区市根据国务院颁布的《国务院关于促进企业兼并重组的意见》，也纷纷出台了促进企业兼并重组的具体实施方案，各地方政府的相关政策主要概括为以下几点：第一，关于企业兼并重组的制度保障，如废除跨地区兼并重组的限制规定、协调地区间利益分配及鼓励和支持民营资本的参与等。第二，关于企业兼并重组的引导和政策支持，主要包括资产评估、债务重组及固定资产转移的税收优惠；专项资金、技术改革贴息、信用贷款补助等财政投入政策；拓展商业银行等金融机构对企业兼并重组的资金援助渠道等金融扶持制度等。第三，关于为自主研发主体骨干企业自主创新能力提升的政策扶持，如及时提供资金、技术、信息交流平台等。第四，关于企业兼并重组的公共管理和服务方面，通过引进中介服务专业机构、搭建公共服务平台来加强信息咨询服务，并加强地方政府对企业兼并重组的风险监控，规范操作程序和信息披露制度，为兼并重组提供良好的政治服务环境，见表6-1。

表6-1　　　　　　　　中国部分省份企业兼并重组的相关政策

省份	名称
青海省	《关于促进企业兼并重组的实施意见》
江苏省	《省政府关于促进企业兼并重组的意见》
河北省	《关于促进企业兼并重组的实施意见》
广东省	《关于促进企业兼并重组的意见》
河南省	《河南省煤炭企业兼并重组实施意见》
江西省	《江西省推进煤矿企业兼并重组工作方案》

① 陈瑾玫. 中国产业政策效应研究. 辽宁大学博士学位论文，2007.

第四节 产业布局政策

所谓产业布局政策是指,基于整体国情、国力状况和不同地区资源禀赋条件与分布特征差异,由政府机构对重要产业进行空间分布合理调整的相关政策措施,并成为国家级产业政策与地区级产业政策的关键结点。"八五"计划时期,中央政府在进一步部署东部沿海地区开发开放的同时,注意到逐渐扩大的区域差距问题,将部分大中型项目落户于中西部。但由于市场机制的作用,在20世纪90年代中后期,中央政府先后提出了一系列区域协调发展的政策,如"西部大开发"战略等,2003年"东北振兴"计划也开始实施,2004年又提出"促进中部崛起"战略,以期逐步缩小地区发展差距,标志着中国区域产业布局政策实施的逐渐成熟,并从统筹兼顾的高度不断引导着中国区域的协调与健康发展。

随着中国经济发展战略和体制转轨,区域协调发展的总方针开始逐步贯彻落实,全面发展的区域空间格局正在形成,也形成了较为明显的经济产业特色带,如表6-2所示。

表6-2　　　　　四大产业集聚带及其产业特点

产业带	所包含产业区	产业特点
东部沿海产业带	珠江三角洲产业区、海峡西岸产业区、长江三角洲产业区、胶东半岛产业区、京津唐产业区、辽东半岛产业区	先进的加工制造业基地 金融、航运、贸易等现代服务业中心 高新技术研发和生产中心
京广沿线产业带	京津唐产业区、中原产业区、武汉产业区、"长株潭"产业区、珠江三角洲产业区	中部地区崛起的核心 重要原材料和装备制造业基地 重要农业生产基地
长江沿线产业带	武汉产业区、"长三角"产业区、成渝产业区	制造业和能源原材料生产基地 特色农产品加工生产基地 第三产业发展迅速
陇海兰新沿线产业带	苏北产业区、中原产业区、关中产业区、天山北麓产业区	产业带内发展不平衡 重要能源、原材料工业基地 重要的制造业基地 重要的农业基地

资料来源:参见赵晶晶.区域产业政策的制度基础、实施路径与效果测度研究.南开大学学士学位论文,2012.

第五节 主要政策的颁布过程

尽管社会科学自身的局限性决定其不能像自然科学那样进行严格的对照，也不能对政策现实中的各类因素进行严格控制，但由于任何具体治理体制或政策工具的效用周期是有限的，其对产业政策决策过程的效果，即决策层面"合理性"是可预期的。一方面，政策权威部门以权力形式来实施政策，并适时采取一些政策措施，是完全能确保政策目标实现的；另一方面，当政策诱发新的政策危机出现时，又会促使政府部门舍弃旧的政策图景，向新的政策图景跃迁，从而能清晰地确定政策转型决策周期的新起点。就产业政策而言，所谓决策过程，就是一个从政策制定到政策实施的多环节过程，如图6-1所示。从中不难看出，影响政策制定与实施的因素也会是多方面的。

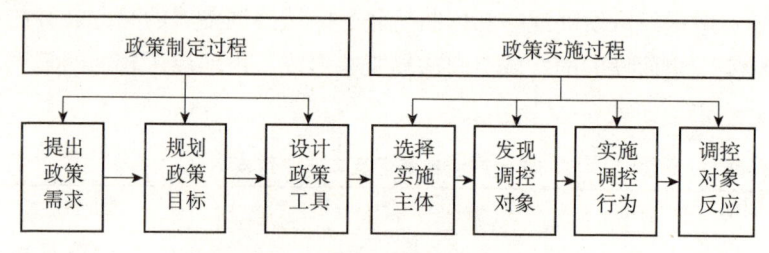

图6-1 产业政策的决策过程

资料来源：万学军，何维达．中国钢铁产业政策有效的影响因素分析——基于政策制定与实施过程的视角．经济问题探索，2010（8）．

一、产业政策的制定

产业政策的制定是在提出产业政策需求的基础上，规划产业政策目标，并为实现这一发展目标而设计产业政策工具的方案形成过程。在产业政策制定过程中，提出产业政策需求的依据充分是产业政策有效的前提，产业政策目标规划合理是产业政策有效的核心，而选择适合的产业政策工具则是产业政策有效的保障。产业政策主要分为两类：一类是比较综合性的产业政策，如《战略性新兴产业发展规划》等，这类综合性产业政策涉及面比较广，政策层级比较高，由于内容往往比较原则，又主要是在综合经济管理部门内部进行协调，因而形成时间相对较短，政策制定成本较低。另一类主要以产业内部某些问题为对象，如某些产业的准入标准等，一般会由主管政府部门与相关职能部门协商后推出。随着宏观经济规模与产业发展速度的不断变化，中国的行业性产业政策，后来都由国家所辖专业经济管理部门提出或发起，经相关专家、领导的反复修改后，再上报国家综合经济管理部门；到了21世纪，中国的行业性产业政策，已基本上由国家综合经济管理部门发起和制定。由于不断地推进经济管理体制改革，专业经济管理部门的职能不断弱化，大大缩短了决策链条，同时也极大地改变了产业政策的制定流程与参与面，多数政策如《国务院关于加快培育和发展战略性新兴产业的决定》等，实际上是中央政府多个管理部门协调会商的结果。

就产业政策的制定过程而言，一般包括下面几个环节：

1. 产业政策发起阶段。

由于改革后的产业管理部门在综合经济管理部门中往往只是一个"司"或"处"的编制，因此无论从政策制定流程的合理性、民主性、科学性看，还是从实际运作的人力、技术等方面看，经济综合管理部门在制定产业政策过程中，大都邀请相关产业的专家学者及产业组织的负责人参与，借助外部力量必不可少。

在产业政策制定前，政府有关部门一般会委托有关研究机构从事政策的前期研究。在进行政策研究课题委托时，会同时把问题委托给两家以上的研究机构，以形成竞争性意见。在这一阶段，主要是弄清情况，分析政策环境与背景，提出政策制定的基本方向与思路，为制定政策寻找合法性与依据，为决策部门提供决策参考。

2. 产业政策制定阶段。

在由相关部门组织预研的基础上，由责任人或专家起草规定的产业文件，有时也会有更多其他部门参与到政策制定中，并提供相关领域和专业指导意见。一般在文件正式定稿前，还会征询国务院相关部门及相关咨询机构等的意见或建议，有时会召开相应的专家咨询会议，及时吸收智库研究专家的政策建议。产业政策草案经征求意见，基本定稿后，会在各相关部门之间征求意见。

从中国产业政策的制定阶段看，已初步形成了一套相对固定的程序，虽然没有明确的法律、法规将这一套程序固定下来，但是一般来说已经形成了约定俗成的固定程序。各利益相关方参与政策制定已有了相对稳定的渠道，并形成了"磋商"式的工作程序；政策的讨论也比较充分，政府机构与其他政策参与主体之间的相互配合更充分。

二、产业政策的实施

政策要达到预期的效果,还需要通过实际的组织实施过程。由于产业政策的实施是基层政策实施主体与具体政策对象间的"刺激—反应"过程,政策的实施过程可分为 4 个阶段:选择实施主体、发现调控对象、实施调控行为和调控对象反应。产业政策实施的有效性受到实施各环节成本的制约,甚至会对政策的最终实施效果造成正面或负面的影响。

产业政策公布实施后,并不意味着产业政策不可以改变。因为一旦公布,才是公众真正参与的阶段。这时公众的舆论与行为,往往对产业政策形成不同程度的影响。

当然,主动采用一些定量分析方法,如多属性决策法、运筹学方法、统计分析法、智能化评价法等,对产业政策价值进行评价也是必要环节之一。比如说,对产业政策如何开展评价?我们可以从政策方案的系统性与政策绩效的科学性入手,结合产业政策制定过程以及实施和最终效果等,建立一套透明度比较高的产业政策多指标评价方法,这样便能较好地解决经济政策与产业政策实施的科学评价问题。其现实意义也很明显,一是能为有效地配置资源制定相对合理的产业政策;二是为制定新政策提供参考;三是提高产业政策制定和执行的水平;四是正确引导产业政策的转型方向。

第七章 问题及剖析

第一节 主要问题

改革开放以来,中国经济高速发展,综合国力日益强大,从整体上说,产业政策发挥了重要作用。

迄今为止,经过多年的实践,中国的产业政策已经发展为一套动态复杂的政策组合,如1994年出台《汽车产业发展政策》、2003年8月发布《关于促进房地产市场持续健康发展的通知》、2005年发布《国务院关于加快振兴装备制造业的若干意见》、2006年出台《国家中长期科学和技术发展规划纲要》(2006-2020年)及其他系列政策等,这对持续拉动中国的经济发展、促进结构调整与调节供求关系都发挥了积极作用,并为中国产业发展取得辉煌成绩提供了重要保障。

主要体现在:

一是推动了汽车产业和房地产产业成长为中国的经济支柱产业;

二是促进了中国的高铁、特高压等重大装备产业的快速发展;

三是对中国普遍的基础设施薄弱环节的跨越式发展发挥了重要作用;

四是在支持劳动密集型制造业成为全球制造业中心的发展过程中创造了"中国奇迹"。

另外,中国的产业政策在中央决策中一直占有重要分量。在2015年底的中央经济工作会议上,也强调产业政策要准。就是要准确定位结构性改革方向等。

与此同时,结合中国的发展实际来看,产业政策也存在一些局限,我们必须有清醒的认识,一方面,在产业政策的各个具体细分领域,在实施过程与实施方式层面都会存在不少问题；另一方面，随着中国经济发展阶段的转换，有些问题也会暴露得更加突出，如一些发挥了重要历史性作用的政策工具与方法在建设创新型国家的新时期可能会转变为制约和障碍。当然，分析产业政策存在的问题，并不是对以前产业政策贡献的否定，而是作为今后更好地推进产业政策转型的前提和起点。站在中国经济当前发展及长远未来需要的角度，传统产业政策暴露出来的问题主要有以下几方面。

一、产业政策失效现象时有发生

从现实看，中国的产业政策有些时候表现出效果不佳、无明显效果的情况。由于市场准入、项目审批、供地审批、金融贷款、强制淘汰等方面措施的大量运用，中国过去的产业政策从政策目标到政策手段都表现出替代性与选择性特征，体现出对市场的直接干预，甚至在一定程度上以政府行为取代市场机制。

在中国产业政策制定过程中，信息不足问题始终困扰着决策者。特别是在一些高新技术领域，决策者由于缺乏相应的专业知识，难以对复杂的行业发展做出准确的判断。在这种情况下，决策者会更倾向于听取相关领域专家的意见和建议。但是，专家学者仍然面临不完全信息的问题。

事实上，2005年7月，《钢铁产业发展政策》作为中国第一个钢铁工业的产业政策，从其文本上进行理解，钢铁产业的规模是通过国家制定规划来控制的；但是，合理的生产规模主要应该由市场中的供需关系决定，而不是被"规划"出来的。在后来的实际推行中，并没有达到控制总量、优化产业布局等"规划"目标，到了2008年钢铁产能就已过剩1.6亿吨、钢铁产能调控效果不够好。

在2008年全球金融危机之后，中国陆续颁布实施十大重点产业调整与振兴规划，共多达160余项配套性实施细则，涉及钢铁、汽车、船舶、石化、纺织、轻工、有色金属、装备制造以及电子信息产业。这些产业政策有3个方面的特征。一是对大型企业集团的强调与支持；二是对支柱产业的扶持；三是综合运用财政、税收、金融等政策工具。如在钢铁产业调整振兴规划中，针对存在的多种问题，审慎提出了控制总量、淘汰落后、联合重组、技术改造、优化布局的目标，并提出了10项配套政策措施。同样的政策失效问题,在后来的相关产业发展当中也存在。

除了传统产业之外,在战略新兴产业领域也出现了产业政策失效的现象,光伏产业就是一个典型的代表。到2011年后,产能大量过剩及需求高度对外依存的光伏业,在遭遇美国的"双反"调查和欧洲的补贴削减后,使光伏产能利用率严重下降,加上电厂与电网的建设规划不一致,使光伏产业状况也变得愈加黯淡。

总的来说,上述提及的传统制造业与战略新兴产业所出现的问题背后,都有产业政策的影子。对于战略新兴产业而言,其基本线索是,政府一开始认定某个产业未来发展的可能性,制定一揽子推动产业发展的政策,这些政策可能与财政、税收、金融以及行政许可等相关。然而,结果却并不太理想,甚至出现了意外——通常伴随的是以盲目投资和快速扩张为特征,超出正常的供给需求关系——使得产业的发展面临危机。

随后,管理部门又迫于形势制定新的产业干预政策试图去调整和修复之前产业政策导致的问题,以致出现产业政策的失效现象。

二、政策"扭曲"现象不时出现

中国产业政策模式的特色,在于这是一个多层次的架构,中央政府和地方政府在财权事权等方面存在着错综复杂的关系,很难保证国家政策在地方层面上"不走样",即在产业政策实施对象边界内外总会出现各种各样的"扭曲"和"意外后果"。[1]

在限制性产业政策方面,如在《关于化解产能严重过剩矛盾的指导意见》与《关于全面深化改革若干重大问题的决定》等文件中,就提出了主动化解钢铁、电解铝、水泥、平板玻璃等行业产能过剩,反对和废除"地方保护主义"等重要政策性调控措施。但是,国家层面的产业政策在地方的实施效果往往会打折扣,特别是在限制性产业政策方面,出于本地经济增长或地方利益的考虑,受限制产业集中的地方政府往往下不了狠手,甚至暗中保护支持有关企业,导致一些地方的重复建设、过度投资、市场分割等现象很难杜绝。

---

[1] 方易. 中国产业政策的有效性及其影响因素分析. 贵州社会科学, 2014 (5): 72-77.

在积极性产业政策方面，如战略新兴产业、新能源汽车产业政策在各地执行中存在差异，新能源汽车示范工程本身并不是一个从成本收益分析上看短期具有经济效益的政策选择。在双重激励模式下，地方政府行为有"实动""暗动""伪动""缓动"等不同选择；在政策激励下，一些地方政府倾向于采取形式化、表面化的政策执行策略，在不经意间也成为政策"扭曲"的参与者。

由此不难看出，产业政策面临的影响还是比较复杂的，地方政府和产业政策对象的自身利益在相当程度上决定着产业政策的执行状况。产业政策从制定到落实不是一个简单的可以完全控制的先后顺序问题，而是一个在各种利益主体相互博弈中不断得到调整的过程，甚至是被扭曲的过程。

三、可能会干预微观经济主体运行

随着政府之手针对不同产业的具体产业政策干预微观经济主体运行程度的加剧，对市场空间的挤压程度也会不断加深，而且产业政策也受到政府有限理性与不完全信息等因素的影响，本身也有待不断完善，传统产业政策发挥作用的空间有限。[①]

在现实中，政府制定的产业政策很容易过于强调行政手段的作用，倾向于通过发挥行政力量来推进产业发展与产业结构调整，甚至使用行政控制措施，这也是在产业政策中对目录指导、市场准入、项目核准、供地审批、贷款行政核准、强制性清理淘汰落后产能等行政手段得到不断强化的重要原因。

首先，产业政策主要通过目录指导来调整产业结构，但是名义上虽然是指导目录，在实际上实施力度很难掌握，容易演变为强制性的行政措施，造成过大干预市场运行并不断强化政府权力。相关产业政策在实际执行过程中与项目审批核准、信贷、税收、土地等政策密切相关，有可能会抑制市场的发育和发挥配置资源作用的空间。

其次，产业政策主要把投资审批核准与市场准入作为决策的主要措施，无疑会造成对微观市场经济主体和运行的直接干预。土地在经济发展中的作用越来越重要，而能否获得投资核准是获得土地的基本标准，

---

① 刘社建. 中国产业政策的演进、问题及对策. 学术月刊，2014（2）：79-85.

这有可能会强化地方政府的行政控制与审批权力。

四、与市场竞争秩序的协调性不够

产业政策制定者的主体行为及其偏好，是产业政策合理化的前提条件。"公共选择"理论对政府作为经济政策的制定者的行为，进行了较为系统的分析。在产业政策的执行过程中，实际上也存在一个传导机制问题，或者说是信息传递问题。中国产业政策的信息传递，由于其多环节的存在，市场传递的功能尚未充分发挥，行政手段仍然过多过频。[①] 应该说，市场的第一要义是竞争，维护和遵循市场竞争秩序，是实现资源优化配置的基本原则之一，要尽量避免因地方利益甚至是地方官员个人利益而损害整体利益的现象。

在现行的政策体制下，在产业政策制定和实施过程中对于市场竞争秩序的协调和一致重视不够。例如，几乎没有哪项产业政策在制定和实施过程中有对市场竞争秩序影响的评估环节，缺乏对政策在扭曲市场竞争方面消极影响的深入分析。同时，当地方政府偏向于财政收入的最大化或本地区 GDP 数据最大化的目标时，会产生各种对上级政策的"变通"动机，使产业政策的实施大打折扣。

另外，企业是市场经济的主体，也是产业政策实施的对象，如果缺乏对统一、开放、竞争、有序的现代市场体系的有效规范，就会导致民企与国企、大企业与小微企业、本地企业与外地企业很难在同一起跑线上进行公平竞争与协调发展。

第二节 问题剖析

从直面中国产业政策的问题，即整体实效来看，产业结构层次较低、地区产业结构趋于雷同的问题，尚未从根本上找到彻底解决的方法，明显存在着政策目标和实际效果之间的偏差。在产业组织结构方面，自组织系统也不太健全，主要工业行业的集中度在下降，中小企业发展环境共享程度也较低。同发达国家相比，引进国外先进技术的吸收、消化、创新能力

---

① 项安波，张文魁. 中国产业政策的特点、评估与政策调整建议. 中国发展观察，2013 (12): 19-21.

还受到多种因素的制约；在产业技术进步方面，如IT产业等，已与发达国家之间产生了明显的组织化差距。

近年来，为支持产业转型升级和扶持新兴产业发展，基于国家层面与地方层面的产业政策的不同决策需要，各级政府先后制定了一系列激励性产业政策，加上这些政策与原来支持科技创新、高新技术产业发展的政策相互叠加、嵌套，客观上已形成了庞大繁复的产业政策体系，直接造成了激励性产业政策的泛滥现象，并受其影响：

一方面，会加剧企业对政府的过度依赖，对创造公平、公正的市场竞争环境带来影响，同时也会妨碍市场竞争机制作用的充分发挥，不利于提升企业的独立生存能力和竞争力；

另一方面，会带来对政府职能转变的效率递减，导致行政综合绩效低下，可能加剧产业政策性的被"扭曲"现象，并最终影响产业政策的转型与健康发展。

一、政策评价体系不够完善

由于在产业政策制定者与产业政策执行者之间，存在着行为角色和利益角色的认知差异，往往使得产业政策在实际执行过程中容易出现扭曲现象，常常导致产业政策失效。

在中国，一些地方政府受片面政绩观的影响，常常表现出过度经济化的行为特征：

一是过于追求区域利益。基本的追求目标是财政收入的最大化和本地区社会福利的最大化。

二是过于追求经济发展目标。一些地方政府偏向于把追求增长最大化（尤其是GDP的增长）作为一种显示信号，以使一些地方干部在提拔、重用等方面得到重视。

三是利益短期化。一些地方政府在追求发展利益方面存在着的"政绩出干部"和"数字出干部"等短期行为，有悖于追求长期利益的发展目标。于是，产生对中央政策的"变通"动机，导致急功近利、重复建设、低水平建设等问题阶段性大量盛行也就在所难免。这些行为客观上必然会使产业政策的实施受到较大阻碍。

二、实施与传导机制还不畅通

判断产业政策实施机制的合理化问题,我们可以从三个方面进行思考:

一是能否正确反映产业结构的变动发展趋势;

二是能否最大限度地发挥主导产业的带动效应;

三是能否适时推进产业政策转型。

另外,伴随着产业政策执行过程,还有一个传导机制问题,或者说是一个信息传递问题。基于中国产业政策的决策过程与制定过程,主要还是一种政府行为,企业界参与较少,由于信息耗散、信息畸变、信息失灵等原因,在某种程度上会使产业政策实施机制的合理性大打折扣,导致企业的动机、目标等也难以融入产业政策决策中。

事实上,中国产业政策的信息传递是多环节的,市场传递的功能尚未充分发挥,行政手段仍然过多过频,加上地区利益或部门利益的存在,会使决策信息失真、扭曲、变形的概率增大。针对目前产业政策存在的不足,今后需要转换思路,在保证公众参与决策的前提下,通过决策者与公众的互动,让更多的决策结果充分体现其公平与竞争性,从而使政策信息的传递更有效率。

三、企业主体的能力不足

企业是市场经济的主体,也是产业政策实施的对象。一方面,由于传统的产业政策是对产业发展实行统一规划,使经济活动控制在所认定的国家产业政策领域,这在一定程度上限制了企业的发展空间,影响了企业家的创新精神,并削弱企业转型升级动力;另一方面,由于企业主体对产业政策的适应和应变能力的不足,也会影响其政策的实施和传导。

对国有企业而言,如果缺乏对国家产业政策自我反应能力的持续提升,自然会导致整体创新能力不强、自我发展能力较差、竞争活力不足等现象,也就不难理解国有企业在历史包袱之下、技术层次较低、设备老化、企业冗员多等问题仍然存在;对民营企业而言,由于对国家产业政策的响应不够敏捷,往往会导致技术开发、市场融资等渠道不畅,任何一项政策的实施都会产生相应的激励效果。

四、产业政策激励机制不够健全

当前激励性产业政策存在决策不够健全的问题，主要表现为：

一是政策激励范围过宽，导致政策着力点和重点不够突出。

二是现行政策功能界限模糊，激励手段主要限于财政、税收与信贷。

三是激励对象严重错位，如政策优惠的着力点应该是产业与技术，而不是企业与园区，即政策优惠的对象应该是产业（特定战略性高技术产品）本身，而不是企业；支持的环节应该是产业创新链的前端，而不是末端等。

四是政策执行标准弹性大，执行手续烦琐。

五是运作模式陈旧，缺乏有效的约束监督机制。

此外，因政策转型不到位，导致区域经济发展不平衡的问题也十分突出等。所有这些，都说明中国产业政策的失效现象是客观存在的，其产生的原因也是多方面的。①

---

① 石峰. 产业转型的关键在于政策转型. 中国发展观察，2014（7）：30-32.

第四篇

案例研究

选择钢铁、高铁、芯片、动漫、页岩气、生物医药等6大代表性产业,突出围绕各产业基本情况概述、具体产业政策的演变特征与政策转型建议等重点,分别进行了专题性研究,为后面合理提出普遍性政策转型建议奠定研究基础。

第八章 钢铁产业政策

第一节 钢铁产业概述

一、概况

进入 21 世纪以来，中国经济连续 10 年保持两位数增长。经济强劲增长的主要动力之一，来自基础设施、城市建设为主的固定资产投资。受此影响，中国钢铁工业迎来了发展的黄金时期，钢铁企业数量和产品数量大幅攀升，占世界钢铁产量的比重越来越大，中国已经成为世界钢铁大国。

根据国务院发展研究中心的数据，截至 2013 年年底，中国生铁产量为 7.09 亿吨，较 2000 年增长了 4.4 倍；粗钢产量为 7.79 亿吨，较 2000 年增长了 5 倍；成品钢材产量为 10.68 亿吨，增长了 7.1 倍。同一时期，中国生铁和粗钢产量占世界的比重也大幅上升。2003 年，中国生铁和粗钢的产量占世界总产量的比重均不足 40%。经过 10 年的高速增长，生铁的产量占世界产量的比重已经超过 60%，粗钢的产量占世界产量的比重也已经接近 50%。在钢铁产量增加的同时，中国钢铁出口也大幅增长。2000 年，中国钢材出口量仅为 621 万吨，但 2013 年中国钢铁出口量达到了 4 826 万吨，见图 8-1；在 13 年间，中国钢铁出口累计增长了 6.77 倍。

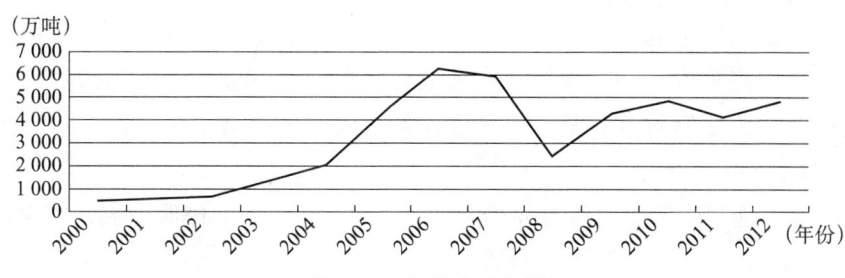

图 8-1 钢材出口数量

资料来源：见国务院发展研究中心网站. http://www.drc.gov.cn.

但是，中国钢铁产业也存在着产能过剩、结构失衡等严重不足。作为调节国家钢铁行业发展的一项重要手段，钢铁产业政策一直以来都扮演着至关重要的角色，对于中国发展钢铁产业产生了非常重要的作用。但也不得不说，传统的钢铁产业政策在抑制产能过剩、促进产业升级方面的作用并不明显，甚至产生了反向的效果。

二、核心问题

过去10年，中国钢铁工业经历了高速发展的黄金时期。但是，繁荣的背后也产生了一系列困扰钢铁行业发展的问题。十八大之后，中国经济发展跨入新时期。与此同时，社会对日益严重的环境问题较以往给予了更多关注。钢铁行业作为重污染行业，已感受到空前的环保压力。在此背景下，钢铁工业势必进行改革以解决过去在发展过程中积累的一系列问题，为今后的发展打好基础。

（一）钢铁工业的产能过剩问题已日益严重，亟待下大力气解决

产能过剩是中国钢铁行业在进入21世纪后一直难以解决的难题。国家对钢铁行业的历次调控主要目的之一，就是要削减过剩产能，并防止产能扩大。但是，从实际效果来看，产能不仅没有被压缩下来，反而呈现出"越限越高"的趋势。2008年金融危机后，铁路、公路、基础设施、房地产、汽车等钢铁行业下游行业在投资拉动下快速发展，与之相关的钢铁行业产量也随之快速回升，产量增速甚至超过了2008年以前。此外，由于产品供大于求，钢铁企业的存货也连年增加。2011年底，中国钢铁企业存货总额为7 494亿元，而到了2013年底，这一数字增加到了8 428亿元。在产能过剩的影响下，钢铁企业的利润过低。与此同时，2013年钢铁企业的销售利润率仅为0.62%，而同期规模以上工业企业的利润率则为6.11%。[①] 随着经济下行和产能过剩，还出现了钢铁贸易企业大量违约的情况。2012年以来，从"长三角"地区开始，江苏、浙江、上海、广东、山东等地的钢贸企业接连出现信贷违约、债务违约的现象。由于钢贸企业多采取互保、联保模式从银行获得信贷资金，因此当市场需求不旺时，整个钢贸行业陷入了系统性信贷风险中，这给金融体系带来了巨大风险。

为了能尽快解决钢铁行业产能过剩问题，确保行业健康发展，国家密

[①] 见中国钢铁新闻网. http：//www.csteelnews.com/sjzx/scfx/201402/t20140210_230873.html.

集出台了一系列政策来抑制钢铁产能。但从政策实施效果看，限制产能的目标远未达成。

从图 8-2 和图 8-3 中不难发现，中国钢铁行业的产量并未随政策的出台而有所变化，在过去的 13 年中基本保持匀速增长态势，而钢铁产品占世界的比重也一直呈匀速增长态势。这说明，中国钢铁企业的生产并未受到政策带来的影响。

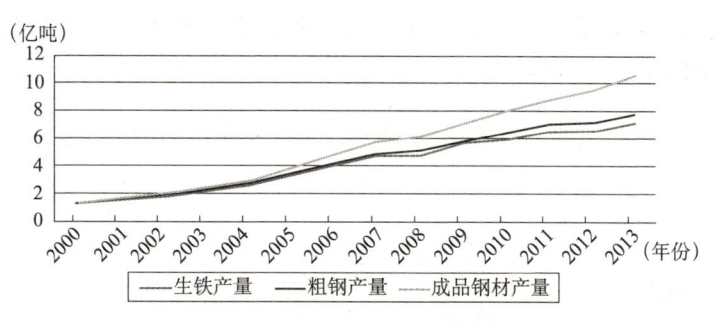

图 8-2 2000~2013 年中国钢铁产量

资料来源：作者根据国家统计局公开数据整理.

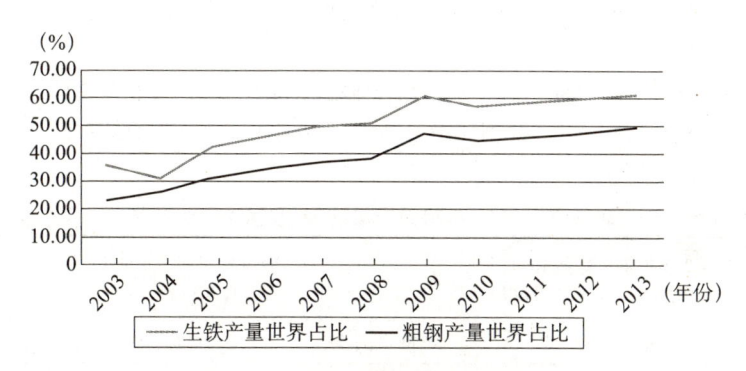

图 8-3 生铁、粗钢产量世界占比

资料来源：作者根据国家统计局公开数据整理.

（二）钢铁行业集中度偏低问题严重

中国钢铁工业集中度长期处于偏低水平，导致行业恶性竞争过于激烈，使中国钢铁工业难以和先进国家抗衡。从 2000 年开始，中国粗钢集中度就一路下滑，钢铁工业的集中度不高，2008 年的 CR4（指前 4 家企业产量之和占全国产量的比重）仅为 23.9%，远低于美国（CR4 为 74.9%）与日本（CR4 为 77.6%）。[①] 到 2011 年，中国前 5 位钢铁企业粗

---

① 杜立辉，徐熙淼. 美、日、韩三国钢铁产业集中度的演变及启示. 冶金经济与管理，2010（1）：35-39.

钢产量占全国产量的比重也只有 32.24%，前 10 位钢铁企业的粗钢产量占比为 47.50%，前 15 位钢铁企业的粗钢产量占比为 56.46%。而 2012 年相关数据则降为 31.54%、45.95% 和 54.34%（《中国冶金报》，2013 年）。

从图 8-4 中发现，中国钢铁行业集中度从 2001 年起开始一路下滑，虽然到 2007 年，随着相关政策陆续出台各项集中度指标开始有所回升，但均未超过 50%。这反映出中国钢铁行业的集中度仍然处在低水平上徘徊，单体企业规模小、产业布局分散、重复建设现象严重等问题依然严峻，见图 8-4、表 8-1。[1]

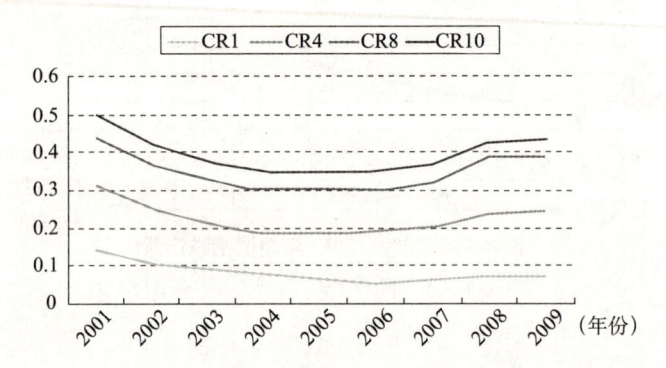

图 8-4　2001～2009 年钢铁行业粗钢 CRN 指数（兰格钢铁）

资料来源：作者根据兰格钢铁网 . http://www.lgmi.com 相关数据整理。

表 8-1　　　　2012 年、2011 年粗钢产量前 15 家钢铁企业名单　　　单位：万吨

序号	2012 年粗钢产量前 15 家企业（据 2012 年 12 月月报）单位名称	产量	序号	2011 年粗钢产量前 15 家企业（据 2011 年 12 月月报）单位名称	产量
1	河北钢铁集团有限公司	6 922.76	1	河北钢铁集团有限公司	7 113.45
2	鞍钢集团公司	4 531.64	2	鞍钢集团公司	4 624.16
3	宝钢集团有限公司	4 269.63	3	宝钢集团有限公司	4 334.09
4	武汉钢铁（集团）公司	3 642.35	4	武汉钢铁（集团）公司	3 768.49
5	江苏沙钢集团	3 230.90	5	江苏沙钢集团	3 192.32
6	首钢集团	3 141.78	6	首钢集团	3 003.59
7	山东钢铁集团有限公司	2 300.61	7	山东钢铁集团有限公司	2 402.32
8	马钢（集团）控股有限公司	1 733.86	8	渤海钢铁集团有限公司	1 919.36

---

[1] 见欧浦钢网 . http://www.opsteel.cn/news/2013 - 07/E1987592E8FE3B56E040080A7EC95A8A.html.

续表

2012年粗钢产量前15家企业 （据2012年12月月报）			2011年粗钢产量前15家企业 （据2011年12月月报）		
序号	单位名称	产量	序号	单位名称	产量
9	渤海钢铁集团有限公司	1 731.72	9	马钢（集团）控股有限公司	1 668.40
10	湖南华菱钢铁集团有限责任公司	1 411.32	10	湖南华菱钢铁集团有限责任公司	1 588.97
11	北京建龙重工集团有限公司	1 376.41	11	河北新安钢铁集团	1 527.32
12	日照钢铁控股集团有限公司	1 322.33	12	北京建龙重工集团有限公司	1 235.69
13	河北新武安钢铁集团	1 287.04	13	安阳钢铁集团公司	1 177.34
14	包头钢铁（集团）有限责任公司	1 018.54	14	日照钢铁控股集团有限公司	1 120.07
15	安阳钢铁集团公司	1 016.35	15	包头钢铁（集团）有限责任公司	1 022.12

资料来源：中国钢铁工业协会. 中国钢铁工业统计月报. 2013（12）.

第二节 钢铁产业政策分析

一、钢铁产业政策概况

从20世纪末开始，中国出台了一系列钢铁产业政策规范和引导整个行业的发展。原国家冶金工业局于1999年出台了《1999年限期淘汰工艺技术装备计划的通知》，明确2000年及2002年底要淘汰热烧结矿工艺、土焦工艺、土烧结工艺、土直接还原工艺等18项落后的工艺和设备。[1]《国务院办公厅转发发展改革委等部门关于制止钢铁电解铝水泥行业盲目投资若干意见的通知》，也明确了落后钢铁产能的淘汰标准以及具体截止日期。2005年，力求使产业布局实现比较合理的局面；针对钢铁行业产能过剩问题，相关的发展政策则提出，用准入限制、环保要求、鼓励创新、兼并重组以及强制淘汰等综合方式对钢铁产业进行调控。而《关于钢铁工业控制总量淘汰落后加快结构调整的通知》《国家发展改革委关于进一步做好钢铁工业关停和淘汰落后生产能力工作的通知》等相关产业政策文件的相继出台，其主要目的还是针对过剩的钢铁产能加以限制。

2008年的国际金融危机导致中国的经济发展遭遇困境。铁路、公路、基础设施、房地产等行业在投资拉动下快速增长，与之相关的钢铁行业也进入新的快速发展时期，产能过剩问题进一步加重。针对这一情况，

---

[1] 国家冶金工业局. 国家冶金工业局关于报送1999年限期淘汰工艺技术装备计划的通知. 见http：//www.110.com/fagui/law_ 148192.html.

2009~2013年,又先后发布了《工业和信息化部关于分解落实2009年淘汰落后产能任务的通知》《工业和信息化部关于钢铁工业节能减排的指导意见》《关于印发〈钢铁工业"十二五"发展规划〉的通知》《工业和信息化部发布废钢铁加工行业准入条件》《国务院关于化解产能严重过剩矛盾的指导意见》等政策性文件。近年来,钢铁行业政策汇总,见表8-2。

表8-2　　　　　　　　　近年来钢铁行业政策汇总

年份	政策名称	政策类型	发布部门
1999	关于报送1999年限期淘汰工艺技术装备计划的通知	强制淘汰	国家冶金工业局
	关于下发2000年钢铁总量控制实施方案要点的通知	强制淘汰	国家经贸委
2000	关于继续做好钢铁生产总量控制的紧急通知	强制淘汰	国家冶金工业局
2005	产业结构调整指导目录(2005年)	鼓励发展、准入限制、强制淘汰	国家发展和改革委员会
	钢铁产业发展政策	准入限制、社会收益要求(环保)、强制淘汰、要素补贴、兼并重组	国家发展和改革委员会
	促进产业结构调整暂行规定	社会收益要求(环保)	国务院
2006	关于钢铁工业控制总量淘汰落后加快结构调整的通知	强制淘汰、准入限制、兼并重组	国家发展和改革委员会
	国务院关于加快推进产能过剩行业结构调整的通知	强制淘汰、准入限制、兼并重组	国务院
	国务院关于加强节能工作的决定	社会收益要求(环保)	国务院
2007	国务院关于印发节能减排综合性工作方案的通知	社会收益要求(环保)	国务院
	国家发展和改革委员会关于进一步做好钢铁工业关停和淘汰落后生产能力工作的通知	强制淘汰	国家发展和改革委员会
	国家发展和改革委员会关于禁止落后炼铁高炉等淘汰设备转为他用有关问题的紧急通知	强制淘汰	国家发展和改革委员会
	国务院批转节能减排统计监测及考核实施方案和办法的通知	社会收益要求(环保)	国家统计局 国家发展和改革委员会等
2008	关于《铁合金行业准入条件》和《电解金属锰企业行业准入条件》修订公告	准入限制	国家发展和改革委员会

续表

年份	政策名称	政策类型	发布部门
2009	工业和信息化部关于分解落实2009年淘汰落后产能任务的通知	强制淘汰	工业和信息化部
	关于进一步做好金融服务支持重点产业调整振兴和抑制部分行业产能过剩的指导意见	要素限制	中国人民银行、中国银监会、中国证监会、中国保监会
	国土资源部贯彻落实国务院批转发展改革委等部门关于抑制部分行业产能过剩和重复建设引导产业健康发展若干意见的通知	要素限制、强制淘汰	国土资源部
	国务院办公厅关于印发2009年节能减排工作安排的通知	社会收益要求（环保）	国务院
	国务院关于调整固定资产投资项目资本金比例的通知	准入限制	国务院
	国务院批转发展改革委等部门关于抑制部分行业产能过剩和重复建设引导产业健康发展若干意见的通知	强制淘汰、社会收益要求（环保）、准入限制	国家发展和改革委员会、工业和信息化部、财政部、国土资源部、环境保护部、人民银行、国家质检总局、中国银监会、中国证监会
	环境保护部关于贯彻落实抑制部分行业产能过剩和重复建设引导产业健康发展的通知	社会收益要求（环保）	环境保护部
	钢铁产业调整和振兴规划	强制淘汰、税收优惠、兼并重组、要素限制	国务院
2010	钢铁行业生产经营规范条件	准入限制	工业和信息化部
	工业和信息化部关于钢铁工业节能减排的指导意见	强制淘汰、社会收益要求（环保）	工业和信息化部
	关于贯彻落实国务院进一步加强淘汰落后产能有关文件精神的通知	强制淘汰	国家质检总局
	关于禁止将落后炼铁高炉转为铸造生铁用途的紧急通知	强制淘汰	工业和信息化部
	国家税务总局关于进一步做好税收促进节能减排工作的通知	税收补贴	国家税务总局
	国务院办公厅关于进一步加大节能减排力度加快钢铁工业结构调整的若干意见	淘汰落后、准入限制、社会收益要求（环保）、兼并重组、促进技改	国务院
	国务院关于促进企业兼并重组的意见	兼并重组	国务院
	国务院关于进一步加大工作力度确保实现"十一五"节能减排目标的通知	强制淘汰	国务院
	国务院关于进一步加强淘汰落后产能工作的通知	强制淘汰	国务院

续表

年份	政策名称	政策类型	发布部门
2011	产业结构调整指导目录（2011年）	鼓励发展、准入限制、强制淘汰	国家发展和改革委员会
	关于印发《钢铁工业"十二五"发展规划》的通知	社会收益要求（环保）、促进技改、强制淘汰、兼并重组、改善市场环境	工业和信息化部
	国务院关于印发"十二五"节能减排综合性工作方案的通知	准入限制、强制淘汰、促进技改	国务院
2012	废钢铁加工行业准入条件	准入限制	工业和信息化部
2013	国务院关于化解产能严重过剩矛盾的指导意见	强制淘汰、兼并重组、促进技改、完善市场机制、社会收益要求（环保）	国务院

除了国家层面的政策外，各地方政府也陆续出台了针对本地区钢铁行业的政策。各地钢铁产业政策内容与中央政策内容基本保持一致，在调控手段和方式方法上没有太大区别，如强制淘汰标准方面，各地制定的淘汰标准完全按照中央文件所规定的标准执行。在要素限制方面，各地方出台的产业政策也都按照中央要求，从土地、融资等方面对不符合标准的落后钢铁企业进行生产要素限制。同时，从税收、财政等方面对拥有先进技术和产品的钢铁企业进行要素补贴。但是具体执行过程中，个别地方如江苏省等，也根据自身特点做出了一些调整，这也反映出东部地区加快产业升级的迫切性。部分地区钢铁行业政策汇总，见表8-3。

表8-3　　　　　部分地区钢铁行业政策汇总

年份	地区	政策名称	政策手段	发布部门
2002	河北	河北省地方钢铁工业产业政策	强制淘汰、准入限制、要素限制	河北省人民政府
2009	江苏	江苏省钢铁产业调整和振兴规划纲要	强制淘汰、社会收益要求（环保）、要素补贴、兼并重组、要素限制	江苏省人民政府
2009	湖北	湖北省钢铁、有色金属产业调整和振兴实施方案	强制淘汰、社会收益要求（环保）、要素补贴、兼并重组、要素限制	湖北省人民政府
2012	山东	山东省人民政府关于贯彻落实山东省钢铁产业结构调整试点方案的实施意见	强制淘汰、社会收益要求（环保）、要素补贴、兼并重组、要素限制	山东省人民政府

另外，从政策手段角度来看，通过对历年钢铁行业政策的梳理，中国对钢铁产业的主要调控手段主要包括四个方面：一是强制淘汰。强制淘汰

是历次钢铁产业调控的主要手段，中央政策和地方政府在限制钢铁企业产能时，通过设定产量、技术等淘汰标准，将不达标企业限期关闭，以便在较短时间内将钢铁产量恢复到政府设定的"合理区间"。二是兼并重组。在提高行业集中度方面，国家一直鼓励钢铁企业，尤其是以"龙头"钢铁企业为主，通过行业兼并的方式做大做强。三是设定准入限制。近年来，为了减少新开工钢铁项目，国家不断提高钢铁行业准入门槛，提高了投资总额、环境保护、生产和产品技术等一系列外部性标准，希望从源头上减少进入钢铁行业的投资。四是技改补贴。由于中国大部分钢铁产品为中低端产品，钢铁企业对环境的破坏程度愈加严重，国家近年来逐步加大了对钢铁企业的技改项目投资，从节能环保、产品升级等方面对钢铁企业给予补贴，以此实现了中国钢铁行业整体技术水平的升级。

二、钢铁产业政策问题剖析

综观近年来钢铁产业政策实施效果，钢铁产量年年增高，行业集中度不升反降，这从一个侧面说明，钢铁产业政策远未达到预期。究其原因，主要是以下几个方面的问题。

（一）政策制定过程中信息不对称

一个产品的市场需求状况通常是由市场本身来决定的，"合理的生产规模总是和市场紧密相关的"。[1] 政府部门作为非市场参与者，很难准确把握市场的真实状况。此外，政府部门通过行政手段干预市场活动，其效果往往会使市场出现"一放就乱、一管就死"的情况。中国的产业政策由于采取的长期超调政策，也影响了对中国钢铁工业固定资产投资的正常调控，以及对相关技术装备的协调更新，导致"过冷"或"过热"现象。[2]

（二）减产政策实施遭遇地方政府阻碍

钢铁行业属于资金和人力密集行业，一个项目往往会带来巨额投资并且会吸纳大量就业人口。因此，地方政府出于保障地方税收、稳定就业等目的，给予钢铁企业"非正常要素补贴"，利用各种方式鼓励钢铁企业在本地投资，以多种要素补贴为企业带来额外效益，对新进资本极具吸引力。同时，地方政府的要素补贴也使既有钢铁企业的淘汰渠道不畅。为了保税收、保就业的硬指标，一些地方政府常常会使政策的执行打折扣，甚

---

[1] 徐康宁，韩剑. 中国钢铁产业的集中度、布局与结构优化研究——兼评2005年钢铁产业发展政策. 中国工业经济，2006（2）：37-41.

[2] 江飞涛，曹建海. 市场失灵还是体制扭曲——重复建设形成机理研究中的争论、缺陷与新进展. 中国工业经济，2009（1）：53-64.

至会让本该被市场淘汰的钢铁企业，通过财政补贴或政府担保等手段为其"输血"，从而使其生产得以延续。另外，由于一些地方政府在项目审批上存在先上车后补票、违规审批甚至不审批直接生产等问题，导致准入限制失去对行业发展的约束能力。如地方的环保、产品质量等部门在政府压力下，不得不对一些违规项目和产品放行。这导致环保、产品标准等准入限制难以发挥效果。①

面对这些巨额投资的钢铁企业，一些地方政府在明知违反国家政策的情况下，仍然默许这些企业开工上马，甚至帮助企业"先上船后补票"，一边建设一边补足手续，使违规变合规。但在一些地方政府的"支持"下，企业的建设却一路绿灯。一些地方政府的默许导致大量本应被淘汰的钢铁企业起死回生，本应清理出市场的落后产品难以被根除。②

（三）钢铁企业自身削减产能欲望不强

多数钢铁企业出于保证市场份额的目的，不愿主动减产。企业认为，只有保住自身市场份额才能获得竞争优势，才能在挺过全行业不景气之后获得更多收益，因此，钢铁企业也都采取各种方式来扩大产能以巩固市场份额。同时，维持并扩大产能，是钢铁信贷支持的重要条件。作为投资密集型产业，维持银行信贷对于企业的生存至关重要，如果发生资金断裂，钢铁企业的生存就会面临巨大威胁。因此，钢铁企业只有持续生产，才能获得资金支持。此外，国家调控手段也是钢铁企业不愿意削减产能的一个重要原因。历次政策调控多以限定的高炉规模作为淘汰标准，即达不到一定规模的高炉限期停产关闭，这倒逼企业采取"拆小建大"的方式来应对（中国行业研究网）。企业拆掉处于淘汰范围的小高炉，新建淘汰标准之上的大高炉。这样的结果是企业避免了被淘汰，地方政府也完成了淘汰任务，但钢铁的产能却增加了，产生了产能"越限越高"的怪圈。这些因素导致钢铁企业自身减产意愿不高，采取等待观望的态度进行持久战，寄希望于长时间的等待，并期望能将竞争者淘汰掉。

（四）兼并重组难敌地方保护

对钢铁企业间的兼并重组的干涉阻力也是相当大的。第一，一些地方政府出于保证地方利益的目的，只允许本地区钢铁企业间的整合，对跨地区的钢铁企业整合设置障碍。第二，一些地方政府也要求钢铁企业在整合

---

① 翁仕友. "中国式"产能过剩：地方政府干预企业退出. 四川水泥，2013（6）：85-91.
② 王金龙，黄杰. 无立项、无环评，百亿投资的钢铁项目潜行大西北. 中国经营报，2013-7-27.

过程中不减产、不减员,以此来保证地方经济不会受到损失。第三,在整合过程中,不少地方政府抱着"欢迎整合,但绝不放弃控制权"的观念,导致兼并重组之后的企业整合难以进行。第四,一些地方政府在钢铁企业兼并重组过程中,强行干预兼并对象,存在"拉郎配"现象,甚至违反自愿规则,强行制定由国有钢铁企业兼并民营钢铁企业。这种违反市场经济规律,由政府主导的兼并重组势必无法真正整合钢铁企业资源。这些都导致钢铁企业间的兼并重组只停留在了表面,难以开展真正意义上的资源优化配置。

(五)外部性标准没有发挥作用

钢铁行业环保、技术标准较落后,执行不力,非经济性门槛的限制作用弱。中国环保标准落后于发达国家,导致钢铁工业没有硬性环境指标约束,大量低水平的钢铁企业快速增加。环保部门在进行执法时会受到不同程度的干扰,同时部分单位"走过场"式的执法现象严重,这些都导致了环保标准的执行力度远未达到预期。中国钢铁产品技术标准低于发达国家。如欧美国家的建筑用钢标准为500兆帕,而中国的相关标准为400兆帕。低产品技术标准导致行业准入门槛低,使大量资金流入低水平小钢铁厂,导致行业集中度难以提升。

(六)钢铁企业创新动力不足

在促进技术改造、提高企业生产和产品技术水平方面,现有政策缺乏对钢铁企业的普惠式补贴。由于标准掌握在政府手中,且针对的都是现有企业,受惠面较窄,多数企业难以享受创新激励,无法真正调动全行业的创新积极性。同时,政府限定补贴对象,容易影响企业创新方向。另外,由政府指导企业创新方向,无疑会使企业的创新方向变为政府导向型,企业失去了创新自主权。创新过程本身就是一个多种技术路线竞争,最终由市场决定选择的过程。如果政府打破这一过程,最终会导致整个行业失去创新活力,甚至会由于政府选择失当而导致创新失败。企业也会围绕政府需求而开展创新活动,彻底忽略市场需求,甚至发生以创新名义向政府要补贴的情况。

第三节 政策建议

钢铁产业是重要的基础性行业,同时也是充分竞争的传统行业。在推动传统产业政策转型时,可从以下几方面着手:

一、政策制定应以提高行业竞争能力为主

在未来政策制定的过程中，政策制定部门应该避免在严重信息不对称的情况下，提出限产指标、淘汰标准、行业集中度等微观层面的强制性内容。产业政策应在宏观层面以提高企业竞争力为主，重点放在强化企业外部性指标上，如设定节能环保标准、产品技术标准。同时，强化标准的执行力度，要确保标准可以顺利地在全行业推广。对于不达标的企业，无论其设备产能有多大，一律坚决关闭。改变以往按照设备产量作为企业关停标准的状况，真正实现利用外部性标准来限制产能的目的，从根本上解决传统淘汰方式导致的产能越限越高的问题。

二、严格限制地方政府权力

中央政府必须出台更严格的措施来限制地方政府在土地、税收、环保等生产要素和准入门槛方面的自主权。正是由于地方政府在这些方面的自主权过大，导致行业政策难以真正发挥作用。因此，作为钢铁产业政策真正发挥作用的前提，必须严格限制地方政府在这些方面的自由裁量权，必要时甚至可以将环保审批等外部性审批权力重新收归中央，预防一些地方政府的不当干扰。同时，要对严重违反国家政策的地方政府进行问责，以提高国家政策在执行方面的威慑力。

三、推进市场主导的兼并重组

针对钢铁企业兼并重组过程中政府行政干预的问题，建议未来在出台相关政策时，明确政府边界，给予企业更多自主选择权，要真正打破所有制壁垒，努力实现优质资源的优化组合。政府在兼并重组中的作用仅限于创造有利于兼并重组的政策环境，如提供税收配套、融资优惠等，对于并购目标选择、企业控制权转移、资源重组等内容不再过多介入。

四、提升产品应用端标准

提高产品准入门槛，利用市场需求倒逼钢铁企业提升自身技术和产品水平。国家要提高钢铁相关产业的产品技术标准，以提高客户端对钢铁产品的技术要求，形成促使钢铁行业转型升级的软性市场压力，激发钢铁企业主动进行技术升级从而满足客户要求。在这一过程中，钢铁行业势必出现自发的兼并重组、破产退出等现象，这将有利于提升整体行业水平，同时也有利于削减早已过剩的钢铁产能。如在建筑领域强制推行高强度钢材

标准，以此来迫使钢铁行业自我升级。

五、完善创新激励机制

国家应对钢铁行业的基础性研究进行普惠式补贴。企业创新需要一定的积累，而中国钢铁企业的技术积累和人才储备远远落后于先进国家。因此，从培育钢铁行业持续创新动力的角度出发，应该加大对行业基础研究的补贴力度。针对成型产品的补贴则应从定向式的事前补贴，转变为以产品退税为主的事后补贴。只有企业的产品被市场接受真正产生效益时，才应该获得创新补贴。这样的模式会促使企业真正以市场为导向开展创新工作，从长远看有利于提升整个行业的创新活力。

六、建立企业退出的配套机制

国家应完善受政策影响而退出企业的后续保障机制。由于钢铁行业是吸纳就业和提供税收的主力行业之一，因此在政策出台时，应该配套以相应的保障机制。如对失业员工要给予必要的培训，便于多数人可以在短时间内重新获得就业机会。

第九章 高铁产业政策

第一节 高铁产业概述

一、概况

当今社会经济迅速发展，人们除了对衣、食、住需求不断增加，同时对行的服务需求也在不断地提升。其中，铁路建设在国民经济发展中处于非常重要的地位，一方面，铁路运输业，尤其是未来以高铁为代表的客运系统以及以重载铁路为代表的货运系统，将会切实提高一个国家整体客流、货流的运转效率，降低国民经济运行的中间成本；另一方面，铁路运输也是节能环保的运输方式，常常受到国家政策的大力支持。而中国铁道部对"高速铁路"分两部分定义：一种是被称为动车组（D车），其运营时速以不超过250公里/小时为上限，另一种是被称为高速动车组（G车），其运营时速可达到300~350公里/小时。在本章中，"高铁"特指作为中国高速铁路技术装备的高速铁路列车，不包括高铁中的铁路系统。

2004年前后，中国启动了雄心勃勃的高铁建设计划。10多年来，中国的高铁建设如火如荼，为打造纵横全国的高铁网络，过去5年投入了超过3 000亿美元（约合2万亿元人民币），目前，中国的高铁运营总里程相当于日本及欧洲的总和，现有运营总里程已高居全球榜首。

二、产业发展特征

中国的高铁产业发展，最初是从大胆借鉴外国技术开始的，如法国的阿尔斯通、加拿大的庞巴迪、日本的川崎重工等，并对外国技术进行了创造性的消化与创新。用了不到10年的时间，不仅达到了与外国高铁巨头旗鼓相当的技术水平，还成为全球翘楚。如今，中国高铁在印度、巴西、墨西哥等极具前景的市场上相当有竞争力。

发展高铁产业，还需要建设配套的全新车站，这些车站更像机场，而非传统意义上的普通火车站。因与城市公共交通系统连通，这些车站通常坐落在城郊或是卫星城内，已成为我国名副其实的交通枢纽，其附近的商业及服务业也相当发达。以上海虹桥为例，那里既有国际机场，又有高铁、普通铁路及上海地铁的车站；它不仅是上海的交通枢纽，也是周边省份的交通中心。事实上，高铁产业逐步成为拉动城市周边欠发达地区发展的新增长点。

"一带一路"倡议，已成为中国经济持续增长和改变发展方式的新良方。中国的高铁行业，经过多年的大力发展，已经成为中国优势产业的代表，领先世界的名牌，具有很强的国际竞争力。随着国内高铁网络的逐步完善，国内市场对建设高铁的需求逐步减少，高铁产能过剩的现象已经出现，必须寻求转移过剩产能、不断创新升级、保持持续发展的新路子。从目前的情况看，中国的铁路行业虽然在土耳其完成了"安卡拉—伊斯坦布尔"高速铁路的土建工程部分工作，在印度尼西亚、老挝、泰国也取得了一定进展，铁路的装备出口也有相当增长，但是铁路的全方位整体"走出去"，尤其是中国的铁路行业技术标准获得发达国家的认可，至今尚未完成真正意义上的大突破；应该看到，类似高铁这样的资金密集型、技术密集型的领域必定成为各国竞争的重点，日本的三菱重工、法国的阿尔斯通、德国的西门子等国际大公司，将是中国高铁的强劲对手，我们不可等闲视之。

第二节　高铁产业政策分析

中国是一个经济转型国家，高速铁路在中国的兴起，其发展之路并非一帆风顺。但从根本上讲，它的快速发展离不开国家产业政策的强力支持。高铁技术之所以能在短期内取得重大发展和突破，是与中国政府作为政策实施主体、以强力实施其产业政策分不开的，也是创造中国高铁神话背后的最重要的推动力量。因此，分析中国高铁产业政策的变迁脉络，探讨未来政策的转型方向，将具有重要的现实意义。

追溯中国的高铁产业政策，大致经历了"完全自主开发—引进国外技术—自主创新"三个阶段。因发展阶段的不同，其政策目标和手段定位也不尽相同，具有明显的阶段性特点。①②③

一、高铁产业政策的阶段性特点

（一）自主开发阶段（1990~2003年）

中国高速铁路机车的研发，是在电力机车的基础上进行的。20世纪90年代末，铁道部下令研制不同的高速概念车，开启了一系列高速列车的研发工作。其中，动力集中型的机车由株洲电力机车厂负责，动力分散型的由南京浦镇车辆厂负责。随着中国南车集团的奥星动车组、中国北车集团的长白山号动车组及春城号动车组的开发及"中华之星"的研发、《"十五"期间铁路提速规划》的出台等，正式开启了中国高速铁路自主开发的新纪元。应该说，中国的高铁发展已经步入了依靠自主开发的发展道路，只是何时能够开始大规模建设高铁还并不明朗而已。这个阶段，中国高铁产业政策主要是支持和鼓励高速动车组的研发，当时尚未形成整个产业链。高速动车组作为一个新兴的产业，作为国家铁路提速的重要装备，也是铁道部对国家发展高速铁路意志的表达，在对象身份和实施主体上主要体现为国家推动新兴产业发展的政策，见表9-1。

表9-1　　　　自主开发阶段的主要高铁产业政策

年份	名称	内容	维度
2008年2月26日	科技部、铁道部、《中国高速列车自主创新联合行动计划合作协议》	实现《中国高速列车自主创新联合行动计划》中确定的主要目标，进一步加大自主创新力度，突破关键技术，集成创新成果，研制新一代时速350公里及以上高速列车；建立并完善具有自主知识产权、国际竞争力强的时速350公里及以上的中国高速铁路技术体系；构建中国特色的高速列车技术创新链和产学研联盟，不断增强自主创新能力；积极引导创新要素向企业聚集，促进创新成果向现实生产力转化，打造中国高速列车产业链和产业群，带动并提升中国制造相关重大装备的能力	类型：产业技术政策 产业组织政策 指向：供给方 对象身份：新兴产业 实施主体：国家 主要手段：社会收益要求（公共服务）

---

① 高速列车科技发展"十二五"专项规划．见http://www.most.gov.cn/tztg/201204/W020120418471492503556.pdf.
② 铁路时评：中国高铁"走出去"彰显铁路综合实力．见http://www.china.com.cn/travel/txt/2014-03/03/content_31653191.htm.
③ 铁路投资再提速相关产业迎利好．见http://politics.people.com.cn/n/2014/0804/c70731-25394341.html.

续表

年份	名称	内容	维度
2010年10月	国务院办公厅《国务院关于加快培育和发展战略性新兴产业的决定》	"节能环保、新一代信息技术、生物、高端装备制造产业成为国民经济的支柱产业""依托客运专线和城市轨道交通等重点工程建设,大力发展轨道交通装备"	类型:产业布局政策 产业技术政策 指向:供给方 对象身份:新兴产业 实施主体:国家 主要手段:社会收益要求(公共服务)
2012年4月18日	科技部《高速列车科技发展"十二五"专项规划》	实现不同速度、不同运营条件、不同运营模式下的高速列车谱系化	类型:产业技术政策 指向:供给方 对象身份:新兴产业 实施主体:国家 主要手段:社会收益要求(公共服务)
2012年7月9日	国务院《"十二五"国家战略性新兴产业发展规划》	大力发展技术先进、安全可靠、经济适用、节能环保的轨道交通装备,建立健全研发设计、生产制造、试验验证、运用维护、监测维修和产品标准体系,完善认证认可体系等,提升牵引传动、列车控制、制动等关键系统及装备自主化能力。巩固和扩大国内市场,大力开展国际合作,推动中国轨道交通装备全面达到世界先进水平	类型:产业技术政策 指向:供给方 对象身份:新兴产业 实施主体:国家 主要手段:社会收益要求(公共服务)
2013年初	《国务院机构改革和职能转变方案》出台	铁路实行政企分开总体性改革。这一重大体制改革对已建高铁资产的运营管理、高铁建设长远发展将产生重大影响	类型:管制体制 指向:供给方 实施主体:国家、企业 主要手段:技术政策、区域布局政策、投融资改革等政策工具
2013年1月15日	国务院《"十二五"国家自主创新能力建设规划》	把包括轨道交通装备在内的高端装备制造作为战略性新兴产业创新能力建设重点中的一项	类型:产业技术政策 指向:供给方 对象身份:新兴产业 实施主体:国家 主要手段:社会收益要求(公共服务)

(二)技术引进阶段(2004~2006年)

2003年3月,铁道部部长办公会议上提出,要力争在5年内使全国铁路的"提速里程达到20 000公里,覆盖全国主要地区",并以"四纵四横"客运专线建设为关键目标,立足高起点、高标准,明确"使用先进、成熟、经济、适用、可靠的技术、工艺、设备和材料，"努力实现技术引进与自主创新的有机结合，以加快赶超发达国家水平。其中，所谓技术"先进"，就是技术水平要赶上发达国家；所谓技术"成熟"，就是要用定型的技术，而不是在试用阶段的技术；所谓技术"经济"，就是不仅购买价格要合理，而且综合成本比较低；所谓技术"适用"，就是符合中国铁路的技术要求；所谓技术"可靠"，就是技术装备性能稳定，质量良好，能够保证运输安全。为此，2004~2006年，铁道部购买了德国的西门子、法国的阿尔斯通、加拿大的庞巴迪、日本的川崎重工的车型及其技术，大规模引进高速动车组技术；2005年后，中国铁路投资速度也开始了连级跳。

2004年6月17日，铁道部的招标公告《时速200公里铁路动车组项目投标邀请书》正式发布，多家世界顶尖企业最初都曾希望利用在华合资公司参与动车组招标，但遭到了明确拒绝。为了体现国务院和铁道部通过准入限制的手段对参与高铁行业的企业进行限制，在招标过程中，明确了国内企业作为主体，但附加条件是必须获得国外先进技术的支持。由于铁路装备工业的特殊性和中国铁路装备工业自力更生的传统，铁道部对国外企业的准入进行了限制。

这一时期的产业政策思路，是铁道部围绕着引进消化吸收的思路，通过购买国外先进技术的方式来发展中国的高速动车组产业，直接表现为"准入限制"等特点，见表9-2。

表9-2　　　　　　　　技术引进阶段的主要高铁产业政策

年份	名称	内容	维度
2004年4月9日	国务院下发《研究铁路机车车辆装备有关问题的会议纪要》	确定了推进铁路技术装备现代化"引进先进技术、联合设计生产、打造中国品牌"的总体方针，明确了中国铁路技术装备现代化的方向、方法和目标	类型：产业技术政策 指向：供给方 对象身份：新兴产业 实施主体：国家 主要手段：社会收益要求（公共服务）
2004年6月17日	铁道部《时速200公里铁路动车组项目投标邀请书》	明确投标主体是国内企业，"在中华人民共和国境内合法注册的，具备铁路动车组制造能力，并拥有成熟的时速200公里铁路动车组设计和制造技术的国外合作方技术支持的中国制造企业（含中外合资企业）"。其中，招标文件中明确规定了三项原则：一是关键技术必须全面转让；二是价格必须世界最低；三是必须使用中国品牌	类型：产业布局政策、产业组织政策、产业技术政策 指向：供给方 对象身份：新兴产业 实施主体：国家 主要手段：社会收益要求（公共服务）、准入限制

续表

年份	名称	内容	维度
2006	铁道部《"十一五"规划》	"大力推进技术装备现代化",坚持采用"先进、成熟、经济、适用、可靠"的技术方针,按照"标准化、系列化、模块化、信息化"的要求,立足国产化,引进先进技术,联合设计生产,打造中国品牌,加强对引进技术的消化吸收和再创新,增强自主创新能力,加快推进技术装备现代化	类型:产业技术政策产业组织政策、指向:供给方对象身份:新兴产业实施主体:国家主要手段:社会收益要求(公共服务)

资料来源:开往世界的中国高铁. 今日中国. http://www.chinatoday.com.cn.

(三)自主创新阶段(2006年至今)

秦沈客运专线T60次列车于2003年10月12日正式开通,是中国步入高速铁路时代的一个重要性标志。《国家中长期科学和技术发展规划纲要(2006~2020)》的颁布,则代表了中国进入自主创新产业发展的新阶段。从此,铁道部的"跨越式"的引进路线,已悄悄转入了自主创新阶段。这与中国加强自主创新能力、构建科学有效的知识产权制度和制定企业竞争策略等决策是分不开的。[①]

京津城际铁路在2008年8月正式开通运营,这是中国第一条时速达300公里以上的高速铁路(设计最高时速350公里),而近2万亿元的铁路建设投资的安排实施,标示着中国"高铁"时代的真正来临;2008年2月,由科技部与铁道部共同签署了《中国高速列车自主创新联合行动计划合作协议》,表明中国高速列车自主创新联合行动计划时代的真正到来。[②]此后,铁道部制定的《铁路"十二五"发展规划》于2012年5月正式颁布,它将此前中长期铁路网规划中确定的该目标实现时间从2020年提前到了2015年,按照《铁路"十二五"发展规划》,"四纵四横"高速铁路建成后,已基本覆盖省会级城市及50万人口以上城市,同时要加快构建与其他交通方式紧密衔接的综合交通枢纽及综合物流中心,提高服务效率,促进综合交通运输体系建设;而《"十二五"国家自主创新能力建设规划》的发布与实施,则翻开了包括轨道交通装备在内的高端装备制造业作为战略性新兴产业创新能力建设的新的一页。[③]

---

① CRH发展历程:中国铁路技术装备的现代化. http://bbs.railcn.net/thread-658457-1-1.html.

② 铁道部. 铁道部科技部联合深化时速350公里列车自主创新. 2008年2月29日. http://www.gov.cn/gzdt/2008-02/29/content_905588.htm.

③ 国务院关于印发"十二五"国家自主创新能力建设规划的通知. 2013年5月29日. http://www.gov.cn/zwgk/2013-05/29/content_2414100.htm.

中国轨道交通装备产业发展路线，见表9-3。

表9-3　　　　　　　　　轨道交通装备产业发展路线

轨道交通装备产业发展路线		
时间节点	2015年	2020年
发展目标	掌握先进轨道交通核心技术，全面实现轨道交通装备产品自主设计制造，建成产品全寿命周期服务体系，满足中国轨道交通发展需要；主要产品具有国际竞争力	标准体系及认证体系实现国际化，轨道交通装备技术水平国际领先，形成国际化发展的综合能力，打造拥有总承包商资质、具有全球配置资源能力的大型企业
重大行动	关键技术开发与产业化：实施先进轨道交通装备及关键部件创新发展工程；完成交流传动快速机车、大轴重长编组重载货运列车技术研究；推进综合检测列车、高寒动车组、城际列车、智能列车研制工作，实现动车组及交流传动机车产品谱系化，逐步完善中低速磁悬浮自主创新技术，基本掌握高速磁悬浮导向和牵引控制、大型养护设备制造等关键技术；开发现代有轨电车；开发新型列车控制系统、安全综合检测等关键技术 创新能力建设：加强牵引传动、走行、制动、通信信号、安全保障关键技术及系统集成等轨道交通装备研发平台建设；完善试验验证条件；推进轨道交通装备标准体系建设；加快培育第三方认证机构	
重大政策	制定鼓励企业积极参与国际竞争的相关政策	

以启动《中国高速列车自主创新联合行动计划》为重点，突出国家自主创新战略，这一时期的高铁产业政策在主要手段上表现为"政策工具"特点，见表9-4。

表9-4　　　　　　　自主创新阶段的主要高铁产业政策

年份	名称	内容	维度
2008年2月26日	科技部、铁道部《中国高速列车自主创新联合行动计划合作协议》	实现《中国高速列车自主创新联合行动计划》中确定的主要目标，进一步加大自主创新力度，突破关键技术，集成创新成果，研制新一代时速350公里及以上高速列车；建立并完善具有自主知识产权、国际竞争力强的时速350公里及以上中国高速铁路技术体系；构建中国特色的高速列车技术创新链和产学研联盟，不断增强自主创新能力；积极引导创新要素向企业聚集，促进创新成果向现实生产力转化，打造中国高速列车产业链和产业群，带动并提升中国制造相关重大装备的能力	类型：产业技术政策 产业组织政策 指向：供给方 对象身份：新兴产业 实施主体：国家 主要手段：社会收益要求（公共服务）

续表

年份	名称	内容	维度
2010年10月	国务院办公厅《国务院关于加快培育和发展战略性新兴产业的决定》	"节能环保、新一代信息技术、生物、高端装备制造产业成为国民经济的支柱产业""依托客运专线和城市轨道交通等重点工程建设，大力发展轨道交通装备"	类型：产业布局政策 产业技术政策 指向：供给方 对象身份：新兴产业 实施主体：国家 主要手段：社会收益要求（公共服务）
2012年4月18日	科技部《高速列车科技发展"十二五"专项规划》	实现不同速度、不同运营条件、不同运营模式下的高速列车谱系化	类型：产业技术政策 指向：供给方 对象身份：新兴产业 实施主体：国家 主要手段：社会收益要求（公共服务）
2012年7月9日	国务院《"十二五"国家战略性新兴产业发展规划》	大力发展技术先进、安全可靠、经济适用、节能环保的轨道交通装备，建立健全研发设计、生产制造、试验验证、运用维护、监测维修和产品标准体系，完善认证认可体系等，提升牵引传动、列车控制、制动等关键系统及装备自主化能力。巩固和扩大国内市场，大力开展国际合作，推动中国轨道交通装备全面达到世界先进水平	类型：产业技术政策 指向：供给方 对象身份：新兴产业 实施主体：国家 主要手段：社会收益要求（公共服务）
2013年初	《国务院机构改革和职能转变方案》	铁路实行政企分开总体性改革。这一重大体制改革对已建高铁资产的运营管理、高铁建设长远发展将产生重大影响	类型：管制体制 指向：供给方 实施主体：国家、企业 主要手段：技术政策、区域布局政策、投融资改革等政策工具
2013年1月15日	国务院《"十二五"国家自主创新能力建设规划》	把包括轨道交通装备在内的高端装备制造作为战略性新兴产业创新能力建设重点中的一项	类型：产业技术政策 指向：供给方 对象身份：新兴产业 实施主体：国家 主要手段：社会收益要求（公共服务）

二、高铁产业政策的创新特征

金融危机以来，国际竞争异常激烈，许多发达经济体都制定了各自的创新发展战略，如欧盟制定了《2020创新战略》、美国提出了国家创新战略、日本颁布了《创新25战略》、韩国提出了《2020年产业技术创新战略》等，普遍加强了与创新有关的包括教育、科技、金融、贸易、财税、知识产权、产业组织政策等方面的顶层设计。另外，人才政策也成为创新政策的重要内容，其创新政策体系得到进一步完善，并使政策重点从以传统产业政策为主转向加大对创新政策的支持。而中国高铁产业创新政策，可以概述为"宏观层面的政府有效干预""微观层面的企业知识产权保护"两大主要特征。

（一）宏观层面的政府有效干预

产业政策的内容和制定的内在逻辑，在很大程度上会受到政府角色的影响。到今天，中国高铁网的规模达到世界第一，中国高铁产业的规模居世界第一：完全具备自主能力（设计、制造、分析、试验）；经过锻炼的人才队伍（南车四方、株洲所/北车长客、唐客）比其他国家的总和还多；中国大规模应用高铁技术的经验居世界第一：动车组经历了最恶劣条件的考验——低温（高寒车）、持续高速（京沪、京广）等；中国高铁产业牢牢占据国内市场，具有坚实的"走出去"的产业基础。这也是对政府有效"干预"式产业政策的最好诠释。

基于中国高铁建设环境与地理条件的复杂性，迫切需要中国的技术工作者在研究中国的地貌、气候、环境等的基础上，对相关技术加以创新摸索和不断完善，以最终掌握各种成熟技术。为此，科技部专门启动了总投资近10亿元人民币的科技计划，这也是截至目前中国科技部所支撑的计划中投资最大的一个项目，共设立了十个课题。此外，还从基础研究、关键技术研发、重要装备开发角度，特别安排了一批"863项目"和"973项目"，从技术政策层面给予了大力支持，从而整体上推动了中国高铁产业创新政策的持续发展。

（二）微观层面的企业知识产权保护

高速铁路技术是一个极其庞杂又广泛的技术体系。笼统地划分可以分为车体结构、牵引供电、通信信号、运营调度、安全防灾、客运服务、综合检测、路基路轨、桥梁隧道等子系统；再进一步可简单划分为车辆和土建两个方面，土建方面又涉及路基路轨和桥梁隧道两个子系统。由于中国特有的地形地貌，高铁的土建与轨道方面的技术与经验历来在国际上属于领先地位，土建轨道等方面的专利技术基本上都是创新专利。这些年来，为了补足车辆机械方面等微观层面的企业知识产权保护，大致从三个方面进行了强力推进：首先，依靠原创性技术创新，在高铁技术与高速铁路建设领域解决了许多技术性和工程性难题；其次，高铁企业根据中国高铁自身的技术标准进行了技术创新，获得了归属于中国高铁技术再创新的知识产权；再次，通过积极支持企业在国内和其他国家获得最新技术的知识产权保护，如在高速列车、工程建造、列车控制、系统集成、客站建设、运营管理等领域，形成了具有自主知识产权的成套高铁专利技术体系；最后，借助强化对微观层面企业知识产权保护的力度，推动了中国高铁产业创新政策的纵深发展。

下面，从专利申请类型、专利申请技术分布情况等方面，依据1985年4月1日~2011年2月28日高铁产业上市公司专利状况统计数字，从微观层面以进一步了解企业是如何提高知识产权意识、加强自主创新能力、构建科学有效的知识产权制度和制定企业竞争策略等相关情况。

1. 专利申请类型分析。

专利申请公开总量为1 783件，其中，实用新型专利申请公开量占到专利申请总量的56.5%，为1 007件，位居第一；发明专利申请达到541件，占到专利申请总量的30.3%，位居第二；而外观设计专利申请则有235件，占到专利申请总量的13.2%，见图9-1。

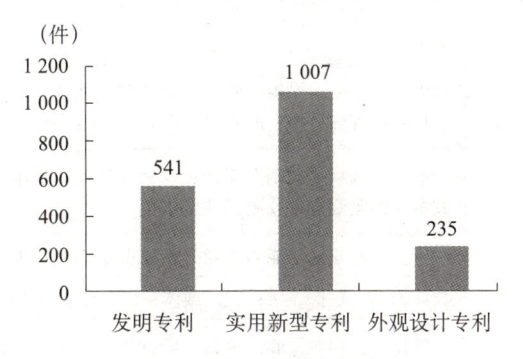

图9-1 专利申请类型统计

资料来源：王哲，杨青，朱欣昱. 高铁产业上市公司中国专利申请统计与分析. 中国发明与专利，2011（4）：46-49.

2. 专利申请技术分布情况。

从图9-2和表9-5可以看出，数字信息传输、供电或配电相关配件、磁体及磁性材料等选择、电机与施工用具或其他建筑辅助件的应用等，是排名前五位的专利技术申请领域。

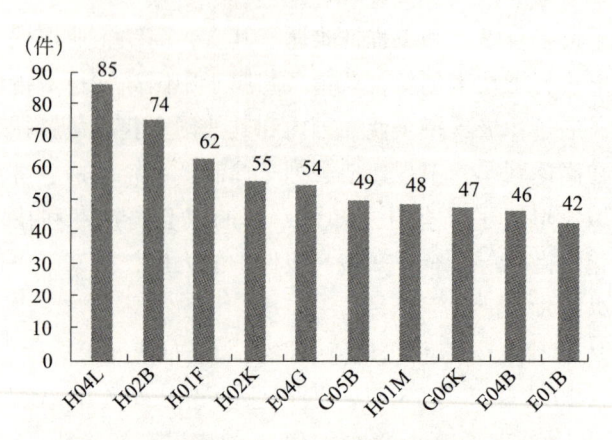

图9-2　高铁产业上市公司专利申请技术分布

资料来源：王哲，杨青，朱欣昱．高铁产业上市公司中国专利申请统计与分析．中国发明与专利，2011（4）：46~49．

表9-5　　　　　　　　　　IPC分类号说明

排名	IPC分类	说明
1	H04L	数字信息的传输。例如，电报通信
2	H02B	供电或配电用的配电盘、变电站或开关装置
3	H01F	磁体；电感；变压器；磁性材料的选择
4	H02K	电机
5	E04G	脚手架、模壳；模板；施工用具或其他建筑辅助设备或其应用；建筑材料的现场处理；原有建筑物的修理、拆除或其他工作
6	G05B	一般的控制系统或调节系统；这种系统的功能单元；用于这种系统或单元的监测装置或测试装置
7	H01M	用于直接转变化学能为电能的装置或方法，例如，电池组
8	G06K	数据识别；数据表示；记录载体；记录载体的处理
9	E04B	一般建筑物构造；墙，例如，间壁墙、屋顶、楼板、顶棚、建筑物的隔绝或其他防护
10	E01B	铁路轨道；铁路轨道附件；铺设各种铁路的机器

资料来源：作者根据国家专利网站整理。

3. 发明专利申请排名前十的企业情况。

发明专利的创新程度较高，更能体现企业的自主创新实力。从图9-2中可以看到，1985~2011年，发明专利申请公开量排名前十的公司与专利申请公开总量排名前十的公司略有区别。其中，株洲时代新材料科技股份有限公司、中铁二局股份有限公司、中国北车股份有限公司和卧龙电气集团股份有限公司等4家上市公司拥有较强的技术实力优势，其发明专利申请公开量大约占到了高铁产业发明专利申请公开总量的61%。

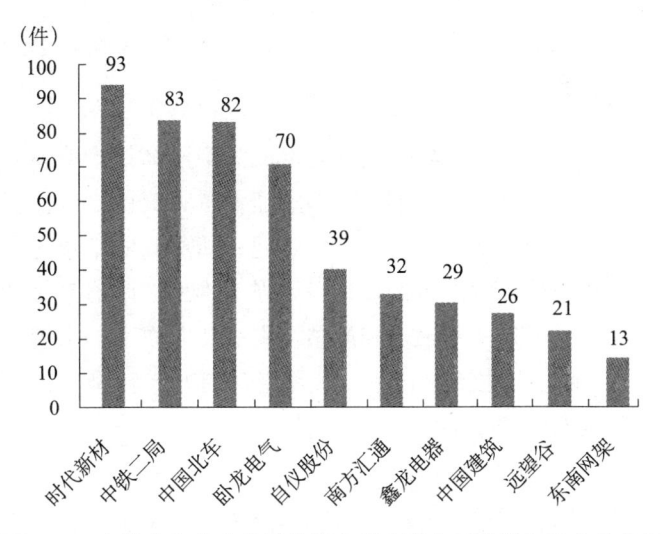

图中数据：时代新材 93、中铁二局 83、中国北车 82、卧龙电气 70、日仪股份 39、南方汇通 32、鑫龙电器 29、中国建筑 26、远望谷 21、东南网架 13（单位：件）

图9-3　高铁产业上市公司发明专利申请公开量排名前十的公司

资料来源：王哲，杨青，朱欣昱. 高铁产业上市公司中国专利申请统计与分析. 中国发明与专利，2011（4）：46-47.

以上是对中国高铁产业专利技术申请情况的概览，总体上，中国各企业十分重视对高速铁路相关技术专利权的保护，发展势头也非常好，但也存在很多问题。目前，中国一些掌握专利技术的企业大都基于合同关系与他方开展"系统技术贸易"的合作，难以形成常规的、全局式的合作模式。比如说，专利权具有地域性，一项发明仅仅在中国本土申请专利，就无法获得其他国家的专利权保护，其他国家就可以无偿使用其专利技术。因此，对中国高速铁路专利技术的海外专利权申请应加快步伐，不能让他方取得先机，政府层面也应该积极鼓励推动各个高铁企业加紧建立海外维权机制，并加强与外国政府的合作。为此，进一步开拓中国高铁产业创新政策的研究视野也将十分必要。

第三节　政策建议

主动发挥中国高铁的系统集成竞争优势，不仅能加快国内经济的发展，而且能作为重要的金融工具，为中国高铁走向世界进行有效融资，引领高铁实现国际化发展。但如何从着眼于国内规模培育的产业政策转向着眼于国际高铁产业长期创新能力培育的创新政策和维护良性竞争环境的竞争政策,将成为中国高铁产业政策转型的首要选项。

一、实施主体角度:从"国家"主导向"国家+企业"推动转型

中国高铁是一种高技术、高投入的项目,也是国家主导的产业,具有高度的公众关注度。从一开始就是铁道部成为中国高铁产业发展的主导者和实施者。中国高速铁路作为创新型国家建设重大成就之一,现已成为主宰地面运输的高新技术代表,受到广泛欢迎;随着高铁市场化程度有了新的提高,铁路政企分开的总体性改革得到强力推进,政府与企业、企业与市场的关系也得到了进一步理顺和调整。高铁产业政策的实施主体将面临从"国家"层面向"国家+企业"多元整合的方向转型,将主要涉及宏观与微观两大层面的变量影响。

(一)从宏观层面来看

在高铁已经成为影响国际、国内政治经济结构基本格局重要因素的背景下,中国高铁的国际化,已不仅是铁路总公司或者其下属公司自己打拼的事了,完全需要从"国家"与"国家+企业"角度,建立一个强有力的协调体制,以整合各方面力量来推动这一事业实现可持续发展。

(二)从微观层面来看

为了真正发挥市场的决定性作用,并全面对接高铁产业的国际化进程,在形成"国家+企业"推动高铁产业发展的格局中,高铁企业的市场化改革、现代企业制度与公司制法人治理结构等需要进一步得到完善。唯有让更多像中国铁建、中国中铁、中国南车、中国北车等大型国有企业真正成长为市场经营主体时,中国才能最终在未来国际化进程中真正主导世界高铁的发展。

二、投融资政策角度:从"单一"融资向"多元化"融资模式转型

基础设施项目具有投融资决策的复杂性、投融资规模的巨大性、投资效益的特殊性等特点,其中,据估算,在"一带一路"基础设施的建设中建设投资高铁的市场空间相当巨大。在融资过程中涉及或考虑投资因素,并且涉及投资主体类型、融资渠道、经营方式设计、管理模式设计、投资回报方式、产权安排等各种影响因素,必然决定了高铁项目的投融资模式,将从"单一"融资模式向"多元化"融资模式转型。

三、政策目标角度:从"短期规模"向"长期持续创新"目标转型

中国高铁"走出去",正处于短期问题与长期矛盾相互交织的发展阶段，怎样突破所遭遇的壁垒和障碍，如何从着眼于"短期规模"目标的产业政策转向着眼于"长期持续创新"目标，则是当务之急。

（一）在产业规制政策方面

必须从加快运价机制改革入手，在遵守社会公共利益与普遍服务的原则下，敢于确立灵活机动、应对市场变化能力强的经营机制；要根据特定的上下限价格灵活浮动机制，加强对国家高铁产品质量、工程项目开工与交付使用，相关事故调查、分析及处罚，以及路网准入和互联互通的审查监督等。

（二）在技术创新政策方面

必须从坚持创新驱动战略入手，主动结合世界各国技术竞争愈演愈烈的实际情况，高度重视高铁技术的原始创新、集成创新和引进消化吸收再创新，促进技术研发成果向现实生产力转变；要通过采取各种有效措施，加强对相关核心技术的知识产权保护，并全力推进中国高铁企业尤其是国有控股企业与民营企业的持续创新能力的整体提升。

第十章 芯片产业政策

第一节 芯片产业概述

芯片（chip）体积很小，是指内含集成电路（integrated circuit，IC）的硅片，是半导体元件产品的统称，也是计算机及其他电子设备的重要组成部分。芯片产业又称集成电路产业，包括 IC 设计、芯片制造和封装测试，见图 10-1。目前，中国芯片产业结构已呈现出 IC 设计、制造和封装测试三业并举的协调发展格局，其中，芯片设计业的销售比重由 2001 年的 5.5% 增加到 2013 年的 32.2%，制造业由 2001 年的 13.6% 增加到 2013 年的 24%。而封装测试业则由 2001 年的 80.9% 下降到 2013 年的 43.8%，基本形成"三足鼎立"的产业格局，见图 10-2。

图 10-1 芯片产业的构成单元

资料来源：中国半导体行业协会，中国半导体产业发展状况报告.2013 版.

图 10-2 中国芯片产业构成单元的增长情况

资料来源：中国半导体行业协会，中国电子信息产业发展研究院．中国半导体产业发展状况报告（2013 年版）．见 https：//www.amazon.cn/gp/aw/a/BOOHMWZTLO.

一、芯片产业总体概况

（一）近年来，中国集成电路的产量和销售收入迅速增长，在全球集成电路市场占比不断提高

集成电路产量和销售收入的具体增长情况，分别见图10-3、图10-4。其中，2000年的产量是59亿块，2013年则已发展到了867.1亿块；2000年的销售收入是186亿元，2013年则达到了2 508.5亿元。另外，销售收入占全球集成电路市场比重增速明显，从2000年的1.2%提高到了2012年的14.4%，见图10-5。

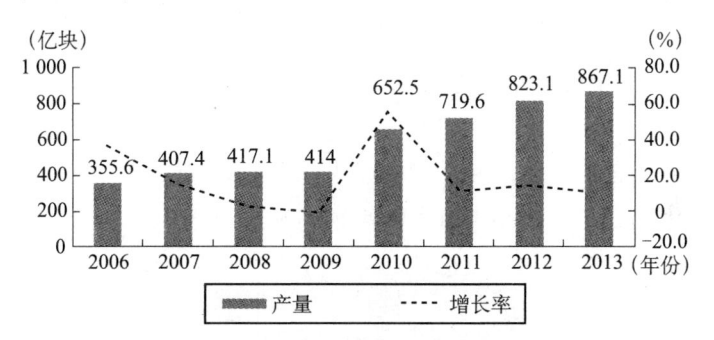

图10-3 中国集成电路的产量增长状况

资料来源：中国半导体行业协会，中国电子信息产业发展研究院．中国半导体产业发展状况报告（2013年版）．见 https：//www.amazon.cn/gp/aw/a/B00HMWZTLO.

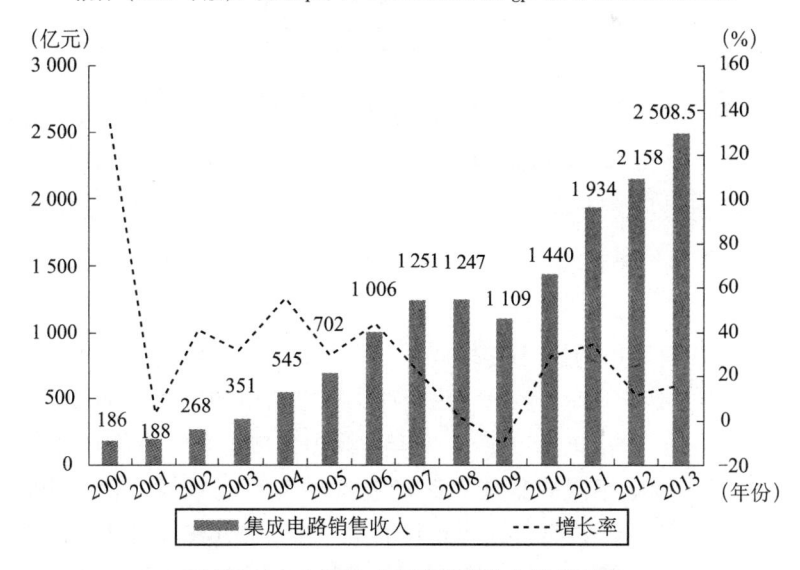

图10-4 中国集成电路销售收入及增长率

资料来源：中国半导体行业协会，中国电子信息产业发展研究院．中国半导体产业发展状况报告（2013年版）．见 https：//www.amazon.cn/gp/aw/a/B00HMWZTLO.

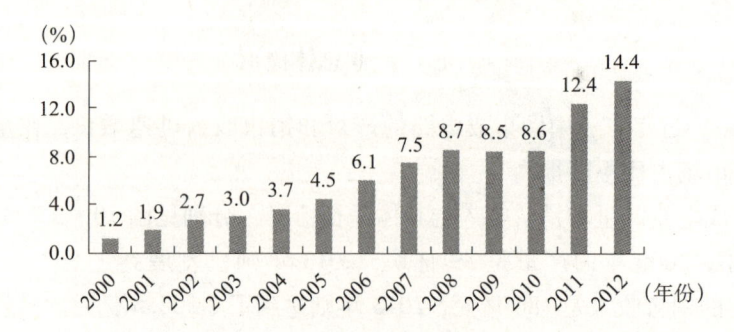

图 10-5 中国集成电路产业销售额占世界集成电路市场的份额

资料来源：中国半导体行业协会，中国电子信息产业发展研究院．中国半导体产业发展状况报告（2013 年版）．见 https：//www.amazon.cn/gp/aw/a/BOOHMWZTLO．

（二）中国集成电路下游终端产品集中在计算机、通信和消费电子三大领域

芯片市场需求主要来源仍是计算机、通信、消费电子三大领域，以 2013 年为例，三者合计约占市场的 81%，见图 10-6。

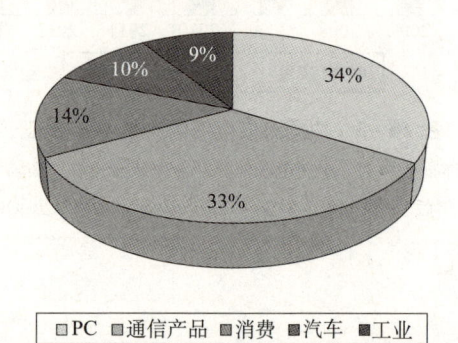

图 10-6 2013 年中国集成电路下游终端产品产值占比

资料来源：中国产业信息网．http：//www.chyxx.com/industry/201404/239404.html．

（三）市场规模扩大，产业规模与市场规模不匹配，集成电路自给率比较低

国内集成电路市场规模在 2000 年为 975 亿元、2005 年为 3 804 亿元，到 2013 年扩大到 9 166.3 亿元（占全球集成电路市场份额的 39.1%），见图 10-7。但是，集成电路的产业规模（国内集成电路销售额）与市场规模并不匹配，2000 年国内集成电路产业规模与市场规模之比为 19.1%，2010 年为 19.6%，到 2013 年已提高到了 27.5%，但存在着明显的不足。一是集成电路严重依赖进口，进出口逆差不断扩大，进口额堪比石油，自给能力不足；二是资金、技术、人才等支持投入不足；三是核心技术受制于人，持续创新能力弱；四是"龙头"企业特别是领军企业不强，产业链不完善。

图 10-7　中国 2013 年集成电路下游终端产品产值占比

资料来源：中国半导体行业协会，中国电子信息产业发展研究院．中国半导体产业发展状况报告（2013 年版）．见 https：//www.amazon.cn/gp/aw/a/B00HMWZTLO．

二、芯片设计业

中国芯片设计业发展迅速，2000 年销售收入为 9.8 亿元，2013 年增加到 809 亿元。集成电路设计业在整体产业中所占份额不断提高，2001 年仅为 5.5%，2012 年上升到了 12.8%。2013 年增加至 32.2%。中国集成电路设计公司数量在 20 世纪 90 年代初只有 20 家，2000 年增加至 98 家，2012 年增加至 536 家，销售额突破亿元的集成电路设计企业超过 40 家，集成电路设计公司在分布区域上集中在北京、上海、广东、江苏和浙江。

（一）设计业技术水平有很大提升

经过近几年的发展，到 2012 年中国集成电路设计业的整体水平有了很大提高，表现在：一是重点企业进入世界主流技术领域，呈现出多代、多重技术并存的发展局面；二是拥有高档集成电路设计水平的企业比例不断上升，其中，设计能力达到 90 纳米水平的企业数量增加迅速，在 2012 年就已达到企业总数的 11.8%。

（二）设计企业以内资为主

根据《中国半导体产业发展状况报告（2013 年版）》，2012 年中国十大集成电路设计企业为海思、展讯等，但与高通（qualcomm）、博通（broadcom）、赛灵思（xilinx）、阿尔特拉（altera）以及新加坡安华高（avago）与晨星 Mstar 等其他国际上的知名 IC 设计企业相比差距还比较悬殊。但从 2000 年以来，设计业中的优秀企业也先后走入资本市场，如杭州士兰、中星微电子等，2009年创业板推出，为集成电路设计业提供了融资平台和强大资本后盾。

近年来，中国集成电路设计业继续保持高速增长，根据中国半导体行业协会统计，2016年中国集成电路产业设计业销售额达到1 644.3亿元，同比增长24.1%；在同时发布的"2016年中国集成电路设计十大企业"榜单变化很大。

三、芯片制造业

中国从20世纪70年代起引进了数十条半导体生产线，由于管理体制等方面的限制以及半导体技术的迅速革新，大生产线始终没有进入良性循环，在技术水平上落后于国际先进水平3代。随着1999年由上海华虹NEC建成中国第一条8英寸生产线，中国集成电路芯片制造业开始由"长三角"地区和京津地区逐步向中西部扩展，除了不断扩建原有的生产线产能外，还加快了新生产线的建设速度。总体上，中国芯片制造业经历了2008~2009年的低潮，在2010年得到快速增长后，2011年在开展调整产业结构、发展特色工艺、实现技术升级、改善代工服务、积极开拓市场等方面做了大量坚实的工作，在2012年中国新品制造业有了较好的发展基础。

（一）中国芯片制造业本土企业迅速崛起

在近10年间，中国集成电路主流技术呈多元化发展，以中芯国际、华润微电子、华虹NEC、上海宏力等为代表的本土集成电路企业迅速崛起。其中，2013年中国芯片制造业销售收入达601亿元，同比增长19.9%，占全国集成电路销售收入的24%，虽然规模上低于2005年的33.2%，见图10-8，但取得的技术进步令人瞩目。

图10-8 芯片制造业销售收入及占比

资料来源：中国半导体行业协会，中国电子信息产业发展研究院．中国半导体产业发展状况报告（2013年版）．见https://www.amazon.cn/gp/aw/a/B00HMWZTLO．

另外，目前国内芯片制造业的主要布局形态，大都集中在"长三角"

（上海、江苏、浙江）、环渤海地区（北京、天津、大连）、"珠三角"地区（深圳、珠海及福建）、中西部地区（武汉、郑州、成都、重庆、西安）等中心城市，见图10-9。

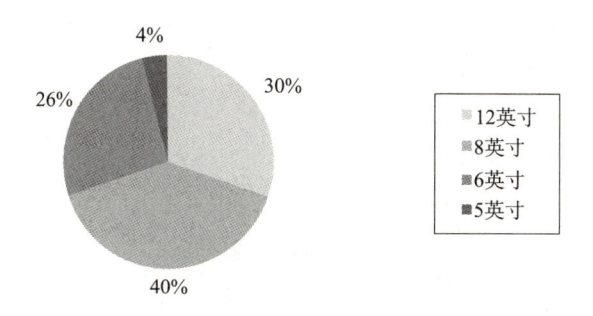

图10-9 国内芯片生产线的产能分布情况（2012年）

资料来源：中国半导体行业协会，中国电子信息产业发展研究院. 中国半导体产业发展状况报告（2013年版）. 见https://www.amazon.cn/gp/aw/a/B00HMWZTLO.

（二）中国芯片制造业本土企业实力相对较弱

中国的本土芯片制造商有SK海力士（中国）、中芯国际、华润微电子等，其整体的芯片制造实力较弱。2012年，前十大集成电路制造企业中有4家是外资，且这4家外资企业的销售额之和超过了6家中国本土企业销售额之和。

四、芯片封装测试业

封装测试业销售收入在中国集成电路产业中一直占据较大比重，2000年的销售收入为128.4亿元、比重达69%，2013年的销售收入为1 099亿元、比重为43.8%，呈下降趋势。

（一）芯片封装测试业仍集中分布在"长三角""珠三角"和环渤海地区

西部地区由于国家政策的扶持，区位优势逐渐显现，而"长三角"等地区面临着土地、人力、能源等运营成本提升问题，但由于其有完善的产业链、优质的人力资源和巨大的终端市场，因此，仍具有很强的优势。

（二）内资封测企业实力较弱

据统计，芯片封装测试排名前十的企业中，内资企业仅有2家，合资企业有2家，其余均为外资企业。

（三）封装测试形式仍以中低档产品为主

虽然封装测试业在集成电路产业中占据较大比重，是中国集成电路产业的强项，但目前中国集成电路封装测试形式仍以中低档产品（DIP、SOP、TSOP等）为主，不存在较大差距。随着国家重大专项（02专项）

的滚动支持和资金投入的增加，中国三大内资封装企业的技术水平和量产能力大幅提升，先进封装依赖海外公司的局面正有所改善，BGA、CSP、WLP、SIP 等封测产品的销售收入比重由 5% 提升到 20% 以上，国内封测企业已能为国内设计公司的中高端产品提供产业化封测服务。

第二节　芯片产业政策分析

一、芯片产业政策的历史变迁

（一）初始建设时期（孕育期）

1. 器件发展阶段（1956～1965 年）。

这一时期的产业政策主要是支持从半导体材料开始，自力更生加快研究发展半导体器件，主要政策内容是 1956 年国家提出了"向科学进军"，以及由国务院组织相关专家制定了《1956～1967 年科学技术发展远景规划纲要》。按照《1956～1967 年科学技术发展远景规划纲要》要求，先开展了两项工作：第一，中国科学院物理所举办了半导体器件短期培训班；第二，1956 年在北京大学、复旦大学、吉林大学、厦门大学和南京大学 5 所高校开办了半导体物理专业，培养了第一批半导体人才。在遇到外界封锁的条件下，依靠海外归国的半导体学者和国内的力量，在较短时间内建立起了新兴的半导体学科，并且将研究应用到实验性工厂和生产性工厂中，开始建立起自己的半导体行业。

2. IC 发展阶段（1965～1980 年）。

这一阶段，国家没有明确的针对集成电路的产业政策，只是第一个专门从事半导体集成电路的专业化工厂——国营东光电工厂（878 厂），于 1968 年由原四机部（后改名为电子工业部）开始筹建。

改革开放后，随着设备和工艺的不断发展，仅用 7 年时间，中国就从小规模集成电路（SSI），经过中规模集成电路（MSI），迅速发展到了大规模集成电路（LSI）阶段。

这一阶段，从研制小规模集成电路到大规模集成电路，中国基本都是依靠自己的力量来发展，只是引进了一些水平较低的工艺设备，与美国和日本等的 IC 规模化发展差距逐渐拉大，见表 10-1。

表 10-1　　　　　　　研制各种集成度集成电路时间差距

集成度	SSI	MSI	LSI	VLSI	ULSI
美国（年）	1958	1964	1966	1976	1986
中国（年）	1965	1972	1972	1986	1999
迟后年数	7	8	6	10	13

资料来源：朱贻玮. 中国集成电路产业发展论述文集. 北京：新时代出版社，2006.

（二）重点建设时期（形成期）

1978年，中国实行对外开放的政策，1981年开始执行"第六个'五年计划'"，同时期的日本和美国已经进入了大规模集成电路时代。为了加快全国计算机和大规模集成电路建设步伐，除1982年10月成立了"电子计算机和大规模集成电路领导小组"，在产业政策方面也加强了支持力度，提出要强化对半导体工业的技术改造，并及时制定了中国IC发展规划；在1983年，以"建立南北两个基地和一个点"为发展战略，有效地落实了国务院大规模集成电路领导小组提出的"治散治乱"的决策；1987年，在产业政策方面，由财政部制定了关于"七五"期间对集成电路、电子计算机、软件、程控交换机4种产品实行减免税和提取研究开发费优惠政策的通知，即所谓的"四项优惠政策"，由此推动中国集成电路进入IC集中发展时期。

（三）加速发展时期（成长期）

1. 第一阶段：1988~2000年。

这一时期，主要实施了以下产业政策。

1989年2月，为了推进集成电路产业的振兴与发展，在无锡"八五"集成电路发展战略研讨会基础上，机电部提出了集中财力和精力重点建设江苏无锡的华晶集团公司、上海飞利浦半导体公司、首钢日电电子有限公司等五个主干企业的战略决定。

1990年，国家计委和机电部决定实施"908"工程；财政部则决定继续在"八五"期间对集成电路等4种电子产品实行减免税和提取研究开发费的优惠政策。

1995年，电子部提出"九五"集成电路发展战略，确定实施"909"工程，并以CAD为突破口，坚持市场导向原则，产学研用相结合加强国际合作，以期进一步加快中国集成电路产业进入良性循环的发展道路。

但在同一时期，美国和日本IC产量猛增，技术不断更新，而且韩国上升为世界第三，而中国在世界上IC产量和销售额还不足1%，导致中国与世界的差距更大，大约落后了15~20年。

2. 第二阶段：2000年至今。

2000年后，中国芯片产业政策密集出台。

2000年7月，国务院颁布了《鼓励软件产业和集成电路产业发展的若干政策》；科技部随后批准了即上海、西安、无锡、北京、成都、杭州、深圳7个国家级IC设计产业化基地。

2001年3月，召开的国务院第36次常务会议，又通过了《集成电路布图设计保护条例》。

2006年3月，第十届全国人民代表大会第四次会议正式批准了"十一五"规划纲要，明确提出加快集成电路、软件和新型元器件等核心产业的发展。

2008年1月，信息产业部发布了《集成电路产业"十一五"专项规划》，确定在北京、天津、上海、苏州、宁波等地，加快建设一批国家级集成电路产业园；2008年2月，《关于企业所得税若干优惠政策的通知》，由财政部、国家税务总局正式公布实施；2008年4月，"核心电子器件、高端通用芯片及基础软件产品"和"极大规模集成电路制造装备及成套工艺"两个国家科技重大专项实施方案，正式得到审议并原则通过。

2011年1月，国务院正式颁发《进一步鼓励软件产业和集成电路产业发展的若干政策》，从财税、投融资、研发等7个方面对集成电路产业进行政策支持。

2012年，工业和信息化部在其制定的《集成电路产业"十二五"发展规划》中，再次明确了集成电路产业"十二五"时期的发展目标、主要任务、发展重点和政策措施。

2013年8月，在国务院颁发的《国务院关于促进信息消费扩大内需的若干意见》中，对如何提高电子集成产业创新能力、探索发展集成电路融资改革模式、鼓励和支持有条件的地方政府设立集成电路产业投资基金等进行了具体规范，强调要通过引导社会资金加快中国集成电路产业的投资建设步伐。

2014年6月，国务院又颁发了《国家集成电路产业发展推进纲要》，突出以技术创新、模式创新和体制机制创新为动力，同时提出了推进集成电路产业发展的八项保障措施，并坚持需求牵引、创新驱动，以加速相应产业基金的挂牌，突出企业主体地位，以此推动如紫光、中国电子信息产业集团（CEC）等龙头产业的培育发展。

二、存在的主要问题

（一）实行"三段式"的技术政策，却忽视自主创新能力的培育

1965年，中国研制成功了第一块IC集成电路产品，比美国晚7年，

与日本同步,比韩国早10年,虽然中国集成电路产业发展起步也不算晚,但在发展的过程中却逐渐落后,且在2000年以前,其差距逐渐拉大。虽然2000年以来,中国集成电路产业迎来了黄金发展的10年,但是与其他国家相比依然存在一定的差距。1965~1995年间,中国在自主发展集成电路的道路上先后发起过4次冲击,但成效不是很大。第一次是在20世纪70年代初,当中国从日本全套引进七条半导体生产线设备经安装调试结束后,发现国内并不具备大型生产制造工艺中的技术环境和软件设计等条件,结果引进的生产线尚未发挥作用便已淡出市场。第二次是在70年代末,美国集成电路升级,大批二手廉价设备亟须转手,而此时正遇中国改革开放,几年时间内各地便引进了24条二手半导体生产线。由于缺乏实践经验,对于引进的设备无法做到消化、吸收和创新,同时由于缺乏持续的投入,此次集成电路发展受阻,冲击再度宣告失败。第三次是在80年代中期,华晶、首钢NEC、上海贝岭和上海飞利浦等4个半导体企业得到了迅速发展,中国集成电路也吸取了以往重硬件、轻软件及投资重复分散的教训,在设备引进的同时还注重技术、软件、吸引外资及先进的管理方法,初步取得了成效。但是由于合资不会让中方掌握真正先进的技术,加上集成电路技术的自身特点,国家的整体实力还不强。第四次是在90年代中期,中国再度对集成电路产业加大项目投入,并取得了预期成果。

正是这几轮发展成果的不显著,导致中国起步并不晚的集成电路产业与先进国家的差距不断拉大,如表10-2、表10-3、表10-4所示,从小规模集成电路(SSI)到大规模集成电路(LSI),期间与国外的差距还不是很大,但是到超大规模集成电路(ULSI)时,中国比美国晚了13年,差距在逐渐拉大。如中国在1996年才实现集成电路年产量6亿块,比美国落后24年,比日本落后20年。又如,国外采用1.5英寸的硅片直径的时间是1965年前,而中国是1970年,比国外仅落后5年;但是,8英寸的硅片直径的时间在1988~1990年,而中国是1999年,比国外落后9~11年。

表10-2　　　　　　　研制各种集成度集成电路时间差距

集成度	SSI	MSI	LSI	VLSI	ULSI
美国(年)	1958	1964	1966	1976	1986
中国(年)	1965	1972	1972	1986	1999
迟后年数	7	8	6	10	13

资料来源:朱贻玮.中国集成电路产业发展论述文集.北京:新时代出版社,2006:69.

表 10-3　　　　　　　　　　年产量各种批量的时间差距

年产量/块	100 万	1 000 万	1 亿	6 亿
美国（年）	1964	1966	1968	1972
日本（年）	1967	1968	1970	1976
中国（年）	1970	1976	1988	1996
中国落后美国/年	6	10	20	24
中国落后日本/年	3	8	18	20

资料来源：朱贻玮. 中国集成电路产业发展论述文集. 北京：新时代出版社，2006：53.

表 10-4　　　　　　　　　　　硅圆片直径差距

硅片直径/英寸	1.5	2	3	4	5	6	8
国外采用年份	1965 年前	1966	1971~1972	1975~1977	1977~1978	1984~1986	1988~1990
中国采用年份	1970	1980	1982	1989	1992	1994	1999
中国落后年数	5	14	10~11	12~14	12~15	8~10	9~11

资料来源：朱贻玮. 中国集成电路产业发展论述文集. 北京：新时代出版社，2006：54.

为什么差不多同时起步的集成电路产业，在美国、日本、韩国都得到很好的发展，而中国的集成电路产业与国外的差距曾在一段时间内不断拉大呢？其中，因实行"三段式"的技术政策，忽视自主创新能力的培育，尤其值得深思。

（二）产业发展依赖政府投资，产业政策没有很好地引入市场力量

1. 资金投入不足是制约中国芯片产业发展的重要原因。

随着集成电路制造业的迅速发展，为了扩大产量、提高效率，硅圆片成为集成电路制造所需要的主要基片材料，并要求硅圆片的直径越来越大，而其所加工的电路的设计线宽不断缩小，这就使得 IC 的集成度不断提高，电路的工作频率也不断提高，造成的结果就是制造线的投资资金急剧增加。据统计，20 世纪 60~70 年代，建设一条线只需要几百美元到几千美元。到 80~90 年代，建设一条线就需要上亿美元。而进入 21 世纪后，一条 12 英寸的硅圆片加工线所需资金高达 20 亿~30 亿美元。这说明，进入该行业越晚，需要跨越的投资门槛越高，追赶难度越大。因此，资金在很大程度上是制约一国集成电路发展的重要因素。

自 1958 年美国研制出第一块 IC 到 20 世纪末的 40 年中，为保持其在该行业的领先地位，有年均 29 亿美元的投资额，日本在该阶段的投资额平均约 25 亿美元。而韩国对半导体的投入也比较大，在 1991~1997 年先后共投入 266.5 亿美元，到了 90 年代中后期，其产业不仅形成规模，而且走在世界前列，见图 10-10。由此可见，投入资金的多少是直接影响未

来集成电路产能变动的重大因素。2000年后，中国集成电路产业无论是销售收入、市场规模还是技术水平都迎来了迅猛的发展和可喜的进步，见表10-5。

表10-5 中国集成电路芯片制造线建线投资状况

序	时段	年数	建线	投资额 亿元	投资额 亿美元（折合美元）	累计投资额（亿美元）
1	1965~1995年	30		50	6~10	6~10
2	1996~2000年	5	累计25条	150	18	24
3	2001年1月~2003年6月	2.5	已建6条，累计30条①		26	50
4	2003年7月~2005年12月	2.5	在建13条		65.9	115
5	2004~2007年	4	拟建13条		36.48	150
6	2001~2010年	10	累计66条		500	500

资料来源：见朱贻玮. 中国集成电路产业发展论述文集. 北京：新时代出版社，2006：393，略有改动.

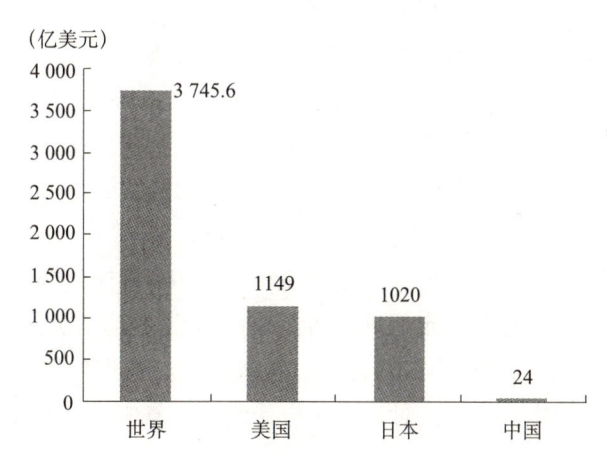

图10-10 20世纪末世界IC芯片制造线累计投资

资料来源：参见朱贻玮. 中国集成电路产业发展论述文集.（略有改动）北京：新时代出版社，2006：393.

2. 中国集成电路芯片制造线建设资金来源长期单一。

相比而言，海外集成电路芯片制造线建设的扩大生产资金来源表现出多元性特点。比如，美国的半导体起步于军工订单，产品以投资类为主，其IC制造商分为两类，一类是商品半导体公司，如得克萨斯公司、摩托罗拉公司、英特尔公司等，这类公司的资金来源是产品利润及股票市场；另一类是拥有电子系统的综合性大公司，如IBM、GE等，它们的资金来源于整机利润和股票市场。日本和韩国的制造商主要是拥有电子系统产品的综合性大公司，如日本的 NEC、东芝、日立等，韩国的三星、现代、LG 等；韩国与日本的不同之处是在集成电路起步之初，政府曾动员银行给予半导体企业大量的贷款支持。海外集成电路芯片制造线建设、扩产资金来源，见表 10-6。

表 10-6　　海外集成电路芯片制造线建设、扩产资金来源

地区	公司形态、特点	资金来源
美国	①拥有电子系统产品的综合性大公司	①系统产品利润 ②公司上市
	②商品半导体公司	①IC 产品利润 ②公司上市
日本	拥有电子系统产品的综合性大公司	①系统产品利润 ②公司上市
韩国	①拥有电子系统产品的综合性大公司	①系统产品利润 ②公司上市
	②初期政府影响银行给予大量贷款	

资料来源：朱贻玮. 中国集成电路产业发展论述文集. 北京：新时代出版社，2006：392.

中国集成电路芯片制造线建设资金来源则表现为长期单一性。在改革开放之前，各种产业的投资都是来自国家财政，IC 行业也是如此，如 20 世纪 60 年代末 70 年代初建立的北京 878 厂和上海无线电十九厂，资金来源分别是原四机部和上海市政府。资金主要来自政府，意味着政府给多少就只能拿多少，结果是可能丧失 IC 发展的良机。

到 20 世纪 90 年代，国家改变政策方针，开始引导企业向银行贷款，而将主要的财力转向"南水北调"等关系国民经济全局的大项目。而直到 1998 年，上海贝岭在股票市场上市，中国才开启利用股票市场筹集资金发展集成电路的序幕，而此时，中国与其他国家集成电路发展的差距已经很大了。

综合以上分析，不难看出中国早期发展集成电路主要依赖政府投资，之后又单纯地寄希望于银行贷款，资金来源的单一造成 20 世纪末之前的很长一段时间，中国对集成电路投资严重不足，虽然中国集成电路起步不算晚，但是后期与其他国家（地区）的差距却在不断拉大。但随着 2000 年之后，中国一批集成电路企业纷纷上市，包括设计业、制造业和封测业企业；2013 年 12 月 19 日，北京市工信部率先招募成立了集成电路发展基金，其总规模达到了 300 亿元；2014 年，在国家颁布的《促进集成电路产业发展推进纲要》中，明确以财政扶持和股权投资基金方式并重，来加快集成电路产业发展，这标志着中国政府在助推集成电路产业发展方面，

步入积极开发多元化的资金来源之路。①

（三）芯片产业发展整体实践经验不足，创新性不强

虽然国内集成电路在几大国企的支撑下，已拥有国内最先进的、代表20世纪90年代国际水平的MOS集成电路以及双极集成电路和分立器件生产线，开发和生产的集成电路芯片和成品已应用于电视机、电话等消费品领域中，同时，在仪器仪表、汽车电子、通信等领域也拥有大量应用市场，但却存在明显的实践经验不足创新性不强等特征。

1. 在经济体制改革过程中，政府对高速发展的芯片企业仍然采取计划经济时代的、工程式的管理模式，已不适应技术更新快、市场竞争激烈的"战略性产业"发展。集成电路产业的特点是产品周期短，更新换代快，极具战略性但又竞争激烈，在政府主导的工程式的管理模式下，有些企业项目经历了太长的论证周期和审批周期，原本在世界上都处于先进水平的生产线，一开工就落后了两代，以致丧失市场先机，而且投产后产品售价更低。

2. 由于集成电路产业生存和发展与传统产业相比，具有很多特殊的规律性，它具有一代技术、一代设备、一代技术人才、管理人才和一代市场不断投入与培养的特点。这需要国家、社会与企业具有巨大的资金连续投入的发展战略、实现途径及其对于机会的把握，更需要富有创新探索精神、善于经营管理这个产业的企业家。然而，从资金的角度来讲，这时期的资金投入大部分来自政府，并没有民间资本的介入；从时机把握来说，计划式的管理方式总是慢于市场的变化；从企业家的角度来说，国有企业的性质决定了企业家并没有充分的自主权。面对种种困难，国企芯片厂家虽然进行力所能及的改革，如股份制改革、资产重组（"债转股"）等举措来重构企业结构，以改变资金匮乏的局面，但终因改制和重组中存在的种种关系不能理顺，没能对其最终改革起到决定性的转折作用。

3. 为了保证国家投资的效益性，工程从一开始就要立足于打造一个产业链而不是单纯地建造一条线。要面向市场，确保工艺技术、生产规模和产品取向都要有明确切实的市场定位，同时，还要努力打造掌握第一流半导体生产工艺技术和管理知识的团队；与国外公司合作，还要拥有足够强大和完备的知识产权保护，并进行自主创新。

但从中国芯片企业的实践结果看，对完全把握市场需求和发展方向的能力还明显欠缺。证明在政府习惯的计划经济意识主导下芯片企业的运作

---

① 见http://www.gov.cn/xinwen/2014-06/24/content_2707360.htm.

机制和模式未能很好地解决产业发展中技术、人才、资金、市场和研发等深层次的问题，还不具备很强的市场竞争力。

第三节 政策建议

从以上分析中不难看出，中国芯片产业之所以没有取得很大的成功，原因主要集中在四个方面：

第一，在计划经济体制时期，投资决策程序冗长、效率低下、投资资金不足且分散。

第二，在技术上依赖引进生产线方式，忽视自主创新能力的培育，芯片产业更新换代快的特点决定了引进即落后。

第三，从长期来看，对于芯片这种高新技术产业，培育国家队的做法效率比较低下。发展集成电路产业必须确立企业的主体地位，并且以市场为导向，以创新为驱动，以资本为支撑。

第四，上述三个原因导致了中国芯片产业发展缓慢的另一个原因——缺乏能够独立决策并走自主创新开发道路的龙头企业。因此，为了促进芯片产业的发展，缩小中国与发达国家间的差距，政府作为决策主体，应当从以下多个方面进行改进。

一、必须摒弃"三段式"的技术政策，营造激励自主创新的环境

中国经济发展的实践以及国外发展的事实都证明，单纯依靠引进和模仿无法真正提高一个国家自主创新的能力，对于芯片等高度竞争的新兴产业尤其如此。因此，必须摒弃"三段式"的技术政策，将引进与消化、吸收和自主创新结合起来，只有这样才能真正培养芯片产业的竞争力。而芯片产业作为一个高投入、高风险的产业，同时也有很强的负外部性，鼓励企业自主创新意味着必须给予企业足够大的创新激励，同时，要营造有利于公平竞争的社会环境。从产业政策工具方面看，应该更多地以税收代替补贴。政府对集成电路产业大面积的补贴容易使企业造成依赖心理，不利于企业自主创新，还会破坏公平竞争的市场环境，造成"劣币驱逐良币"的现象。相反，税收是一种相对公平的扶持手段，企业无论大小强弱，只要投入生产，便可以享受到相关的优惠，这有利于刺激那些有竞争力的企业做大做强。同时，还要完善技术标准和产权制度，让那些真正有自主创新能力的企业做大做强。

二、形成政府引导下的以企业为主体的协调发展机制

必须确立政府引导下的企业主体融合发展机制,一是要加快建立政府引导下,由用户、集成商、整机厂商、CPU企业、操作系统企业等积极参与的企业主体机制;二是要建立在政府引导下的市场优胜劣汰法则,通过优胜劣汰机制,帮助自主软硬件企业快速成长。

三、以支持中国有竞争力的龙头企业成长作为产业政策的核心

龙头企业可以发挥初期的引领作用,通过集聚效应和产业链的延伸可以增强芯片产业的整体实力。而中国有国际竞争力的"龙头"企业比较缺乏,在技术创新方面往往捉襟见肘。因此,产业政策应该着眼于"龙头"企业的培养,鼓励企业通过并购、重组等方式做大做强。

四、通过政策导向建立社会资金投资芯片产业的长效机制

集成电路是资金和技术双重密集型的产业,中国要缩小与其他国家的差距,巨额的资金投入必不可少,而单纯依靠政府资金会错失发展良机,因此,探索建立有效的融资平台和长效机制,吸引社会资金投资集成电路非常必要。在这个过程中,政府的扶持和引导非常重要,但是在执行过程中要非常慎重。可以从以下几个方面进行尝试。第一类是引导型基金。这类资金的投入节点一般是在社会风险投资资金之前,适合投资那些早期投资风险大、社会资本不愿意涉足的项目,政府的引导资金会坚定社会资本注入的信心,从而利用不多的引导资金来达到吸引大量社会资本的效果。当项目步入稳定发展轨道并且展现良好的发展前景时,政府以合适的、市场化的方式退出,让社会资本来接手。第二类是产业基金。这类资金主要是重点支持初始盈利周期长、风险投资和社会资本不足以完成,却有很大的战略价值的产业发展项目。这类资金在投入时,政府基金应该和社会资金结合起来,可以按照市场化的方式运作,如债转股、认购股份等。市场化方式运作,可以提高政府资金投入的效率。第三类是研发基金。这类资金主要是要充分体现产业与市场的实际需求,其设立和运作应该强调企业创新的主体地位,以企业为单位进行资金申请。

第十一章 动漫产业政策

第一节 动漫产业概述

什么是"动漫"？按照通常语义的理解，就是指动画和漫画，二者虽具有不同属性，但因其在产业发展上的密切联系，常常作一个词使用。动漫作为一种文化产品，综合运用语言、文字、声音、图画、图像等多种表现形式，集功能性和娱乐性于一身，是可持续文化竞争力的重要组成；而动漫产业是以艺术和科技为支撑，以动画和漫画为表现形式，以创作漫画直接产品为基础，以开发品牌形象衍生产品为延伸，从而形成巨大的版权价值链的产业，正在显示出它独特的魅力和地位。[①] 据《动画产业》一书对"动漫"的定义，动漫是指以动漫文化以及 ACG（animation、comic、game，即动画、漫画、游戏）为核心展开的，其外延涉及所有带有动漫形象的事物及文化现象。[②] 由此，在中文动漫圈，从广义上已习惯性地将 ACG 代表了动画（anime）、漫画（comics）、游戏（games）三者的合称。

当今世界经济飞速发展，人们除了关注一国的经济、科技、军事等硬实力以外，更多的是关注一个国家的文化、外交、制度等方面的软实力。动漫产业作为中国的一项新兴产业，通过多种政策的支持和引导，将有助于其发展壮大。

一、早期代表：万氏兄弟

中国动漫起步很早，始于 1925 年上海《文学周报》所连载的丰子恺的"漫画"，并达到了相当的艺术成就，充满了时代气息和文化内涵；而最早的电影动画——美术片，则由万氏兄弟开启。

[①] 夏瑛. 动漫传播与知识经营——日本动漫产业研究. 浙江大学博士学位论文，2014.
[②] 谭玲，殷俊. 动漫产业. 成都：四川大学出版社，2006：4.

被称为中国动画电影创始者的万氏兄弟，在观看美国动画《逃出墨水井》之后开始实践自己的动画梦。万氏兄弟先后在长城画片公司、中国电影制片厂、新华影业公司、上海美术电影制片厂工作，创作了一系列具有开创性的、大多与时代脉搏比较合拍的动画短片，这些动画作品不仅在国内大受欢迎，也在国际上屡获奖项。其中，《大闹天宫》（由万氏兄弟在进入上海美术电影制片厂后制作），从人物、动作、画面、声效等方面，都达到了当时世界的最高水平。在此时期的经典创作，还包括中国第一部彩色动画短片《乌鸦为什么是黑的》（1955年）、中国第一部水墨动画片《小蝌蚪找妈妈》、第一部折纸片《聪明的鸭子》（1961年）等，见表11-1，均由上海美术电影制片厂出品，而中国动画在此后的发展也与上海美术电影制片厂息息相关。

表11-1　　　　　万氏兄弟早期动画短片代表作品

年份	名称	里程碑
1925	《舒振东华文打字机》	中国第一部动画片（广告片）
1926	《大闹画室》	中国第一部人画合演动画片
1935	《骆驼献舞》	中国第一部有声动画片
1941	《铁扇公主》	中国第一部黑白动画长片
1953	《小小英雄》	中国第一部木偶片
1956	《神笔》	中国第一部在国际上获奖的动画片
1958	《猪八戒吃西瓜》	中国第一部剪纸片
1963	《大闹天宫》	中国第一部彩色动画长片

二、中期代表：上海美术电影制片厂

上海美术电影制片厂（以下简称"美影厂"）于1957年正式建立，首任厂长提出并确定了"探民族风格之路"的中国动画基调。在国家统购统销的计划经济时代，美影厂和动画师可以在不用担心市场和商业的情况下心无旁骛地进行艺术创作，加上美影厂聚集的顶尖艺术家，20世纪60~80年代，美影厂佳作频出。从中新崛起了一批动画大师，如特伟（《山水情》）、靳夕（《西岳奇童》）、阿达（《三个和尚》）、胡进庆（《葫芦兄弟》）等，题材虽然大多仍在中国传统文化的框架下演绎，但在艺术表现手段、民族风格和审美方面展现了极高的创造力。

20世纪80年代起，这批顶尖艺术家相继退休，80年代末期到90年代初期，国家放开动画市场，取消产量限制同时也取消政府收购。国外动画片大量涌入，以广州市为中心成立的大批动画代工公司以其极具吸引力的薪水挖走大量人才，原创能力也自此出现断档。人才流失、资本不足、市场不适的美影厂此时不得不开始考虑盈利问题。直到美影厂与上海电视台于1995年合并后，人才队伍才开始稳定。

在电影动画方面，作为美影厂在市场化下的重要尝试，1999年上映了《宝莲灯》。该片不仅制作阵容强大，还借鉴美国动画电影的思路邀请多位明星参与配音和插曲演唱工作。虽然以2 500万元的票房来看，商业回报不算突出，但其在国内动画发展中也算是一次重要的尝试，在观众心中留下了深刻印象。在电视动画方面，由美影厂和上海电视台于2001年联合推出的《我为歌狂》，以校园青春题材吸引了不少观众，成为人们一时追捧的热作；其中，有点出人意料的是，相比于动画制作水准，精细程度更胜一筹的原创歌曲成为动画片的点睛之笔。除了这两部作品之外，此阶段的中国动画几乎再无名声响亮的作品了。

三、当期代表：蓄势待发的百花齐放

从产业角度来说，动漫是一种产品；同其他文化创意领域一样，优质的产品应该以内容为核心，兼顾商业、技术和审美。不同形式的动漫产品，其数量通常因成本和风险而形成一个天然"金字塔"：优质的低成本小说、漫画数量最多；仅靠个人难以完成的电视动画位居其后；而要求资本投入和技术水平更高的电影动画，通常有着最高的成本和风险。按理说，源源不断的底层内容供给，经过长时间的用户培养和层层筛选后，加上完善的产业链，通过衍生品爆发出动漫产业的巨大增值空间，既可发挥提升动漫产业盈利能力、形成强大竞争合力、促进动漫产业结构升级、发挥动漫产业优势等方面的重要作用，又完全能有效地保证电影动画的投资回报率，见图11-1。[①][②][③]

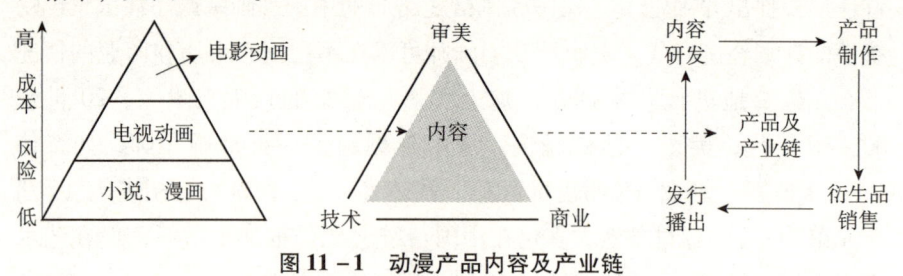

图11-1 动漫产品内容及产业链

---

① 章慧. 基于产业融合视角的中国动漫产业价值链构建研究. 上海师范大学硕士学位论文, 2009.
② 张彦. 动漫产业创意价值链研究. 厦门大学硕士学位论文, 2009.
③ 李洋. 模块视角下中国动漫产业链分析. 辽宁大学硕士学位论文, 2011.

经过十余年的转换和尝试，在多个文化产业逐渐被互联网抢占市场后，国产动画企业在市场推广和产业链运营方面也不断推陈出新，并悄然发生了巨变。

1999年首播的电视动画《蓝猫淘气三千问》曾在国内红极一时，其成功主要在于"科普动画"的定位，寓教于乐，既满足大人对于动画题材的要求，又以趣味性博得青少年、儿童观众的喜爱。但好景不长，不过3年时间，这些专卖店几乎销声匿迹。[①] 究其原因，主要是因为管理方式不成熟和知识产权被大量盗用——动漫产业最具核心的价值就在于动画形象，有受大众欢迎的市场基础和健全的知识产权保护措施，才有可能有效发挥衍生品的作用。

2005年首播的《喜羊羊与灰太狼》，其出品方为上海文广新闻传媒集团（SMG）、广东原创动力文化传播有限公司和北京优扬文化传媒有限公司等三家公司，原创动力负责提供原创内容，SMG利用自身强大的资金优势及媒介优势为动画宣传造势，一家国内的儿童媒介运营商，几乎买断了全国所有少儿动画频道的广告代理权。它们各取所长，并形成了多方位的立体构架，使《喜羊羊》电影预告广告在全国少儿动画频道全面投放，同系列电影票房优异，因品牌成功而带来的衍生品销售也带来可观收入，被业内人士称为中国动画片的榜样，虽仍有不少对其内容的质疑，但《喜羊羊与灰太狼》确实做了一次中国动漫市场突破性的成功尝试。

而在动漫内容的取得上，广东奥飞动漫文化股份有限公司的创新之处在于在前期原创内容匮乏时，通过引进日本动画，生产代工后端玩具，逐步向前端自主品牌方向发展，形成了独特的"逆产业链"发展路径，并于2009年在国内上市，被誉为"中国动漫第一股"，由此突破了动漫企业融资难的重要"瓶颈"。

动漫作为一种媒介和载体，有很多应用范式及艺术延伸的可能性，从而引导国内动漫企业通过不断的内容和运营模式探索，形成越来越多、愈发成熟的市场主体，见图11-2。

图11-2 动漫载体的应用范式及艺术延伸

[①] 欧娅. 中国动漫品牌发展存在的问题及其对策研究. 华中师范大学硕士学位论文，2009.

在互联网大潮下，动漫的创作门槛和推广成本双双降低，给众多的动漫原创者开辟了一个新的平台。个体原创者或幽默、或温情、或可爱的动漫形象取得大量受众的关注和喜爱。有了受众基础，原作者及相关合作方也在不断摸索新的商业化方向，拓展至更多领域。

除了原创动漫形象，新兴的动漫工作室、企业动漫分支甚至个人也通过互联网宣传传播原创的动画电影和短片，其中，不乏创意突出、制作精良、广受动漫爱好者欢迎的作品。而新一波的移动互联网发展，也带来了更多动漫与游戏的结合点，互动性更强，传播性更广，赢利点更多，可以成为中国动漫未来发展的主力军。

第二节 动漫产业政策分析

一、国家政策

综观全球经济文化，动漫做到了对包括衣食住行相关产业等多重领域的影响，其衍生产品超越了娱乐本身，遍及消费市场的每一个层面。针对各国的动漫产业来看，美国和日本已发展出成熟的动漫市场，属于产业发展的第一阶梯；德国、法国、英国、韩国、加拿大等国在技艺、外包等方面各有优势，属于第二梯队。中国动漫虽然在产业定位、产业保护和税收优惠等相关政策的大力扶持下也得到迅速成长，但只能属于产业发展的第三阶梯。

2004年中国政府开始大力扶持国产动漫的发展，力图通过政策，如在2004年出台了《关于发展中国动画产业的若干意见》、在2006年印发《国家"十一五"时期文化发展规划纲要》、在2012年发布《"十二五"时期国家动漫产业发展规划》和新修订的《文化及相关产业分类（2012）》标准等，通过推动漫画创作出版、影视动画创作播映进入政策推动的视野，以加快创造一批具有中国风格和国际影响的动漫品牌。

这些重要决策，在产业发展上逐渐使原有的行政主导变为市场主导，形成了政府部门之间、政府与市场之间的联动机制，并使中国动漫产业的发展环境发生了彻底的变化。正如《中国动漫产业政策探析》一文从七个方面概括的，中国动漫产业政策的重点，一是要确立产业发展规划；二是培育良好的产业发展环境；三是完善配套的法制建设；四是不忽视对弱小动漫企业的扶持；五是鼓励企业之间联合、学校与企业联合；六是强化动漫产业基地建设；七是打造完整的动漫产业链条。①

在国家政策的大力推进下，见表 11-2，原创动漫已逐步产生更重要的社会影响及经济影响。②

表 11-2　　　　　　　　　　主要动漫产业政策

日期	政策	主要内容	类型
2004.3	《中共中央、国务院关于进一步加强和改进未成年人思想道德建设的若干意见》	积极扶持国产动画片的创作、拍摄、制作和播出	产业定位
2004.5	《关于国产电视动漫片实行题材规划的通知》	批准北京动漫频道、上海炫动卡通卫视、湖南金鹰卡通卫视三个上星动漫频道	促进市场
2004.6	《关于发展中国影视动画产业的若干意见》	促进中国影视动画产业繁荣，构建国产动画片展映体系，培育影视动画交易市场，发挥国家动画创作生产主力军的作用，放开参与中国影视动画产业的开发与经营等	促进市场
2005.9	《广电总局关于禁止以栏目形式播出境外动画片的紧急通知》	禁止以栏目形式、以所谓介绍境外动画片为由，播出未经审查的境外动画片	产业保护
2005.9	《关于文化体制改革中经营性文化事业单位转为企业的若干税收政策问题的通知》	对从事动画、漫画创作以及动画片制作、发行的企业免征企业所得税	税收优惠
2006.2	《广电总局关于进一步加强动画片审查和播出管理的通知》	对以真人演出的所谓动画片，一般不得作为动画片受理审查并发放国产动画片发行许可证。片中部分内容涉及真人演出或实景拍摄的动画片，如拟在动画频道、时段或栏目中播出的，剧本大纲需提前报总局审查，制作完成后报总局审批	内容审查
2006.4	《关于推动中国动漫产业发展的若干意见》	国家将加大财政投入力度，用于扶持优秀动漫原创产品的创作生产，推动形成成熟的动漫产业链	促进市场
2006.8	《广电总局关于进一步规范电视动画片播出管理的通知》	17:00~20:00 禁播境外动漫节目，必须播放国产动画片或者相关栏目。每日全国的动漫播出总量中，国产动漫片比例不少于70%	产业保护
2006.9	《国家"十一五"时期文化发展规划纲要》	指出在文化产业方面，动漫产业是重中之重	产业定位

---

① 王静．中国动漫产业政策探析．东北大学硕士学位论文，2009．
② 见 http://www.chyxx.com/industry/201309/218990.html．

续表

日期	政策	主要内容	类型
2008.2	《广电总局关于加强电视动画片播出管理的通知》	对境外动画片的播出时间、审批进行规范，为国产动画片营造成长环境；17:00~21:00之间不得播出境外动画片、介绍境外动画片的资讯节目以及展示境外动画片的栏目	产业保护
2008.8	《关于扶持中国动漫产业发展的若干意见》	扶持民族原创，完善产业链条	产业定位
2008.12	《关于印发〈动漫企业认定管理办法（试行）〉的通知》	对动漫企业的认定标准、认定程序等进行了规定	行业标准
2009.7	《财政部、国家税务总局关于扶持动漫产业发展有关税收政策问题的通知》	在增值税、营业税和所得税方面给予优惠	税收优惠
2009.8	《文化部国家工商行政管理总局关于开展动漫市场专项整治行动的通知》	对加强动漫衍生品、交易产品、重点动漫产品的保护等监管工作进行了部署	促进市场
2009.9	《文化部文化产业投资指导目录》	将动漫服务业纳入鼓励类别	产业定位
2009.9	《文化产业振兴规划》	提出动漫产业是发展重点之一，着力打造深受观众喜爱的国际文化动漫形象品牌	产业定位
2011.6	《动漫企业进口动漫开发生产用品免征进口税收的暂行规定》	动漫企业自主开发、生产动漫直接产品，确需进口的商品可享受免征进口关税及进口环节增值税	税收优惠
2011.10	《中共中央关于深化文化体制改革推动社会主义文化大发展大繁荣若干重大问题的决定》	确立了至少未来五年内动漫产业将获得的支持力度不会降低	产业定位
2011.11	《关于扶持动漫产业发展增值税营业税政策的通知》	将相关税收优惠延长至2012年底，并将动漫版权交易纳入优惠范围	税收优惠
2012.2	《"十二五"时期文化产业倍增计划》	将动漫产业列为11项重点行业之一，提出力争到2015年，动漫产业增加值超过300亿元，同时，着力打造5~10个国际上具有较强竞争力和影响力的国产动漫品牌和骨干动漫企业	产业定位
2012.3	《关于执行动漫企业进口动漫开发生产用品税收优惠政策有关问题的通知》	执行之前政策，实行年审制度	税收优惠

续表

日期	政策	主要内容	类型
2012.7	《"十二五"时期国家动漫产业发展规划》	确定了"十二五"时期中国动漫产业发展的基本思路和主要目标	产业定位
2013.7	公布"国家动漫品牌建设与保护计划"名单	包括《喜羊羊与灰太狼》等20个原创品牌形象,公布手机动漫行业标准	行业标准

资料来源:作者根据相关资料整理。

二、地方政策

国家层面相应政策的大力扶持,以及动漫产业巨大的经济潜力和重要的社会影响,客观上也引导了各地政府和产业界对发展动漫产业的高度重视。例如,北京、上海、苏州、杭州、无锡、深圳、大连、成都、长沙、珠海等地,借助国家政策的规范与引导,及时将动漫产业作为新兴产业予以大力扶持,并相继出台了地方性的动漫产业发展规划与支持政策,使之成为中国动漫产业的发达地区。

各地推出的政策较为同质,重点有四个方面,见图11-3,分别是创作奖励、成本支持、资金支持及人才支持。

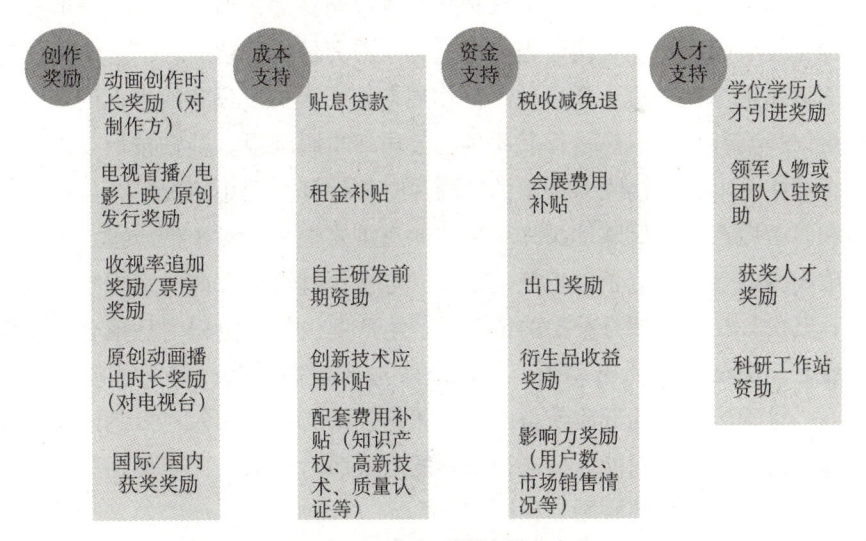

创作奖励
- 动画创作时长奖励(对制作方)
- 电视首播/电影上映/原创发行奖励
- 收视率追加奖励/票房奖励
- 原创动画播出时长奖励(对电视台)
- 国际/国内获奖奖励

成本支持
- 贴息贷款
- 租金补贴
- 自主研发前期资助
- 创新技术应用补贴
- 配套费用补贴(知识产权、高新技术、质量认证等)

资金支持
- 税收减免退
- 会展费用补贴
- 出口奖励
- 衍生品收益奖励
- 影响力奖励(用户数、市场销售情况等)

人才支持
- 学位学历人才引进奖励
- 领军人物或团队入驻资助
- 获奖人才奖励
- 科研工作站资助

图11-3 地方政策的重点内容

地方政策的一个重要部分是创作奖励,即对制作出动画、在电视台播映的内容按分钟数补贴。这种在各地应用的补贴政策虽有差异,却存在着明显的缺陷:在缺乏质量把关的条件下仅按产量进行补贴,造成大量"有量无质"的作品产生。制作数量的迅速增加,使中国2010年在动漫制作数量上超越日本成为"全球第一大国"。随着各地政府意识到政策的问题,补贴也在逐步收紧,近两年的制作数量明显下降,见图11-4。

图11-4 中国动漫制作分钟数统计(2004~2013年)

资料来源:李波.中国动漫产业政策研究.长春工业大学硕士学位论文,2009.

实际上,扶持资金虽然可以刺激产业短期做大,但是,对于产业技术的深化发展效果并不直接。当市场上充斥着大量劣质动画时,会产生"劣币驱逐良币"的效应,质量差、制作周期短、人员及设备成本低的企业仍然可以得到补贴,但注重作品质量的公司却步履维艰。补贴按照受地方电视台或中央电视台接收并播出的动画片时长计算。理想情况下,电视台的接收与否应当成为保障动画片质量的一道重要把关,对于低质量、不能保障收视率的动画片应予以拒绝。首先,电视台付给开发商的费用本来就很低;其次,在播出即有补贴的情况下,生产商极易和电视台达成合作,即免费甚至倒贴费用播出动画。补贴政策造成虚假繁荣,缺乏优质内容产出。一是动漫作品的低质使得电视台获得较低的广告收入;二是电视台在低回报的情形下,只能压低电视动画的版权播出价格;三是动画制作方没有产出高质量动画的激励,见图11-5。

图11-5 动画播出方与制作方的博弈难以形成良性循环

目前，从中国动漫产业地区格局来看，广东、上海、北京等成为动漫产业发展的"领头羊"，并辐射周边省市构成了"珠三角""长三角"、环渤海动漫产业核心区，具有较强的综合实力；江苏、浙江、福建、湖南等省在影视动画制作、产业展会交易、手机动漫运营等方面具有较强实力，已进入动漫产业第二军团。同时，在园区战略引导并使动漫基地得到大量发展的同时，诸多问题也已成为制约动漫园区发展的"瓶颈"。比如说，一些企业在进驻产业园区之后，出现了无法自养、作品无法取得市场认可的情况，造成一部分企业倒闭，另一部分企业不得不承担更多的代工业务，无法继续原创性业务的发展。

第三节 政策建议

从宏观层面而言，加强动漫人才培养、强化资金扶持、优化产业集群、打造动漫品牌等，将是完善中国动漫产业政策的好建议。但从如何提升动漫产业政策针对性的视角出发，则坚持内容为王、完善产业链建设及优化政策环境等三大核心问题，又将成为重中之重。

一、坚持内容为王

好故事是好内容的根本，好内容通过技术手段得以实现。创作者通过动漫的形式表达对一定题材内容的理解，以获得观众共鸣是其成功的基础。国产动漫质量参差不齐，各个制作方都在从题材、展示途径、宣传方式上做诸多尝试。总的来说，漫画家大多是个体性质，国内原创漫画高速发展，已经形成非常丰富的作品群，题材及形式相对丰富，优秀的漫画作品也有改编成动画的可能。动画领域也存在很多精品小型作品，比如，2004年由深圳环球数码公司制作的中国风动画短片《桃花源记》，获得在日本东京广播电视公司举办的2006年数码内容大赛大奖；2009年，由李阳导演制作的动画短片《李献计历险记》以创新的方式表达了作者对于生活的深刻思考，2011年还被改编成电影。

除了时而出现的小型精品，业内声誉广泛的大型制作却处在尴尬境地。一些国产动画作品，票房较为平淡；市场反馈被视为典范的《喜羊羊与灰太狼》系列电视动画及电影动画，仔细分析其成功的原因，可以看出市场环境及从业人员对环境理解的重要性。市场突破的取得需要经过自然淘汰去粗存精，对于创作者来说，有作品不一定大卖是必然要承受的风险。但产业链不完整、审查毙掉作品、版权保护不够充分都是造成（能达到一定质量的）作品数量不足的原因。基数不够，就无法形成积极的作品上升路线。而对于创作者来说，表达自由是比其他任何政策支持都有效的激励。而在动漫选题方面，很多人强调"从民族文化"出发，一方面，拾起优秀的历史文化传统，向国人传达；另一方面，走向海外，宣传本国文化。但这种方式的实现需建立在创作者对本国文化极为熟悉，并有理解能力和创新土壤之上，如果借助的仅仅是传统形象，而没有深刻理解并充实其背后的内涵，创作出的内容肯定也是单薄而难有说服力的。作者需要发挥无穷的想象力，学会讲故事，借助动漫作为载体，传达作者的理念。只要是我们创作的作品，都应视为中国特色进行鼓励，市场反响会对选题进行筛选，成功的作品最终都会成为一个文化品牌。

相比于美国、日本的全年龄段动漫，绝大多数国家包括中国的主流动漫消费群体是孩子。而在美国、日本，动漫在日常生活中都是重要的组成部分，制定了严格的影视分级制度，见表11-3。近几年，票房火爆的诸多美国动画电影显示出国内中青年群体市场的巨大潜力。在文化氛围逐渐开放、以"80后"为代表的消费群体成长以及对于动漫作为一种更具亲和力的信息传达方式的被接受，将逐渐打开中国的动漫消费群体。在消费群体增加的基础上，不以儿童为目标市场的动漫精品的产生将是产业发展的突破点。在高质量作品和经济回报的召唤下，市场的信心增强和人才的涌进将进一步促进产业发展。

除了美国和日本，新加坡、英国等都有较成熟的电影分级制度。长期来看，中国的动漫产业只有用分级制度替代，才能真正给予创作者以更多发展空间，多出高质量作品以完善动漫市场，并为发展中国的文化艺术产业贡献智慧。

表11-3　　　　　　　　　美国日本的影视分级制度

日本电影分级制度

普通级（全年龄）：所有年龄段都可以观赏的影片，影片中虽依剧情可有轻微性、暴力描写等镜头，但需尽量控制在有限的范围内
PG-12（幼童保护级）：有性、暴力、残酷、毒品等描写，未满12岁的儿童不可单独观赏。或需在家长或保护者陪伴下陪同观看
限制级（R-15）：未满15岁少年，一律禁止其入场与收看（有虐待描写）
禁止级（R-18）：未满18岁一律禁止入场与收看（有强烈的性、暴力、反社会行为；或美化吸毒之描写）

续表

美国电影分级制度

G级：大众级，任何人都可以观看。如《玩具总动员》《狮子王》
PG级：辅导级，建议学龄后儿童观看。如《怪物史莱克》《功夫熊猫》
PG-13级：特别辅导级，建议13岁后儿童观看。如《蜘蛛侠》《古墓丽影》
R级：限制级，建议17岁以后观看。如《范海辛》《角斗士》
NC-17级：17岁以下（包括17岁）禁止观看。如《德州电锯杀人狂》
特殊分级：包括M/X/P级（禁止在大院线放映的电影）和NR/U级（未指定级别的电影）

美国电视分级制度

TV-Y：指适合包括2～6岁幼童在内的所有儿童观看的节目。如《芝麻街》
TV-Y7：指可能含有7岁以下儿童不宜观看内容的电视节目
TV-Y7-FV：是TV-Y7的替代版本。当电视节目中含有相较于TV-Y7级别来说更多的虚构暴力画面时，会被评为TV-Y7-FV。如多数针对美国儿童观众的译制日本动画
TV-G：指普遍级的电视节目，适合所有年龄层观看。这种节目虽然不是儿童节目，但是多数家长可以放心让孩子在没有大人陪伴的情况下观看
TV-PG：指"建议家长提供指引"的电视节目。这种级别的电视节目中有些内容可能不适合儿童，可能有少量的暴力、性题材和不当行为。像《生活大爆炸》等一些电视黄金时段的情景喜剧或动画片就会列入TV-PG级
在TV-PG中还引用了更进一步的二级分类，包括：
D-含性暗示对话（some suggestive dialogue）
L-含少量不雅用语（infrequent coarse language）
S-含少量成人情节（some sexual situations）
V-含部分暴力画面（moderate violence）
TV-14：指该节目可能不适合于14岁以下未成年人收看。这种节目可能涉及大量暴力、成人情节、不雅用语或者性题材的内容。一些在晚间9点以后播放的节目，包括一些电视剧和著名的夜间脱口秀，以及电视台播放的PG-13或R级的电影
TV-MA：指这级电视节目可能含有不适合17岁以下未成年人或只适合成年观众收看的内容。这种节目会过量地涉及暴力、性、裸露镜头和不雅用语内容。在免费电视频道中这类节目比较罕见，一些付费电视的基本频道和额外付费的频道在深夜可能会播放这类节目

资料来源：一篇文章让你了解美国电影分级制度. http：//www.xinpianchang.com/e6732.

二、完善产业链建设

动漫行业的参与者众多且杂，在发展初期，更是有很多非专业人士、半专业人士参与其中。计划与市场的平衡在决策层面难以确定，造成市场浮躁、动荡，难以产出足够多的优质作品来支持整个产业链建设。

以美国迪士尼为例，由于构建了完整良性的循环产业链，包括娱乐节目制作、主题公园、玩具、图书、电子游戏和传媒网络等主营业务，最终也创造出巨大的商业价值，见图11-6。

对于动漫来说，创作者和动漫衍生品分属于内容制造和产品盈利中最重要的两个部分，如果没有好的内容，其余部分难以发挥价值；如果没有好的营销，价值发挥程度高低会受限制。相对来说，监管、运营、观众、

市场都是支持动漫产业链建设的重要基础,良好的产业最终应形成一个健康的生态圈,见图11-7。而中国的动漫产业各个链条经营分散、集中度低,经常处于"断链"状态,难以形成良好的利益共享机制。

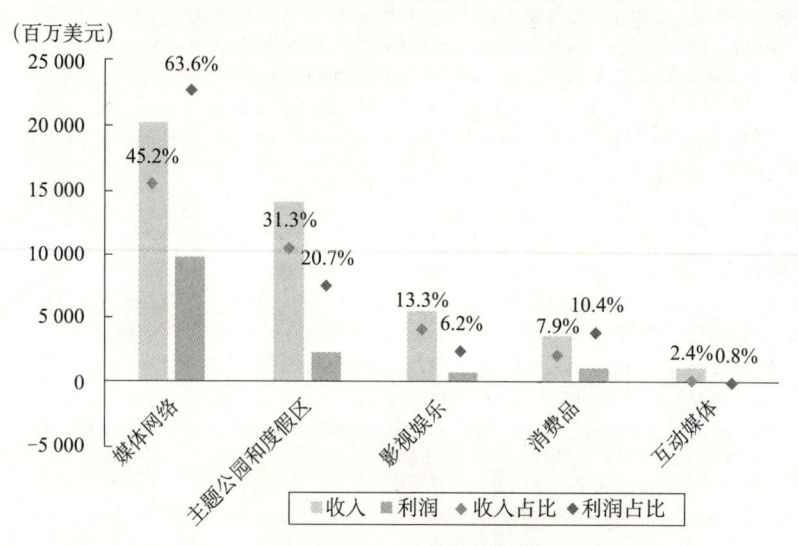

图11-6　2013年迪士尼收入和利润来源及占比

资料来源:见 https://www.thewaltdisneycompany.com/wp-content/uploads/2015/10/2013-Annual-Report.Pdf.

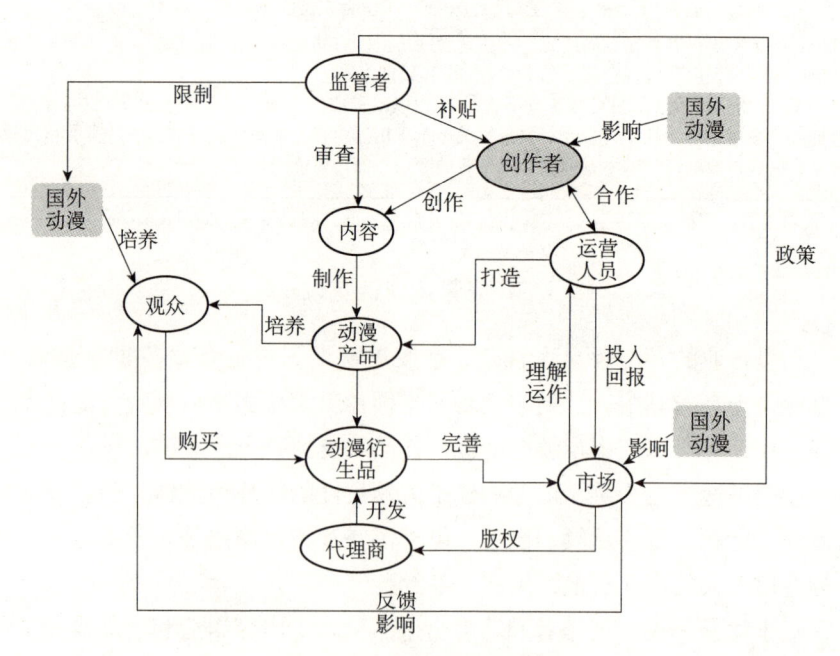

图11-7　动漫产业生态圈

资料来源:中国原创动漫产业生态圈及衍生品市场发展详解. http://m.sohu.com/a/116060531_115832.

对于一部新的作品来说，往往需要经历一个很长的观众基础培养过程，同时，对创作者的素养要求也会较高。当人们逐渐对一个动漫人物熟悉、了解并渐渐喜爱时，动漫产业的潜在价值才会慢慢浮现出来。国内的动漫产业运营人员由于经验普遍不足，在运作一个项目时或在制作协调、管理现金流及后期营销上，常因产业生态链理念缺失而容易出问题。如果希望取得更好的市场回报，那么，行业内人士需要借鉴国外经验，加强动漫"内容"和产业"市场"之间的政策互动，努力提升动漫产业链的整体融合发展能力。

三、优化政策环境

动漫产业作为一种分散型创新产业，需要量的积累以产生质的改变。而在这个过程中，良好的产业政策环境是正向引导的催化剂。

（一）维持良好的市场秩序

相对于欧美和日韩等国家，中国动漫整体上说还处于幼稚期，若大量优秀海外动漫作品不加选择地允许其涌入，必将不利于中国的幼稚期动漫产业的健康培育。因此，从国家层面制定相应的保护性政策，以加强对海外动画的播放及审批等，将是必要举措。

（二）促进竞争、鼓励创新

除了受国际竞争影响外，国产动漫面临的更多是内部局部竞争，但未来产业仍将向市场化方向迈进，企业的紧迫感会越来越强，真正依托产业链优势脱颖而出的龙头企业终将直面海外企业的竞争，凭借核心竞争力来争取市场地位。现有环境缺乏真正有利于创作者的生存空间，产业政策制定的目的应在于开发出一个产业的动态格局和创新性，引导公司采取积极的竞争策略，而非依赖于政策收益。

（三）优化规范化政策和奖励性政策需求

动漫产业的发展，首要因素是产业环境，这在很大程度上依赖于政府力量和国家政策的支持。如建立动漫产业专项基金，主动为市民接触动漫等创意产品和服务提供多元渠道；建立动漫产品大数据系统等，正确引导动漫产业创新发展；完善动漫产业发展政策，优化产业发展环境，进一步提高动漫产业发展的质量和效益。其最终目标还是要实现规范化政策和奖励性政策的有机统一，以共同形成促进动漫产业发展的合力。

第十二章 页岩气产业政策

第一节 页岩气产业概述

页岩气属于非常规天然气,是指主体上以吸附和游离状态同时赋存于具有生烃能力的泥岩、页岩等地层中的天然气。[①] 作为在传统垄断领域的新兴产业,中国页岩气在最近几年发展迅速,并且在未来几年,随着国企的规模化生产和其他主体的相继进入,还将保持其蓬勃态势。

一、生产突破

据国土资源部统计,2013 年中国页岩气开发全年产量约为 2 亿立方米,2014 年全年产量达 13 亿立方米,同比增长 5.5 倍。而按中国页岩气"十二五"规划确定的数据,要求到 2015 年,中国页岩气产量要达到 65 亿立方米,到 2020 年增至 600 亿~1 000 亿立方米,并实现中国页岩气的规模化生产目标。

目前,中国已在贵州、陕西、四川等多个地区建成了 6 个页岩气示范区,其中,涪陵页岩气田截至 2015 年 7 月已累计生产页岩气 21.24 亿立方米;在装备制造技术突破方面,中石油及中石化也在不断取得新进展。无论是压裂、超深井技术的掌握,还是由页岩气带动的设备国产化,以及最新的技术的成功使用,都在不断为以后的页岩气勘探开发铺平道路。

二、市场开放

基于《全国页岩气资源潜力调查评价及有利区优选》结果,中国页岩

---

① 张金川,薛会,张德明等. 页岩气及其成藏机理. 现代地质,2003,17 (4):466.

气的有利区块共计180个，虽然面积达到了111万平方公里，但其中77%的有利区块面积、80%的资源潜力都处于现有油气区块内。如要推动页岩气行业发展，首要问题便是其他主体的油气矿权的取得问题。于是，作为市场开放的标志性举措，在2011年6月进行了首次页岩气探矿权招标，中石化和河南煤层气公司分获渝黔南川页岩气勘查区块和渝黔湘秀山页岩气勘查区块。

2012年9月，第二轮页岩气探矿权招标开始向民企等多元资本开放，并吸引近百家单位参与角逐，最终由包括2家民营企业在内的共16家企业中标19个区块。随着国土资源部第三轮页岩气招标的推进，在勘查开采的"开放市场"原则下，外资企业、民营企业等各类投资主体都在进入页岩气勘查开采领域，招标区块能否突破已注册矿权的限制将在很大程度上影响区块质量以及投标企业的积极性。

从世界范围看，目前影响页岩气勘查开发和商业化应用的诸多障碍，首先，便是对页岩气开采核心技术的掌握；其次，如水资源的问题和管道基础设施建设的问题，等等。一般来说，页岩气在早期递减阶段可以收回勘探开发成本，后期稳产维持时获取利润；在注重发挥市场机制的同时，也要考虑到中国西部地区复杂崎岖的地形地貌对页岩气的勘探和开采带来的技术挑战，存在着页岩气行业的高风险、高投资和高技术要求。因此，行业准入门槛的合理设置，也是确保页岩气产业快速、有序发展的基础。

第二节 页岩气产业政策分析

一、美国的页岩气产业政策

2007~2013年，由于全球金融危机，美国总体经济下滑3%，而在油气行业的直接就业数量却增长了40%。2009年7月~2011年7月，直接或间接地受到了美国油气行业迅速发展的影响，仅得克萨斯州创造的就业机会占到了全美国新增就业的49%；油气行业的繁荣，不但使油气产量持续增长的10个州的就业率超过了全国的平均值，而且也为美国创造了数百万计的就业机会，见图12-1。

丰富的油气资源如果没有政府的政策支持，也难以被大规模地成功开发。美国在资源管理、税收优惠和财政补贴上都给予整个行业以极大的支持。根据多个学术研究报告指出，美国的税收优惠刺激了非常规天然气的发展，尤其是在钻井和生产方面。具体来说，1980~2002年的非常规天然气生产税收优惠帮助油气企业提高了财务回报率，降低了投资在非常规资源上的风险，因此，企业更愿意在非常规资源的开发生产和技术研发上进行投资。

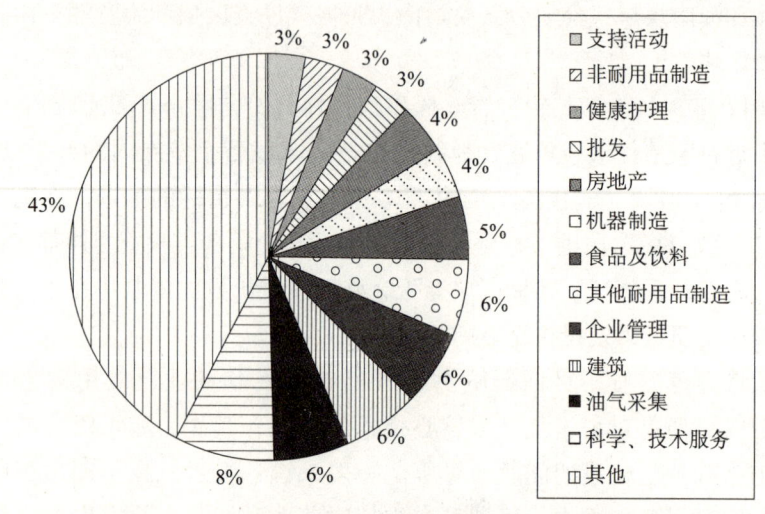

图12-1 油气行业为美国带来的直接就业和间接就业

从技术政策上来看，水力压裂及水平钻井技术的突破也与美国能源部早期拨款支持的技术研发项目政策相关。美国能源部在20世纪70年代末就成立了天然气研究院（gas research institute），专门分管天然气项目的研发预算。在90年代，能源部委托研究机构评估了政府对科研的拨款对于天然气技术的影响，结果发现在开发非常规油气最为重要的三项技术（水平钻井、三维地震成像、压裂技术）中，政府的支持对于压裂技术的发展十分重要，而对其他两项技术的发展则有一定的局限性。然而，当能源部与独立油气公司进行技术合作时，效果则十分明显。从1821年美国的第一口页岩气井开始，其页岩气研发整体经历了起步、振兴、缓慢发展、大规模商业开采等多个阶段，目前，已进入商业性开采的页岩气，见表12-1。

表12-1 美国含气页岩的主要特征

盆地	沃斯堡 (Fort Worth)	圣胡安 (San Juan)	密歇根 (Michigan)	阿帕拉契 (Appalachian)	伊利诺斯 (Illinois)
页岩名称	巴米特 (Barnett)	路易斯 (Lewis)	安特里姆 (Antrim)	俄亥俄 (Ohio)	新奥尔巴尼 (New Albany)
时代	早石炭纪	早白垩纪	晚泥盆纪	晚泥盆纪	晚泥盆纪
气体成因	热解气	热解气	生物气	热解气	热解气、生物气

续表

盆地	沃斯堡 (Fort Worth)	圣胡安 (San Juan)	密歇根 (Michigan)	阿帕拉契 (Appalachian)	伊利诺斯 (Illinois)
埋藏深度/m	1 981 ~ 2 591	914 ~ 1 829	183 ~ 730	610 ~ 1 524	183 ~ 1 494
厚度/m	61 ~ 152	152 ~ 579	49	91 ~ 610	31 ~ 140
干酪根类型	Ⅱ	Ⅲ为主，少量Ⅱ	Ⅰ	Ⅱ	Ⅱ
有机碳含量/%	1.0 ~ 13.0	0.5 ~ 2.5	0.3 ~ 24.0	0.5 ~ 23.0	1.0 ~ 25.0
镜质体反射率	1.0 ~ 2.1	1.6 ~ 1.9	0.4 ~ 1.6	0.4 ~ 1.3	0.4 ~ 1.3
含气量/$m^3 \cdot t^{-1}$	8.49 ~ 9.91	0.37 ~ 1.27	1.13 ~ 2.83	1.70 ~ 2.83	1.13 ~ 2.64
吸附气含量/%	40 ~ 60	60 ~ 80	70	50	40 ~ 60
甲烷含量/%	77 ~ 93			80 ~ 95	72 ~ 76
总孔隙度/%	1.0 ~ 6.0	0.5 ~ 5.5	2.0 ~ 10.0	2.0 ~ 11.0	5.0 ~ 15.0
渗透率/$10^5 \mu m^2$	0.01	<0.1	<0.1	<0.1	<0.1
地层压力系数	0.99 ~ 1.02	0.46 ~ 0.58	0.81	0.35 ~ 0.92	0.99
压力梯度/$kPa \cdot m^{-1}$	12.21	4.97			4.84
资源量/$10^{12} m^3$	0.74	2.8	0.3 ~ 0.6	6.4 ~ 7.1	0.05 ~ 0.55

资料来源：Bustin R. M. Barnett Shale Play Going Strong. AAPG explorer, 2005, 26 (5): 4 ~ 6; 聂海宽, 唐玄, 边瑞康. 页岩气成藏控制因素及中国南方页岩气发育有利区预测. 石油学报, 2009, 30 (4): 484 ~ 491.

美国政府通过立法形式加强对非常规天然气实施补贴政策，最早开始于1978年的《天然气政策法案》；随后，美国国会于1980年通过了《原油暴利税法》，其中，第29条明确规定：从1980年起，美国本土钻探的非常规天然气（煤层气和页岩气）可享受每桶油当量3美元的补贴。该政策有效地激励了非常规气井的钻探与气井数量的暴增，并一直执行到1992年进行修订为止。在美国政府1997年颁发的《纳税人减负法案》中，依然对非常规能源实行税收减免政策；2006年，美国政府又出台了新的产业政策，明确了新的享受补贴细则，并使得美国非常规气探井数量大幅上升，天然气储量和产量也得到大幅增长。此外，拥有页岩气资源的州政府，如得克萨斯州、俄亥俄州、宾夕法尼亚州等，也相继颁布了一些鼓励政策，在很大程度上加速了石油天然气公司对页岩气资源的开发力度。

除了制定税收补贴政策，美国政府还设立基金支持技术研发，如1976年的东部页岩气项目。美国政府又于2004年开始了新一轮的基金资助行动，根据《美国能源法案》的规定，政府将在未来10年内每年投资4 500万美元用于包括页岩气在内的非常规天然气研发。除此之外，美国政府还一直致力于打造多元化的投资环境，建立自由市场机制，油气行业的投资和并购交易极其活跃。

二、中国的页岩气产业政策

中国拥有丰富的页岩气资源。早在 2001 年，便已启动了页岩气资源的战略调查；以 2009 年 10 月国土资源部在重庆启动中国首个页岩气资源勘查项目为标志，到 2011 年 4 月国土资源部正式发布《全国页岩气资源潜力调查评价及有利区优选》，最终确认中国页岩气超过常规天然气资源，其可采资源量达到了 25 万亿立方米。

为了加强政策指导，2012 年 10 月，由国务院、发展和改革委员会、国土资源部相继发布了《天然气利用政策》《天然气发展"十二五"规划》《中国的能源政策》和《关于加强页岩气资源勘查开采和监督管理有关工作的通知》，密集发布了相关政策规划，并进一步加大政策性支持力度：明确页岩气为战略性新兴行业，推进非常规油气资源勘探开发，优选有利区、加强示范区建设，协调页岩气与其他矿产资源的勘查开采，促进上游市场化改革，扶持页岩气发展，发挥市场配置资源的基础性作用，鼓励各类投资主体依法进入，鼓励页岩气利用、入网及外输，加强技术攻关和装备国产化。2012 年 11 月，财政部发布关于出台页岩气开发利用补贴政策的通知，2013 年 1 月，国务院发布的《能源发展"十二五"规划》，进一步明确了对页岩气勘探开发活动的监督管理，对页岩气出厂价格则实行市场定价；2013 年 10 月，国家能源局按照统一规划、合理布局、示范先行、综合利用的原则，发布了《页岩气产业政策》，突出以科学发展观为指导，将页岩气纳入国家战略性新兴产业范畴，并明确了加快发展页岩气的具体政策和监管措施。

应该说，《页岩气发展规划（2011～2015 年）》《页岩气利用补贴政策》《页岩气产业政策》等相继出台，见表 12-2，中国的页岩气产业政策体系也得到了逐步完善。

表 12-2　　　　　　　　　　　中国的页岩气产业政策

发布时间	政策	发布机构	类型
2011.12	新发现矿种公告	国家能源局	行业准入
2012.3	页岩气发展规划（2011～2015 年）	国家发展和改革委员会、财政部、国土资源部、国家能源局	产业规划
2012.10	天然气利用政策	国家发展和改革委员会	产业规划
2012.10	天然气发展"十二五"规划	国家发展和改革委员会	产业规划
2012.10	中国的能源政策	国务院	产业规划

续表

发布时间	政策	发布机构	类型
2012.10	关于加强页岩气资源勘查开采和监督管理有关工作的通知	国土资源部	行业监管 产业支持
2012.11	页岩气利用补贴政策	财政部、国家能源局	补贴
2013.1	能源发展"十二五"规划	国务院	产业规划
2013.10	页岩气产业政策	国家能源局	产业规划 产业支持

从已发布的政策来看,由于行业较为新兴,已有政策累积数量较少。但特别是从 2012 年政策发布的密集程度来看,国家对此产业发展有极大的信心。而接下来的政策制定方向,则更应该在深入了解页岩气所在行业的相关技术、发展现状、面临问题等特征之后,结合油气行业的大环境尽快制定推出。

三、政策问题剖析

(一)企业层面

1. 缺乏独立油气主体。

从企业层面来讲,相对于美国自有的油气市场环境,中国几乎没有独立的油气行业,被大型一体化国有油气企业所垄断。国有企业造成的行业垄断导致了以下几个主要问题:首先,相对专注于上游勘探开发的独立油气公司,大型一体化油气公司需要兼顾中游炼化、下游管道等各个方面的经营管理、利益协调,整体的管理机制远没有独立油气公司灵活;其次,其他企业进入油气行业唯一的方式就是与大型一体化国有油气企业合作,这种合作方式抑制整个行业的健康发展。不仅如此,目前进入油气勘探开发领域的企业大部分从属于大型非油气集团,缺乏独立性,不能成为独立的油气主体。

2. 缺乏创新精神的企业家。

在中国,由于独立油气公司生存空间过于狭小,绝大部分参与油气上游的民营企业均带有较为明显的投资性质。真正具备创新创业精神,在行业内不断进取的企业家少之又少。大型一体化油气公司的垄断导致行业内绝大部分专业人才都聚集在制度严格的大型企业内,阻碍了专业人才在市场化的环境中积极竞争、不断进取,创造伟大企业。缺乏具备冒险、创新精神的企业家导致行业中无法诞生出改变世界、引领行业革命的伟大企业。

(二) 市场环境和政策层面

1. 资源无法得到市场化配置。

与美国可自由交易的私有土地矿权机制不同，由于陆地上油气资源基本被中石油、中石化垄断，油气矿权等无法像美国一样自由交易买卖，需要缴纳的矿权使用费无法完全反映地下油气资源的市场价值，实际拥有勘探开发牌照的只有中石油、中石化、中海油和延长石油，因而出现了大量圈而不探、圈而不采的现象，资源无法得到优化配置，造成了巨大的社会资源浪费。另外，美国大量的独立油气公司相互竞争，石油天然气产品价格由市场供需决定，上游竞争越激烈，油气产品价格越便宜，油气企业则必须随之进一步降低生产成本。然而，中国油气行业缺乏市场主体，石油和天然气的价格不由产品供需关系决定。为了防止垄断企业制定行业价格，中国石油和天然气价格均由政府定价。油气产品价格无法精准反映市场供需关系，石油天然气企业也就没有竞争的动力可言，市场资源也更加无法得到优化的配置。

2. 整体行业缺乏成体系的顶层设计。

中国石油天然气行业无论资本市场还是实体经济，都缺乏成体系的顶层设计。从资本市场角度上来讲，相对于美国私募基金、并购基金等多渠道的融资退出方式，储量资源贷款、产量预售支付等多种可选择的金融工具，中国石油天然气资本市场基本处于非常初级的阶段。实体经济方面，美国20世纪70年代就开始出现大量政府支持独立油气公司发展创新技术的案例，而中国至今还没有成型的独立油气公司体系。因此，在行业的顶层设计方面，中国还有很多方面需要向美国学习。

第三节 政策建议

一、规划引导

通过规划引导，逐步形成与环境保护、区域经济发展相协调的页岩气开发布局。中国的石油天然气行业需要一批创新发展的优秀独立油气公司来推动中国油气行业的发展。当下最急迫的并不是在所有政策制定得尽善尽美之后再开始培养市场主体，而是通过规划引导、摸索前行，在市场中率先培养一批优秀的独立油气公司示范先行。

二、有序开发

通过规范监管，有序开发页岩气资源。加大对外开放力度，鼓励与国外相关企业与页岩气技术开发机构进行合作；强化市场决定性作用，鼓励更多民营企业在内的多元投资主体，参与页岩气勘探开发技术和生产经营，加快形成中国油气行业良性循环发展的多主体并存格局。

三、政策支持

在全面实施《页岩气产业政策》的基础上，要不断总结经验，针对实际操作中面临的诸多困难，加快"油气行业改革"步伐，逐步完善页岩气产业政策，以推动页岩气产业变革及整个行业的可持续发展。

第十三章 生物医药产业政策

第一节 生物医药产业概述

生物医药产业是典型的技术密集型产业、资本密集型产业，其新药研发具有周期长、风险高等特点。生物医药产业政策的复杂性，与其产业的独特性密切相关。中国生物医药产业被确定为战略性新兴产业，正迎来前所未有的发展机遇。2000~2010年间，中国生物医药工业总产值的年均复合增长率达到了24.45%；《"十二五"生物产业发展规划》则明确提出，2013~2015年，生物产业产值年均增速保持在20%以上。加上地方政府系列扶持政策的纷纷出台，必然会大大加快生物医药产业在中国的健康发展。毋庸置疑，生物医药产业对经济社会全局和长远发展具有重大的引领带动作用，但同时也应当清楚地认识到，中国生物医药企业自主提高整体技术水平的难度相当大，步入生物经济时代所面临的国际竞争更趋激烈。另外，随着从新兴产业、战略性新兴产业到主导产业或到支柱产业等发展演变，中国生物医药产业在全球生物医药产业中的地位必将日益提升，其产业政策的影响力也会进一步显现。

一、生物医药产业的定义与分类

生物医药产业由生物技术产业与医药产业共同组成。生物技术是以现代生命科学理论为基础，利用生物体及其细胞的、亚细胞的和分子的组成部分，结合工程学、信息学等手段开展研究及制造产品，或改造动物、植物、微生物等，并使其具有所期望的品质、特性，进而为社会提供商品和服务手段的综合性技术体系。生物技术产业的内涵，应包括生物技术产品研制、规模化生产和流通服务等。制药产业与生物医学工程产业，是现代医药产业的两大支柱。制药是多学科理论及先进技术的相互结合，采用科学化、现代化的模式，研究、开发、生产药品的过程。除了生物制药外，化学制药和中药在制药产业中也占有一定的比例。生物医学工程是综合应用生命科学与工程科学的原理和方法，从工程学角度在分子、细胞、组织、器官乃至整个人体系统、多层次认识人体的结构、功能和其他生命现象，研究用于防病、治病、人体功能辅助及卫生保健的人工材料、制品、装置和系统技术的总称。生物医学工程产业包括，生物医学材料制品、（生物）人工器官、医学影像和诊断设备、医学电子仪器和监护装置、现代医学治疗设备、医学信息技术、康复工程技术和装置、组织工程等。

二、中国生物医药产业发展的主要优势与问题

（一）优势

（1）中国生物医药产业具有较好的发展基础，中国生命科学和生物技术总体上在发展中国家居领先地位，许多生物新产品、新行业得到快速发展，同时，中国也是世界上生物资源最丰富的国家之一，虽然其起步较晚，但在众多产业中却有可能最先达到国际先进水平。

（2）中国生物医药产业的市场前景广阔，产业发展处于重要的战略机遇期，世界生物医药产业尚未形成由少数跨国公司控制的垄断格局，中国生物医药产业的技术、人才和科研基础在高技术领域中差距最小。

（3）国家政策利好，"十二五"规划确定了生物医药发展的重点，包括基因药物、蛋白药物、单抗克隆药物、治疗性疫苗、小分子化学药物等。

（二）问题

（1）自主创新能力弱，全球生物技术专利中，美国、欧洲和日本占到了59%、19%、17%，而包括中国在内的发展中国家仅占5%，中国已批准上市的13类25种182个不同规格基因工程药物和基因工程疫苗产品中，只有6类9种21个不同规格的产品属于原创，其余是仿制。

（2）产业组织不合理、科技成果产业化率低，中国科技与经济结合得不太紧密，在中试、放大、集成工程化环节相对薄弱，全国生物科技成果转化率普遍不到15%，西部生物科技成果转化率甚至不到5%。

（3）市场环境有待规范，目前市场流通秩序较为混乱、招标采购不够规范。

(4) 相关体制机制不完善,科研创新、医药卫生、投融资、药品评价、药品定价,转基因市场准入,政府采购等方面的机制改革比较滞后,难以适应大规模产业化的需要。

第二节 生物医药产业政策分析

一、生物医药产业政策特点及问题剖析

(一) 生物医药产业政策的定义与内涵

生物医药产业是典型的高新技术产业,且生产的产品是用于人体的产品,它不同于普通的商品,对于安全性要求更高。生物医药产业具有进入壁垒高、"外部经济"效应、不确定性等经济特点。生物医药产业对于中国 21 世纪争取全球经济和市场竞争的制高点,对于提高中国人民生活质量和健康水平,振兴中国医药卫生事业有着十分重大的意义和作用。[1] 而生物医药产业政策是指,政府为了保持生物医药产业的有序竞争,弥补医药市场失灵,有效配置生物医药资源,加速产业发展及产业国际竞争力提升,制定的以其产业结构、产业组织、产业布局和产业技术政策等为对象,对全产业的保护、扶植、调整和完善的政策的总称。[2] 生物医药产业政策的核心要素,见表 13-1。

表 13-1　　　　　　　生物医药产业政策的核心要素

项 目	政策内容
产业结构政策	(1) 科学界定生物医药产业在国民经济发展中的战略性地位;(2) 制定积极扶植生物医药产业的政策;(3) 制定调整生物医药产业内部价值结构比例关系的政策
产业组织政策	(1) 反垄断政策;(2) 发挥规模经济的政策;(3) 中小企业发展政策;(4) 调节企业市场行为的政策
产业布局政策	(1) 生物医药产业的国际化布局政策;(2) 生物医药产业的聚集化发展政策
产业技术政策	(1) 生物医药产业技术创新的政策导向;(2) 对医药基础研究的支持政策;(3) 药品的专利政策

资料来源:根据张伶俐.中国生物医药产业国际竞争力对策研究.安徽大学硕士学位论文相关内容整理,2013.

---

[1] 边虹.中国生物医药产业创新发展的科技需求与政策研究——以本溪药业基地为例.渤海大学硕士学位论文,2012.

[2] 王健聪.生物医药产业发展规律与政策研究——基于产业经济的视角.华中师范大学博士学位论文,2012.

生物医药产业政策内涵主要体现在：

1. 生物医药产业政策的非独立性。它的制定和实施必须以国家宏观产业政策为约束，其效用的发挥也应以国家产业政策体系总体效应最佳为指导，不可能独立于国家产业政策之外。

2. 生物医药产业政策的综合性。当以这一具有经济属性的"生物医药产业"作为政策实施对象时，既涉及总体性政策，也涉及产业结构中具体的行业政策，彰显其综合性特点。

3. 生物医药产业政策的特殊性。同时，生物医药产业的发展将解决人类面临的重大健康问题，具有极大的战略价值，决定了其产业政策在解决自身发展的经济问题的同时，还要正确处理好政治、国民经济以及文化等方面的相关问题，具有其特殊性。[①]

（二）生物医药产业政策特点

1. 国家层面：生物医药产业纳入了国家发展战略。

在2009年国务院发布《促进生物产业加快发展的若干政策》《国务院关于扶持和促进中医药事业发展的若干意见》等成为制定生物医药产业发展政策依据的基础上，2012年年底《生物产业发展规划》由国务院正式发布，标志着生物医药产业已纳入国家发展战略，产业发展开始步入政策受惠期。

2013年，中国生物产业在进入高品质发展的关键阶段后，其产业政策体系也得到了新的完善；以及在国家统计局、科技部、国家税务总局等网站的网上政策法规一栏以"生物医药产业"为主题的各种政策规定，已呈现出多元化生物医药产业政策维度特征，见表13-2。

表13-2　　　　　　中国生物医药产业政策维度分析

	维度刻画内容	重点政策
政策内容	产业结构政策	2007年4月8日，国务院办公厅编制了《生物产业发展"十一五"规划》，确定生物产业为新的主导产业，要求加快发展生物医药行业；2010年10月18日发布的《国务院关于加快培育和发展战略性新兴产业的决定》，又确定生物医药等生物产业为七大战略性新兴产业之一，并规划到2020年生物产业将成为中国国民经济的支柱产业
	产业组织政策	国家发改委自2005年以来，先后批准了23个国家生物产业基地（到2012年11月止）；科技部自1997年起至今，也确立了16个"火炬计划"特色生物产业基地。剔除重复及非生物医药基地，两部委确定的产业基地已有30多个

---

① 参见罗增永. 中国医药产业政策研究. 西南财经大学博士学位论文，2005.

续表

	维度刻画内容	重点政策
政策内容	产业技术政策	2006年2月9日，国务院发布《国家中长期科学和技术发展规划纲要（2006~2020年）》，将生物技术和新材料技术等列为"前沿技术"加以重点发展；2011年11月15日，由科技部牵头、其他相关部委合作起草的《医学科技发展"十二五"规划》，提出以重大新药、医疗器械、中药现代化为核心，发展生物医药战略性新兴产业，将自主创新作为产业发展的重要驱动力
	产业布局政策	2012年12月29日发布《国务院关于印发生物产业发展规划的通知》，确定生物医药、生物医学、生物制造等七大重点发展领域，强调加快推进生物产业高端化、规模化、国际化发展，标志着生物医药已纳入国家发展战略，产业正在进入政策受惠期
政策指向	需求方	作为生物医药系列相关政策的需求方，主要是生物医药行业、生物医药企业、医疗服务机构、最终消费者等
	供给方	作为生物医药系列相关政策的供给方，主要是国家政府及相关主管部门、地方各级政府等
	中介或环境	作为生物医药系列相关政策的中介或环境，主要是各级生物医药行业协会、药品行政监督、工商管理部门、质量监管部门、消费者协会、生物医药人才的培养和教育组织等
	特定技术选择	生物医药产业中的制药技术和工艺，一般分为上游技术和下游技术。上游技术包括，分子生物学和药物筛选与发现技术。如药物基因组学技术、基因遗传学、蛋白质组学、高通量筛选HTS、生物信息学等。下游技术包括，发酵、细胞培养、纯化等黏着和其他现代给药系统技术、药品质量控制与分析、工艺开发与优化等技术，这是生物医药产业不同于其他产业的重要特征
对象身份	成熟产业、新兴产业与未来产业	生物医药产业主要是新兴产业或者战略性新兴产业
	大企业、中小企业与微小企业	根据药品生产活动的不同环节，生物医药产业可以划分为生物医药研发业和生物医药制造业，生物医药研发业主要为大企业，也有少量中小企业或微小企业参与其中；生物医药制造业主要为大企业，或者少量中小企业
	国有控股、民营企业	生物医药产业具有高投入、高风险、高回报等特征，改革开放初期生物医药产业主要由国有控股企业承担，现在，则国有控股、民营企业都参与其中，尤其是民营企业比例不断增加
实施主体	国家	生物医药产业国家规划、重大政策出台、国家层面的监管等，其实施主体主要是国家发改委，或者是国家相关行业管理部门等
	地方	生物医药产业政策的贯彻实施，主要由地方政府、地方企业等贯彻实施

续表

	维度刻画内容	重点政策
主要手段	税收优惠（对象是否有选择性）	培育形成阶段（2010~2015年），制定促进产学研结合的税收政策，生物产业基地经高新技术企业资质认定后，两年内免征所得税，之后按15%的税率征收；快速发展阶段（2016~2020年），继续实行鼓励自主创新的财税政策，制定针对创业风险投资企业的税收优惠政策；产业成熟阶段（2021~2030年），对生物医药产业的优惠政策逐渐减少
	要素补贴（土地、贷款等）	培育形成阶段（2010~2015年），适当给予土地、贷款等要素补贴；快速发展与产业成熟阶段，应当限制直接给钱的方式为产业和企业提供大量税收优惠和补贴，同时，加大风险投资的介入，发挥生物医药产业专项基金的调控作用
	准入限制	"入世"后，中国企业必须要在知识产权保护的承诺下约束自己的行为，不得任意使用外国专利。在培育形成阶段（2010~2015年），适当放宽限制，鼓励创新，通过国家科技计划选择项目给予资助；快速发展阶段（2016~2020年），严格执行行业标准、技术标准和技术规范；产业成熟阶段（2021~2030年），规定生物医药企业的最低资本金，提高产业集中度。另外，需要建立生物医药产业政策的进入—退出机制
	产量价格限制	中国药品价格制定的方式，是政府定价和自由定价相结合。建议通过市场手段，遵循市场规律，不断通过放宽产量价格限制，最终为生物医药生产商提供比较稳定的价格环境
	强制淘汰（技术设备要求）	通过药品生产企业换证及强制实施GMP认证，提高生物医药企业进入门槛，限制企业数量，保证药品质量、淘汰设备陈旧与管理松散的落后企业，提高产业集中度。推进GSP、GAP等认证，进一步增强生物医药品生产和经营企业的质量意识，淘汰不合格企业，促进产业升级
	社会收益要求	要有效解决"药价虚高""以药补医""以药养医"等问题；杜绝违规报批和权力"寻租"行为；强化对生物制药企业违规行为的管制；加大落实反商业贿赂的政策措施力度等
	贸易政策：贸易保护或贸易开放	生物医药产业具有较强的市场潜力，但与医药产业内的中药产业、化学药品等产业相比，中国生物医药产业占整个医药产业出口额的比例较低，生物医药产业国际竞争力较差。在实施贸易开放条件下，中国的生物医药产品要想成功扩大市场，产品的质量标准必要要提高，必须严格按照国际统一的标准或目标国的标准生产。政府需要从提升产业能力和增加市场需求两方面入手，以培养大量具有较强国际竞争力的生物医药企业

资料来源：根据宋歌，刘剑锋. 中国民间医药相关政策法规现状研究. 中国医药导报，2012，9（25）：5-7；何方. 生物医药：产业进入政策受惠期. 证券导刊，2011（20）：75-76；曾婧婧，王巧. 中央政府支持生物医药产业发展的政策文本分析（2006~2015）. 生产力研究，2016（7）：58-63. 整理而得。

2. 地方层面：生物医药产业政策特色明显。

近年来，随着国家不断明确加快发展生物医药产业，各地陆续出台了相关生物医药产业发展的指导意见与推进政策，形成了各具特色的地方层面生物医药产业政策。[①]

(1) 获批"国家级生物产业基地",是地方政府实现产业政策利好的有效"抓手"。

推动生物产业在全国的合理布局,逐步形成不同区域的生物产业聚集区,并发挥好生物产业基地的示范、辐射和带动作用,这是国家生物产业政策的一个重要特征。2005~2008年,国家发展和改革委员会先后确立了4批总计22个国家生物产业基地,主要分布在北京、上海、天津、西安、长沙、深圳、广州、杭州、武汉、泰州、青岛、石家庄、哈尔滨、通化、长春、德州、郑州、南昌、南宁、昆明、重庆和成都等科研发达城市或经济发达城市。2012年11月,兰州生物产业基地被批准为全国第23个国家级生物产业基地。而从产业规模和产业结构来看,生物医药产业在中国生物技术产业中处于绝对优势,见表13-3。因此,近10年中国的生物产业发展布局,也正好印证了这种以各地生物产业基地为中心的产业集群分布,初步形成了以"长三角"、环渤海地区为生物医药产业聚集核心,"珠三角"、东北等中东部地区产业集聚的空间格局,使河南、湖南、湖北、四川、重庆等也已具备了较好的生物医药产业发展基础。可以说,作为各地最重要的生物医药产业政策利好诉求,地方政府决策都以获批"国家级生物产业基地"作为有效"抓手",并建立相应机制和政策环境,给予高度重视和持续推进。获批的"国家级生物产业基地",各地都有明确的发展特色与建设目标定位。

表13-3　　　　　　2010年产业规模和产业结构状况

	生物医药	生物农业	生物制造	生物能源	生物环保	总产业
产值(亿元)	1 340	857	705	211	43	3 156
结构比重(%)	42.5	27.2	22.3	6.7	1.4	100

资料来源:中国生物产业报告(2010-2011). http://ishare.iask.sina.com.cn/f/19199 003.html.

(2) 纷纷出台各种扶持政策,是地方政府加快生物医药产业发展的重要举措。

虽然不同的地方政府出台的生物医药产业促进手段与扶持政策各具差异与发展特色,但也存在许多共通性,主要体现在资金支持、促进人才引进、创新体系建设、市场培育、产业发展引导以及加强组织和办事机制保

[①] 王斌,朱司宇,张青. 中国生物医药产业政策环境研究. 经济研究导刊,2013 (17):75-77.

障等方面，见表13-4。

表13-4　　　　　地方政府扶持政策的共通性类别与操作特征

政策	分类	特征
资金支持	专项资金	例如：北京市在"生物医药产业跨越发展工程"中，拨出每年5亿元的专项资金。天津市设立每年2亿元的"领军人才引进专项资金"。上海市对各种专项计划的生物医药企业与重大项目给予专项资金支持。山东省、广东省、云南省均有专项资金形式的支持
	金融投资	例如：北京市设立了"生物产业专项引导资金"。上海张江高科技园区设立了总额5亿元，面向生物医药、信息技术等重点领域的创业投资引导资金。青岛市建立了医药新产品开发风险基金
	税收减免	例如：上海市对两类生物医药企业减按15%的税率征收企业所得税，税前扣除技术先进型服务企业的企业职工教育经费，免征技术先进型服务企业的离岸服务外包业务营业税，免征生物医药企业技术转让、开发、咨询等服务业务营业税。泰州医药高新区将外资新办医药企业"两免三减半"中后3年征收的一半所得税地方留成部分奖励企业，对新办内资医药企业返还5年内的所得税地方留成，对新办医药科研机构全额返还5年内营业税和所得税地方留成部分
	财政补贴	例如：上海市对新引进和认定的高新技术企业形成的地方财力部分两年内给予100%补贴，对其中利润总额部分后3年再给予50%补贴；对符合条件的科技型创业企业的年度直接研发经费给予30%补贴，对其研发阶段的贷款给予不超过1.5%的利息补贴；对总投资额在3 000万美元以上的生物医药重大项目建设期内固定资产投资贷款的人民币部分，给予不超过1.5%的利息补贴
人才引进	启动资金	例如：江苏省对通过高层次创业创新人才引进计划引进的人才一次性给予不低于100万元的创业资金。广东省对引进国内先进水平、国际先进水平和世界一流水平的创新和科研团队分别给予从1 000万~1亿元不等的专项工作经费，对引进两院院士以及同等级的科学家、技术和管理专家一次性提供500万元专项工作经费和100万元税后住房补贴，对海外高层次人才创办的企业给予最多500万元的创业启动资金
	创业投资	例如：北京、上海等地都在高新技术产业开发区、孵化器、留学生创业园、大学科技园等园区中建立比较完善的风险投资基金、创业"种子"资金、信用担保资金等，为创业提供资本服务。江苏省无锡市对领军型海外留学归国创业人才从事的科技开发项目分两类提供不低于300万元和150万元的创业投资，并对流动资金不足的给予不低于300万元的资金担保。广州市对符合条件的海外高层次人才控股或拥有不低于20%股权的企业，给予最高500万元的股权投资
	创业环境	例如：北京市对符合条件的留学人员创办的企业，可凭护照直接注册登记，并按国家有关法律法规规定的最低标准执行注册资本金；对留学人员创业取得的合法收入，在纳税后允许全部购买外汇携带或汇出国（境）外。上海市对留学人员在创业园内创办企业时的注册、土地使用、税收、商检等方面的必要手续给予简化，并提供场租、资金扶持和信息服务等方面的优惠政策

续表

政策	分类	特征
人才引进	个人待遇	例如：北京市对来京工作的海外高层次人才以及建立高水平科研院所的战略科学家给予每人100万元人民币的一次性奖励。广州市对特别优秀的海外高层次人才，一次性给予30万~100万元人民币不等的安家费。上海市生物医药领域的国有独资高新技术企业可在公司改制时，对企业骨干人员奖励股权或按一定价格系数出售股份
创新环境	载体建设	例如：北京市完善了生物医药专业科技条件平台、中关村开放实验室、中医科学院等专业研发试验服务基地，搭建了生物医用材料研发、检测、评价服务平台，建设了以北京国家生物产业基地为载体的专业支撑体系。山东省建设了青岛海洋国家实验室、山东农大作物生物学国家重点实验室等一批国家及重大科技创新平台项目，组建了一批省级重点实验室、生物工程中心和工程实验室，积极构建区域性生物产业技术创新体系
创新环境	产学研结合	例如：北京市近年来陆续组建了中国生物技术创新服务联盟（ABO）、北京医疗器械产业创新联盟、中关村生物医药研发服务外包（CRO）联盟等各类不同领域的产业联盟，开展关键共性技术研发、技术标准制定和推广，设计并实施行业整体解决方案。山东省成立了生物产业行业联合会，发挥其在政府与民间组织、产学研之间的桥梁纽带作用。青岛市成立了医药行业协会，负责组织国内外交流、合作，以及培训、技术咨询等工作，维护行业利益
创新环境	创新产出	例如：在鼓励创新产出方面，上海市对申请和获得国内外发明专利的项目，给予不同程度的申请费资助；允许进行转让或许可他人实施的专利权所在单位提取部分收益奖励发明人；允许自行实施专利的提取部分收益作为发明人的酬劳；知识产权作价出资入股，最高比例可达公司注册资本的70%。北京市也实施了类似的生物产业知识产权战略推进工程，对企业申请国内外专利进行资助
市场培育	政府采购	例如：北京市规定财政资金优先采购《政府采购自主创新产品目录》中的生物产品，对纳入《政府首购自主创新产品目录》中的生物产品实施首购。上海市设立了《上海市自主创新产品目录》，财政资金在政府支持新建和改造医疗机构时将优先采购列入目录的产品。广东省依据《广东省政府采购自主创新产品清单》的内容，实施政府首购和订购。山东省、江苏省也建立了财政性资金优先采购自主创新生物医药产品的制度，优先采购自主品牌药物和自主创新生物产品
市场培育	产品定价	例如：上海市和江苏省泰州市都进行了产品定价机制的探索。上海市对国内首家上市的创新生物医药产品采取支持性价格政策，鼓励企业自主创新；对国家定价目录内的创新药品，在国家审核结果下达前按照上海市的申报价格执行；对由地方进行价格管理的创新药品优先公布最高零售价格。江苏省泰州市对医药高新区内企业提供的产品和服务通过市物价局向国家级价格主管部门、省级价格主管部门争取支持性定价，鼓励企业提高创新能力
市场培育	促进流通业	例如：上海市大力推行第三方物流的医药流通方式，支持总部在上海的医药物流企业设立跨省（区市）的区域配送中心，鼓励医药商业企业在上海开办营销总部，引导医疗器械经营企业通过第三方物流企业开展配送业务，支持具有现代物流配送能力的第三方医疗器械物流企业的发展。山东省推进医药商业企业整合重组，培育大型医药零售连锁有限公司，建立省重点医药物流配送中心，建立医药商业采购联盟和电子商务系统

续表

政策	分类	特征
发展引导	类型引导	例如：上海市专门出台了《上海市鼓励跨国公司设立地区总部的规定》，引导地区总部经济的发展，对来沪设立地区总部的生物医药跨国企业给予资助和奖励；推出了《关于进一步加强国内合作交流工作的若干政策意见》，鼓励内资企业来沪投资；在《关于促进上海生物医药产业发展的若干政策规定》中，鼓励外资研发中心的技术成果在本地产业化以及外商投资企业对国有企业和民营企业进行技术转让
	布局引导	各地针对生物医药产业普遍采取引导企业集聚发展的思路。例如：北京市重点建设中关村国家自主创新示范区，在区内开展一系列试点改革；上海市重点建设张江等一批各具特色的生物医药产业基地，完善公共基础设施，并对入驻企业给予资金、土地、人才等方面的支持；天津市建设了国家生物医药国际创新园，通过国家生物医药联合研究院等研发载体，孵化出大量有潜力的生物医药中小企业
	经营引导	例如：北京市在《促进生物产业加快发展若干政策》实施意见中鼓励大型企业兼并重组，形成具有国际竞争力的大企业集团，推进品牌战略。上海市通过重点技术改造专项资金，对生物医药企业引进技术或收购兼并拥有先进技术的企业和研发机构给予贷款贴息或无偿资助。为鼓励有条件的海外高层次人才创业企业在境内资本市场上市，北京市还设置了专门的补助金，对企业改制上市中发生的费用进行补贴
	领域引导	例如：北京市设立了绿色农用生物制品补贴专项资金，加快绿色农用生物制品的推广应用；对治疗艾滋病、恶性肿瘤、罕见病等疾病有确实疗效的药物纳入特殊程序，加快审批。上海市鼓励企业进行国际注册、国际营销、国际标准制定等工作，并通过外贸、外汇、海关、金融、税务、商检等部门在各办事环节给予支持。山东省对燃料乙醇、完全可降解生物材料、生物柴油、生物质发电等重要生物产品进行补贴
政策保障	领导机制	例如：上海市由市科委牵头，成立了生物医药产业推进工作小组；江苏省由省政府领导牵头，建立了生物技术和新医药产业发展联席会议制度；山东省设立的生物产业发展领导小组，则由省发改委负责具体的组织协调工作；广东省也设立了主管科技的副省长担任第一召集人的生物医药产业自主创新工作联席会议
	办事程序	例如：上海市在市食品药品监督管理部门统一的行政许可平台上构建包括受理、审查、审批、批准等药品注册全过程的生物医药产品注册审查、审批和服务系统，提高工作效率。北京市在生物医药产业政策中提出了完善医用材料上市审批制度，加强产品上市后的监管，加强生物技术产品生产及上市的指导，加强对生物技术研发服务机构注册政策咨询和专项研究技术指导等一系列对相关管理制度和办事程序的指导意见
	咨询服务	例如：江苏省成立了省生物技术和新医药产业发展专家咨询委员会，为产业发展提供战略咨询。山东省建立生物产业发展咨询制度，设立全省生物产业发展专家咨询委员会，在制定发展战略和规划、确定科技和产业化专项实施方案、重大项目选择等方面开展咨询研究。上海市则依托上海新药研究开发中心和上海市中医药科技产业促进中心开展生物医药产业的政策、技术和信息咨询，提供"一站式"服务，推进产学研的深度融合

续表

政策	分类	特征
政策保障	机制创新	例如：北京市依托北京海外学人中心建立了统一的海外高层次人才信息库、海外学人信息库和重点中学学生出国留学信息库，增强信息储备，为人才遴选提供支撑。北京市还依据《北京市产业结构调整指导目录》及相关产业发展规划，定期向社会公开发布北京市海外高层次人才重点引进目录，并及时发布用人单位对高层次人才的需求信息

资料来源：根据上海市人民政府办公厅转发市发展改革委市科委．关于促进上海生物医药产业发展的若干政策（2014版）》的通知．上海市人民政府公报，2014（18）；北京生物医药产业政策分析．https：//www.wenku1.com/news/5898442186B168D9.html；王斌，朱司宇，张青．我国生物医药产业政策环境研究．经济研究导刊，2013（17）：75～77 的相关资料整理而得。

（3）产业发展速度普遍加快，部分地区的生物医药产业政策绩效十分显著。

中国生物医药产业虽然与发达国家相比尚存在巨大差距，但在全球各主要发达国家加速推进生物技术发展的背景下，中国生物医药产业整体发展速度普遍加快，生物医药产业已发展成为中国的重要优势产业，部分地区的生物医药产业政策绩效已十分显著。下面，以北京市为例进行简要介绍。

北京市研发资源丰富，在"十二五"期间，通过"五个重点支持""两个专项"等产业政策，如对行业结构调整，就拿出专项资金对产业结构、产品结构、技术结构、区域结构、出口结构调整进行重点支持等，并在空间布局、市场准入、政策保障、人才保障方面也制定了系列政策。使企业不断升级，质量得以提升，形成了以中关村生命科学园、北京经济技术开发区、大兴工业开发区的三足鼎立格局，并促进了生物医药产业从新兴战略产业发展为北京市主导产业之一，取得了显著的政策绩效，见表13－5。

表13－5　　　　　　北京市生物医药产业政策绩效

项目	生物医药产业政策绩效
中关村生命科学园	国家发展和改革委员会于2006年10月批准中关村生命科学园为北京"国家生物产业基地"。园区以北京生命科学研究所、北京市药品检验所为基础支撑平台，以北大国际医院为临床试验平台，依托生物芯片北京国家工程研究中心、蛋白质药物国家工程研究中心等7个国家级工程化产业项目和美国健赞、瑞士先正达、丹麦诺和诺德等8家国际著名生物技术企业的研发中心，建有五大技术支撑体系，即标准实验中心、中试基地、实验动物中心、生物信息技术中心和试剂器械保税仓库

续表

项　　目	生物医药产业政策绩效
G20工程（北京生物医药产业跨越发展工程）	2010年4月，北京市启动了G20工程，由北京市科委联合市经济与信息化委员会、市投资促进局等委办局共同组织实施。工程通过聚焦支持一批规模企业、培育一批潜力企业、引进一批国内外重点企业，推动北京生物医药产业跨越发展。G20工程实施以来，通过政府引导、市场选择、聚焦企业，北京生物医药产业集聚效应显著，生物医药产业从"小散弱"向"高聚强"跨越发展
北京生物工程与医药产业基地（药谷一号国际研发孵化园）	2002年12月31日，北京市政府办公厅发出《关于建设北京生物工程与医药产业基地的通知》，正式决定在大兴工业开发区建设该基地。基地由科研开发区、企业孵化区、生产加工区、商务配套区和生活服务区组成。其中，药谷一号国际研发孵化园共分五个功能区，即研发孵化区、中试生产区、企业独栋区、商务服务区和生活服务区。研发区拥有公共实验平台、动物实验室、技术标准研究评价系统、中试基地等专业配套设施，可为初创型企业提供化学合成药物、生物技术产品、中药、保健品、医疗器械等方面的研发手段和场所；中试区的独立办公楼与生产车间相连接，适合具有大型设备、重型设备的企业研发使用；企业独栋区的标准厂房，为企业继续发展提供独享空间；商务生活区集会议、展览、办公、餐饮、娱乐、健身于一体，为入驻企业员工提供商务和休闲服务
北京经济技术开发区（北京亦庄生物医药园）	已经基本完成了药物研发、诊断试剂、技术服务、临床检验机构、医疗器械、配套服务等生物医药全产业链的部署，而五大平台即以"服务入园企业公共实验需求"为指导，实现资源共享的技术支撑平台；联合投融资及担保机构或个人形成强大的资金来源，为解决企业融资难问题的成果转化平台；主要提供基础公共服务，包括提供会议、阅览、培训、网络及物业等服务的公共服务平台；以促进孵化创新为目的，开展信息交流与合作的信息交流平台；为企业争取多种政策鼓励与支持政策的支撑平台，让生物医药园实现了全过程服务
北京"生物银行"（北京重大疾病临床数据和样本资源库）	北京重大疾病临床数据和样本资源库——北京"生物银行"，即国内首家"生物银行"，由北京市科委资助、首都医科大学作为牵头单位建设。2009年5月13日，该建设项目在首都医科大学正式启动。现已建成拥有5万余例临床数据、30余万份样本的全国最大疾病临床数据和样本库。二期工程已启动6个疾病库的建设，包括心血管库、脑血管库、慢性肾脏病库、糖尿病库、肝炎库和艾滋病库。按照建设目标，"生物银行"将来可以实时更新各库样本和临床数据信息并对外发布，实现资源的检索和数据挖掘
北京"生物医药专业投资基金"（"崇德弘信基金"）	生物医药专业投资基金——首个由政府机构牵头的2.6亿元生物医药专业投资基金于2013年10月正式挂牌成立。在市科委的指导下，北京生物医药中心牵头联络产业内外资本及专业基金管理团队，组建了"崇德弘信基金"。除了国家发展和改革委员会批复投入的1亿元引导资金以外，另1.6亿元资金分别来自联合实力、中嘉基业等5家社会资本机构，专门用于生物医药产业的前期成果转化和企业孵化，并联合德福资本、君联资本等12家投资机构发起组建"北京生物医药投资联合体"，集合资金规模超过50亿元

资料来源：根据完善首都区域创新体系推动经济社会持续健康快速发展. http://www.doc88.com/p-4197375255661.html《北京技术创新行动计划（2014-2017年）》"生物医药产业跨越发展"专项系列成果新闻发布会顺利召开. http://www.most.gov.cn/dfki/bj/tpxw/201607/t20160718_126699.htm；"药谷一号"：打造生物医药国际研发孵化前沿阵地. http://www.zysj.com.cn/zhongyixinwen/zonghexinwen/1/18727.html；北京亦庄生物医药园升级进行时. http://www.parkchina.net/news-view-11918.html；北京重大疾病临床数据和样本资源库建设项目启动. http://finance.sina.com.cn/roll/20090513/15342838475.shtml；崇德弘信生物医药基金成立. http://guba.eastmoney.com/news，002038，90788290.html相关资料整理而得。

（三）主要问题剖析

1. 生物医药产业政策的系统配套性不强。

生物医药产业发展会受到来自产业本身以及外部经济、政治、社会文化等因素的综合影响，如果没有其他政策的配套支持，生物医药产业主导政策效力就会降低甚至抵消。在中国由于产业政策整体的不协调，明显缺乏生物医药产业结构政策与其他产业政策的配套，以及各种生物医药产业政策手段的配套、优惠政策和惩罚政策的配套等。如生物医药产业结构政策日趋雷同化、生物医药产业组织政策助长相关企业盲目投资扩张导致"产能过剩"等，在生物医药产业技术政策方面则表现为手段比较单一，对生物医药企业转型的激励和压力不足，致使"创新不足"等发展问题长期存在，使许多生物医药产业政策很难达到应有的预期效果。从政策工具的配套应用程度来看，当前税收政策对创新生物医药企业存在的负面影响也不容忽视。

2. 生物医药产业政策的法制化程度不高。

生物医药产业属于特殊的民生行业，必须有严格的法律手段保障生物医药产业政策的实施。国外很多生物医药产业政策本身就是法律，但中国生物医药产业政策大都以办法、规范、规划以及文件等形式发布实施，主要关注的重点是如何恢复生物医药企业的基本生产能力等，对如何围绕民生的幸福感来加快生物医药产业的结构调整、自主创新、提升质量等所涉及的机制建设方面还较为乏力，由于受制于法制化程度不高的情况，这无疑会大大削减产业政策的执行力度，导致政策在具体实施过程中出现诸多变数。

3. 生物医药产业政策的监管体系不健全。

中国的生物医药产业政策体制，属于典型的条块管理模式。从"条"的角度来讲，就是按照国家的行政系统组织来进行，强调纵向的"归口管理"；从"块"的角度来说，就是严重的"属地管理"。如果从横向来看，中国生物医药产业政策的制定和实施则大量停留于多个主体部门，虽然2013年3月组建了国家食品药品监督管理总局（CFDA），监管力度有了新的加强，但要全面理顺互不隶属的行业管理职能，有效衔接和充分发挥生物医药产业政策的综合执行力，并非易事，首要任务是健全监管体系；另外，面对新兴的生物药物，中国的监管策略更需进一步创新。因此，建立可靠高效的监管审批机制，完善上市后监测的监管制度，营造一个政府与产业有效运作的良好环境，都会带来对政府监管新的考验。

4. 生物医药产业政策绩效的区域差距明显。

生物医药产业因受不同区域政府细化性产业政策的影响，其最终得到的政策绩效也有明显差异，见图13-1，并导致区域产业政策绩效差距进一步明显。①

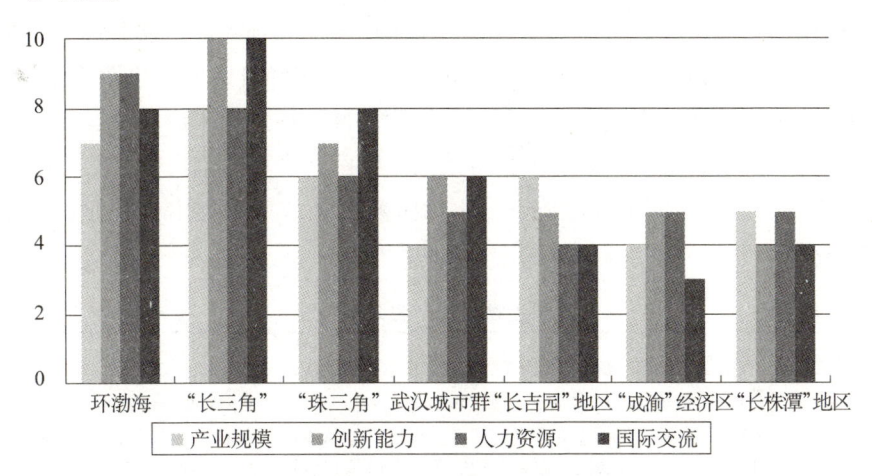

图13-1 中国主要区域生物医药关键要素评价结果

资料来源：赛迪顾问：中国生物医药产业地图白皮书．见中国医药联盟网站．http：//www.chinamsr.com/2011/0428/37826.shtml．

比如说，基于环渤海地区生物医药人力资源储备最强，由于关联区域具有较强的互补性，已围绕北京市形成了生物医药产业技术政策绩效较强的产业集群；在"长三角"地区，则逐步形成了以上海为中心的生物医药产业布局政策绩效较强的产业集群；而在"珠三角"地区，则在广州、深圳等重点城市也已形成了商业网络发达的生物医药产业组织政策绩效较强的产业集群。目前，中国生物医药产业政策绩效的区域差距已进一步明显。

二、典型国家政策经验

由于国情和产业基础的差异，不同国家生物医药产业政策的选择也会存在明显的差异。下面，选取美国、日本、印度作为典型国家，分别从产业结构、产业组织、产业布局和产业技术等细分角度，在遵循相同政策核

---

① 赛迪顾问：中国生物医药产业地图白皮书，见中国医药联盟网站．http：//www.chinamsr.com/2011/0428/37826.shtml．

心要素的背景下，对一些典型性国家不同的生物医药产业政策经验进行简要归纳。

（一）美国

美国生物医药产业已形成了旧金山、波士顿、华盛顿、北卡罗来纳州、圣迭戈五大生物技术产业区，并在世界上确立了明显的代际优势。美国是崇尚自由市场经济的国家，较少主张过多地干预经济活动，但他们注重产业立法支持与产业规划引导，相信"技术是经济的发动机"。长期致力于改善企业研究开发和技术创新的环境条件，促进技术商业化，鼓励支持高技术发展，形成了具有美国特色的生物医药产业政策经验，见表13-6，即在自由竞争型市场经济下，生物医药产业政策将突出为产业发展创造条件。[1][2]

表13-6　　　　　　　　　美国生物医药产业政策经验

项　目	政策经验
产业结构政策	(1) 生物医药产业成为名副其实的"战略产业"。(2) 确定对生物医药产业进行扶持的基本手段，如建立生物医药产业园区，加快生物医药技术的研发和成果应用；以贸易、外交、金融、财政、税收等配套政策和法规，支持生物医药技术的开发与产业化；要求FDA、NIH等机构和国家实验室、大学的研究机构同产业界结成伙伴关系，共同推进药品创新等。(3) 形成了以政府监管、组织协调、服务引导为保障，市场需求为导向，法规体系健全、投融资体系完善的药物研发体系，对生物医药研发业进行扶持和培育
产业组织政策	(1) 从1890年通过第一个反垄断法以来，近年不断加大反垄断的力度，企业兼并浪潮连绵不断，大型生物医药企业不断成长，生物医药市场的集中度不断提高。(2) 重视中小企业的产业组织政策制定，并出台了大量的扶持政策，如贷款、贷款担保和其他公共融资项目满足中小型医药企业的设施需求和设备购买、提供人员培训等。(3) 实施药品自由定价，政府不对药品实施价格监管，制药企业可以自由定价，但联邦法律也强制要求制药企业对联邦机构和许多私人或公共部门的购买者，如保险机构、医院以及政府、健康维护组织HMOs等，给予处方药的折扣等；对药品的电视广告规定尤其严格，十分重视对虚假药品广告的法律监管
产业布局政策	(1) 在生物医药产业国际分工体系中处于主导地位，采取全球化布局战略。(2) 生物医药产业的集群倾向非常明显，政府重视西雅图、旧金山"基因谷"、圣地亚哥"生物医药谷"和波士顿"基因城"等生物医药产业聚集区的发展，给予了配套的鼓励政策，以充分发挥其创新高地的作用；许多州和地区都把发展生物医药产业集群作为重要的发展战略，建立和培育生物医药产业园区并采取税收、人才、金融政策促进园区发展

---

[1]　苏东水. 产业经济学（第二版）. 北京：高等教育出版社，2005.
[2]　王健聪. 生物医药产业发展规律与政策研究——基于产业经济的视角. 华中师范大学博士学位论文，2012.

续表

项 目	政策经验
产业技术政策	(1) 较倾向于公司和大学参与发展网络型研究体系，把药物创新作为提升国家生物医药产业竞争力的源泉，其新药研发是美国国内所有研发项目中资金密集程度最高的领域，具有开展高成本新药研发的雄厚产业基础。(2) 从资金、人才、设备等方面对医药基础研究进行重点投入，以引导企业或个人进行医药基础理论的研究；大量投资国立卫生研究院从事医药领域的基础研究，为新药研发奠定基础。(3) 实行专利制度，通过专利对药品知识产权进行保护，有力地激发了生物医药产业的创新热情，对新药研发起到了巨大的推动作用

资料来源：根据苏东水. 产业经济学（第二版）. 北京：高等教育出版社，2005；洪兰，李野，何文威. 美国生物医药产业政策及启示. 中国药房，2005（23）；王健聪. 生物医药产业发展规律与政府研究——基于产业经济的视角. 华中师范大学博士学位论文，2012.

（二）日本

日本生物医药领域的发展，虽然起步明显晚于欧美国家，但其发展非常迅猛；日本所采取的发展策略是根据其自身优势，而不是全方位发展战略，通过制定生物经济立国战略，集中资源优势，以产业立法支持并推动其生物医药产业的快速发展。日本的生物医药产业政策经验，见表13-7，主要体现为：在政府主导型的市场经济下，政府出台各种支持性生物医药产业政策占据主导地位。[①]

表13-7　　　　　　　　日本生物医药产业政策经验

项 目	政策经验
产业结构政策	(1) 将生物医药技术发展定位于国家战略，给生物医药产业以战略性产业地位。(2) 在内部结构方面，生物医药研发成为日本生物医药产业的主旋律；突出以发展"基因药物"为目标来推动新的生物药的研发。(3) 使用了诸多手段扶持产业发展：如加强交流，促进大学、研究机构的医药技术创新成果向产业界的转移；重组成立新的药品审批机构 PMDA，以加快药品审批速度；加大对生物医药领域基础研究的投入力度，不断改善生产工艺等
产业组织政策	(1) 生物医药产业市场集中度偏低，政府先后采取了一系列促进制药企业并购和联盟的产业组织政策，为并购活动提供经济援助，帮助少数有实力的制药企业快速扩大规模，提高产业集中度，更好地发挥规模经济的优势，最终提高日本生物医药产业的国际竞争力。(2) 由政府统一确定医疗保险内的全部药品价格，按药品生产成本等因素的变化适时调整相关药价；同时，也制定了十分严格和具体的法律法规来制裁违法医药广告
产业布局政策	(1) 受本国生物医药资源和市场规模等条件的限制，生物医药产业的国际化导向十分明显，政府着力突出保护生物医药企业的国际合作和有实力的大型企业的全球性并购，通过合作和并购将触角伸向其他国家和地区。(2) 在国内生物医药产业布局方面同样采取了鼓励聚集发展的政策，日本的大阪生物技术产业园区、神户地区产业园区和北海道生物技术产业园区等就是其典型代表

---

① 王健聪. 生物医药产业发展规律与政策研究——基于产业经济的视角. 华中师范大学博士学位论文，2012.

续表

项　目	政策经验
产业技术政策	(1) "二战"后，医药产业迅速崛起，走了一条引进—改良—模仿—吸收—自主开发的发展路径，20世纪80年代中期以来，日本新分子实体NCE的获批量仅次于美国。(2) 重视生物医药产业的基础研究，政府每年都会根据科技计划的执行情况和发展需要设立一些专项，如设立了"基因网络研究""革新性癌症治疗推进研究"等项目。(3) 实施"知识产权立国"政策，开展"知识产权推进计划"，建立知识产权的高等法庭，打击违反知识产权保护政策的行为

资料来源：根据德国、日本生物医药产业政策. http://blog.sina.com.cn/s/blog_665294090102vf93.html；刘璐，颜建周，邵蓉. 日本生物医药产业政策扶持下中小企业发展的实例研究. 中国医药工业杂志，2017 (11)；王健聪. 生物医药产业发展规律与政策研究——基于产业经济的视角. 华中师范大学博士学位论文，2012年相关内容整理而得。

（三）印度

印度自1982年成立生物技术局以来，主动制定《国家生物信息技术政策》，及时出台各种优惠政策，在全国建立了一批生物技术产业园，推动了生物医药产业的迅速发展，其生物技术公司有180多家，并成为亚太地区五个新兴的生物科技领先国家和地区之一。印度的生物医药产业政策经验，见表13-8，主要体现为，在政府主导型的市场经济下，政府的直接介入程度较高，在实施各种支持性生物医药产业政策的过程中，计划手段仍然发挥着重要作用。[①]

表13-8　　　　　　印度生物医药产业政策经验

项　目	政策经验
产业结构政策	(1) 生物医药产业是仅次于IT行业的最发达的产业，早在1951年，政府制定了1950~1965第三个"五年经济"发展规划，生物医药产业被确立为印度的核心产业，并把它作为政府的主要决策对象，通过多种渠道为生物医药产业提供资金支持、重视医药技术人才的培训和储备、提供各种优惠政策等。(2) 在内部结构方面，政府，一方面，对成熟的化学药特别是原料药制造进行培育；另一方面，积极保护和鼓励较弱的研发活动。(3) 鼓励制药企业承接药品制造转移，建立多家符合国际水平、通过FDA认证的工厂
产业组织政策	(1) 制药企业两极分化十分严重，九成以上是作坊式小企业，以私营为主，布局分散，政府通过培育龙头企业提高产业集中度，鼓励一些有实力的大型企业收购发达国家的一些中小型制药企业，不断增强企业实力。(2) 近年政府积极推行与国际标准看齐的药品质量管理制度，通过推行优良实验室操作规范GLP、优良临床试验管理规范GCP，强制执行优良药品制造规范GMP等设置较高的准入壁垒，减少企业数目，增强企业规模。(3) 在药品价格政策方面，对1970年制定的《药品价格控制规则》进行了多次修改，放松对国内药品市场的价格控制；政府规定，药品不得在公共媒体上进行广告宣传，只有在一些学术期刊上，才能看到新药研制成功、对疾病治疗有显著效果的消息

---

① 王健聪. 生物医药产业发展规律与政策研究——基于产业经济的视角. 华中师范大学博士学位论文，2012.

续表

项　目	政策经验
产业布局政策	(1) 处于国际生物医药产业分工格局的从属地位，通过某些低附加值的价值链环节参与国际产业分工；政府将产业布局政策的重点集中在承接发达国家的生物医药产业转移方面，积极推行与国际标准看齐的制度，如在全国推行优良实验室操作规范 GLP、强制执行优良药品制造规范 GMP 等，成为印度药品走向世界的通行证。(2) 政府把促进集群发展作为企业发展的主要引擎，在海德拉巴已经形成巨大的生物医药产业集群，2009 年就已建立了 6 家生物技术园，建立更多生物医药产业园区已成为其重要的政策选择
产业技术政策	(1) 采取了仿创结合的政策，着力开发模仿性新药和延伸性新药；随着全球多种药品的专利保护到期，印度充分抓住机会，不断扩大投资规模，改进技术设备，使其生物医药产业保持了较快的发展速度。(2) 在不同时期，专利政策对印度生物医药产业的发展起到了巨大的推动作用。例如，印度 1970 年的专利法不对药品进行保护，使得印度落后的生物医药产业依靠仿制药完成了资金和技术的积累；2005 年，印度出台了新的专利法，承认药品的专利，促使印度生物医药产业界开始增强创新能力，投资新药研发，并意识到保护专利的重要性

资料来源：根据印度生物医药产业发展情况分析报告．http：//www.doc88.com/p-9327122478265.html；印度：专注仿制药四十五年．http：//news.163.com/special/reviews/genericindia0215.html；王健聪．生物医药产业发展规律与政策研究——基于产业经济的视角．华中师范大学博士学位论文，2012 年的相关内容整理而得。

三、几点启示

作为一种产业政策，生物医药产业政策在欧洲、东亚和其他地区的生物产业发展中似乎是顺理成章的选择。在美国，注重产业立法支持与产业规划引导，从根本上解决了制约生物医药产业发展的几大关键性难题；而在日本，则根据政府主导型的市场经济特点，不断积累了生物医药产业政策的成功经验等，这对促进中国生物医药产业政策转型具有重要的启示意义。

（一）生物医药产业政策的制定必须符合本国国情

在制定生物医药产业政策时，可以借鉴别国的成功经验，但不能照搬别国的模式。比如说，美国属于典型的自由市场经济国家，政府比较注重发挥市场主体的作用，其生物医药产业政策主要侧重于产业组织政策，强调生物医药产业是一个高度依赖基础研究的产业，并借助公用性服务平台——美国国立卫生研究院（national institutes of health，NIH），去扮演生物医药领域知识创造最重要的投资者的角色，见图 13-2；而日本和印度则对市场的干预程度较高，其目标是为了培育市场体系、弥补市场机制的缺陷，更好地实现生物医药产业结构的高级化。中国只有从国情出发，在充分了解和把握本国优势的基础上扬长避短，科学制定和实施相应的生物医药产业政策，才能收到真正的政策成效。

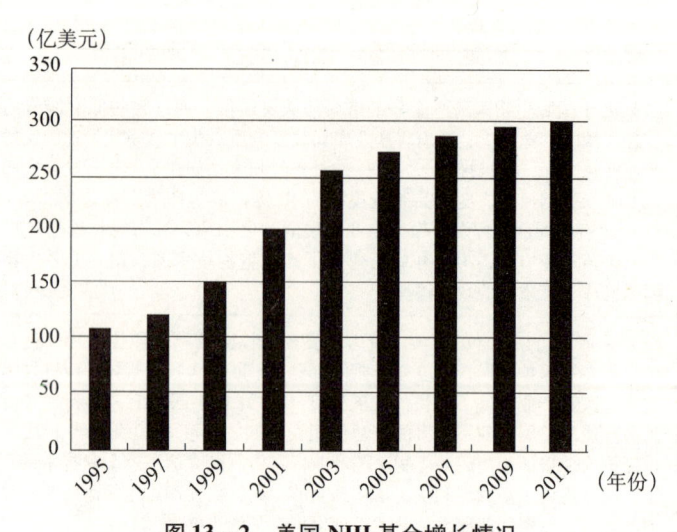

图 13-2 美国 NIH 基金增长情况

资料来源：见 http：//www.nih.gov.

（二）生物医药产业政策的制定必须具备国际视野

生物医药产业政策的制定在符合本国国情的同时，还必须瞄准世界市场，积极参与国际分工，主动引导本国生物经济投入全球经济之中，使之具备良好的国际视野。比如说，美国凭借自身在生物医药产业领域的科技领先与综合实力，通过修改和完善知识产权制度即拜杜法案（Bayh-Dole Act），形成了推动技术创新成果产业化的动力机制，在生物医药产业国际分工体系中占据了主导地位；日本通过生物医药产业政策，其产业立法扶持始终建立在开放的思路之下，从一开始就是以打入国际市场为目标；而印度则紧紧把握国际生物医药产业转移的新动向，生物医药产业政策向出口导向发展战略倾斜，取得了较好的成效。虽然中国制定的生物医药产业政策显然不同于美国、日本、印度，但这几个国家在发展外向型生物医药产业的过程中，鼓励企业面向国际市场，提高企业国际竞争力的经验是十分值得中国借鉴的。

（三）生物医药产业政策的制定必须树立系统思维

生物医药产业属于系统性的工程，所以针对其产业政策也应当是一个系统，在制定或者实施相关产业政策时，必须具备系统思维观。例如，美国从系统角度出台了《技术转移法》《技术扩散法》《合作研究法》《知识产权法》《专利法》《商标法》等相关的法制法规，为其生物产业的发展提供了制度性保障。又比如，日本 20 世纪 50~60 年代大规模技术引进的生物医药产业政策，突出了"技术引进导向型"特点，为其成为世界医药强国奠定了坚实的基础；进入20世纪70~80年代，日本的生物医药产业政策开始由技术引进导向型转入自主开发导向型；而到90年代后，其生物医药产业政策则转变为高科技导向型的产业政策。美国的生物医药产业政策、日本生物医药产业政策中的系统思维方法，对制定中国生物医药产业发展规划，提出国家长期发展目标和阶段性目标，有着很强的现实指导意义。

第三节 政策建议

改革开放30多年来，中国面临的生物医药产业发展问题已经不是没有市场竞争、市场自由和发展竞争，而是缺少自由竞争的公平环境和条件。在此背景下，如何科学定位并处理好政府与市场的关系，将成为加快中国生物医药产业政策转型的核心问题。为此，我们建议着重从以下几方面发力。

一、产业技术视角：加快向"创新驱动"政策转型

在生物医药领域，创新药物在延长人类寿命、阻止或治疗疾病发生、改善生命质量、控制医疗成本中发挥着重要作用。按照药品的创新程度，可将生物医药技术创新分为突破性创新、模仿性创新与延伸性创新。生物医药技术创新所形成的知识壁垒和经验壁垒，以及医药技术创新所必需的大量资金投入、面临的巨大创新风险，使生物医药产业的门槛显得极高。随着经济发展不可预期因素的复杂化，单纯以仿制为核心的产业政策，已经不能继续提高中国的生物医药产业的竞争能力，唯有创新才是赢得竞争的关键因素，才是生物医药产业保持竞争力的最佳途径。因此，中国必须加快从以"技术仿制"的传统产业政策向以"创新驱动"的产业政策转型，主动集技术研发、检测、中试和孵化功能于一体，真正建立起中国生物医药产业创新资源集聚平台，并制定从组织、机构、制度、机制、知识、技术、人性等领域全面创新基础上的配套性产业政策，以不断凸显中国生物医药产业的"特色优势"。

二、产业组织视角：加快向"竞争政策"优先转型

根据不同的组合方式，产业组织可以分为两种主要类型：竞争型产业组织和垄断型产业组织。竞争政策没有明确的产业指向，反对垄断、排除

市场竞争障碍，作为一种普遍性政策，能促使市场参与者通过市场竞争实现优胜劣汰、产业成长和企业竞争力的提高。在中国，虽然目前生物医药企业的竞争意识有所加强，但是由于政府的行政性垄断以及大量的优惠型不正当竞争行为，限制了竞争机制作用的充分发挥，导致了生物医药产业资源配置效率低下、产业技术进步缓慢、产业规模经济和规模效益程度较低等现象的发生，并面临同质化企业并存及国内市场竞争国际化的严峻考验。因此，中国生物医药产业政策必须加快从传统的行政性"垄断政策"向新的市场化"竞争政策"转型，全面依照合理的市场竞争结构标准来制定系统的生物医药产业组织政策，严守竞争规则，实行政府采购、拍卖投标权、公众听政制等，以不断改革政府管制生物医药产业政策的实施途径，努力创造一个公平竞争的市场环境，使竞争政策长期居于生物医药产业政策转型的优先地位，并使行政管理对生物医药产业发展可能带来的负面影响减至最低程度。

三、产业布局视角：加快向"产业集群"政策转型

地理上的聚集，是生物医药产业布局最显著的区位特征。美国通过引入生物医药孵化器，形成了世界公认的旧金山"基因谷"、南加州圣地亚哥的"生物医药谷"、东海岸的波士顿"基因城"、北卡罗来纳州的"研究三角园"等生物医药产业集群式发展区域；生物医药孵化器通过引入政府、教育研究机构、医药企业和社会团体等多元化主体共同参与生物医药孵化器建设，使传统孵化器功能、风险投资、股份制控股优势和优秀的专业管理人才融为一体，并不断引领国际企业孵化器发展的范式，值得我们借鉴。中国各级政府对孵化器的支持虽然在资金、政策、组织协调方面都已有所突破，但从总体上看，目前国内生物医药产业的发展普遍缺乏有效的宏观规划，政府干预大多涉及微观层面，缺乏有效的立法保障以及相应的宏观支持体系，使生物医药产业孵化器的建设发展落后于世界先进水平。目前，中国批准建设了基于国家级医药高新区、国家生物医药科技产业基地、生物产业基地、科技部"火炬计划"特色产业基地（生物医药类）等多种基地，整体推进了中国生物医药产业集群的建设。因此，中国生物医药产业政策必须加快从过去的"遍地开花"优惠政策向新的"孵化器型"集群政策转型，并通过立法来转变过去单纯依靠行政性扶持政策促进生物医药产业发展的思路，为生物医药产业孵化器的发展营造一个良好的政策环境，以生物医药产业为核心，加快促进中国生物产业的集群发展。

四、产业安全视角：加快向"立法监管"政策转型

生物医药产品的功能是治病，我们除了关心它的疗效之外，最重要的就是安全问题。严格的药品安全政策体现在两方面：一是在新药上市之前，药品监督管理部门必须确保其安全性；二是药品的生产过程也需要政府的严格监督。就总的趋势来说，新药研发已成为投入高、周期长、风险大的活动，制药企业相应的支出已越来越高，政府所执行的标准也越来越严格，如何保证消费者获得安全、价格合理的药品，也需要政府在安全性上给予足够的关注。因此，中国生物医药产业政策必须加快从习惯于事后"惩罚性"政策向新的事前"立法监管"政策转型，并通过紧密结合中国的具体国情，制定一部统揽全国医药产业的政策法规，加快推进生物医药产业政策的主体内容法制化进程，鼓励并健全生物医药企业的兼并重组与退出机制，努力解决产业结构不合理和低水平重复的问题，引导生物医药产业结构的调整与发展；同时，加大对生物医药产品的安全管制力度，强化质量保证体系监管，严格药品准入；严格药品审批标准；严格执行药品研究技术指导原则；提高安全性评价、质量控制和生产工艺的审评要求，增强公众对药品的信心；严格审批新开办企业、把好生产企业和批发企业准入关，不断提升生物药品的"立法监管"政策水平。而在流通环节，要探索通过诚信机制、行业自律等方式规范企业的经营行为；在使用环节，要探索通过完善药品不良事件的报告机制、预警机制、再评价机制和应急处置工作程序，确保生物医药产业安全事件的早期发现、有效应对与及时处置。

第五篇

国际经验

在本篇，突出围绕"日本、韩国、美国、法国"等国家产业政策的主要特征与转型经验，如美国属于典型的自由市场经济国家，政府比较注重发挥市场主体的作用，没有一个连贯全面的产业政策，突出以《反垄断法》为核心，以国家竞争政策影响产业发展；而日本和韩国的支持性政策占据主导地位，对市场的干预程度较高；德国模式的干预程度则介于美国模式和日韩模式之间；法国较早认识到实施国家产业政策的必要性，表现为对产业政策的需求更为迫切，其干预程度也较高。而通过对其开展比较深入的专题研究之后，一定能为后续决策建议研究提供参考。

第十四章 美国的产业政策

美国是典型的自由主义和市场经济国家，美国政府的经济政策主要是货币政策，辅以一般性的财政政策、税收政策和贸易政策。尽管如此，只要从其政策的实施主体、政策工具、政策目标与持续创新效果来看，并不能认为美国没有明确的产业政策，实际上，美国产业政策在美国的经济发展中起到了相当重要的作用，了解其产业政策的主要特征及其调整取向，将具有重要的启示意义。

第一节 美国产业政策的主要特征

一、宏观性特征

美国政策的实施主体是由党派发挥其影响作用，其中，共和党政府一直信奉市场万能，民主党政府则有限制和有节制地谨慎运用产业政策，且对产业政策的提法极少在政府文件中公开使用，其政策目标的核心主要是为产业发展创造条件，政策工具主要转向秩序导向，政策功能则表现为产业长期创新能力培育的创新政策与维护良性竞争环境的竞争政策层面，实施手段多以间接为主。比如说，在第二次世界大战后，美国的产业政策主要在农业、能源等基础性行业和高科技等前瞻性行业推行，农业和能源产业政策多采取如行政管理、价格补贴、进口管制等直接手段，并取得了良好的政策绩效；对于高科技产业，多采用政府投资、采购与税收优惠等间接支持措施；而就政策的表现形式而言，则以产业区域政策和产业组织政策为主，并多使用立法手段。其中，产业区域政策以20世纪60年代最为集中，如《阿巴拉契亚区域发展法案》（1965年）等；对于产业组织政策，仍以反垄断为主要目的，如《反托拉斯诉讼程序改进法》（1980年），并加大了对垄断行为采取直接司法行动的力度。①

20世纪90年代,由克林顿政府提出"通用的产业政策"后,美国联邦政府开始制定国家层面的顶层规划,并实施了一系列信息产业发展战略与配套政策。如1991年的"高性能计算与通信计划"、1993年的"国家信息高速公路计划"（NII）、1994年的"全球信息基础设施计划"（HPCC）、1997年的"全球电子商务框架"、1999年的"21世纪信息技术计划"、2004年的"创新的基础"重大研究发展计划,以及2010年的网络与信息技术研发（NITRD）计划等,从而促使美国在芯片制造、计算机及网络设备操作系统、互联网应用等方面,迅速形成了强大的核心竞争力。

一般而言,美国产业政策宏观性特征主要表现为:

（一）产业政策与意识形态深刻相关

由于执政党和执政者理念的不同,产业政策运用与否,运用的强度、范围和方式各不相同,连续性不强;当美国的竞争力受到威胁的时候,就会在贸易政策上表现为保护主义的特征,在产业政策上表现得积极活跃。

（二）产业政策与财政、税收、竞争、贸易政策密切联系

产业政策独立运用较少,更多的是在财政、税收、竞争、贸易政策中体现产业政策的功能。产业政策与竞争政策、贸易政策互为表里,有时以竞争政策和贸易政策的形式推行产业政策,有时竞争政策、贸易政策与产业政策互相配套。

（三）产业政策既包括战略层面也包括战术层面

产业政策的主要战略意图是突出引导,战术层面则尽可能交给市场。对于产业政策手段,主要依靠战略诱导和信息诱导影响社会资源的流动,以间接为主主要是对贸易政策和竞争政策的具体使用。

（四）产业政策存在不一致现象

比如说,宣称没有产业政策却积极地对某些产业进行大力支持;鼓吹自由贸易政策,却经常采取制裁限额反倾销等手段对进口商品进行限制;奉行宏观经济调控却明确把提高国家产业竞争力作为经济发展的战略目标。

（五）产业政策存在"貌离神合"之处

美国出现许多在产业政策上彼此争论的内容,在意识形态上貌似存在泾渭分明的质的对立,但实际的政策实施却表现为你中有我的折中实用主

---

① 陈宝森. 美国经济与政府政策：从罗斯福到里根. 北京：社会科学文献出版社, 2007.

义，结果二者并行不悖；也正是这种共通之处，导致美国在产业政策上的争论不是价值上非此即彼的取舍，最终还是归结为关于度的掌握和有条件的选择。

二、阶段性特征

根据美国产业政策的历史脉络，美国产业政策还呈现出不同的阶段性特征。下面分奥巴马政府之前时期与奥巴马政府时期两个时段，就其产业政策的阶段性特征进行分析。

（一）奥巴马政府之前时期

美国的产业政策可以追溯到美国建国初期。由时任美国第一任财政部部长的汉密尔顿，于1791年向国会提交4份报告，其中，著名的《关于制造业的报告》，应该是美国第一次的产业政策的正式提案，首次提出了"工商立国"的重要思想，确定了相关基本政策原则，鼓励美国发展制造业，并为以后的产业政策发展设计出主要的政策框架。在报告结尾，汉密尔顿还给出了详细的部门产业政策，包括铁、铜、煤、谷物、棉花、玻璃、火药和出版业。那时美国的产业大多处于幼稚阶段。近代美国产业政策的第一个重要成功，是在新政时期取得的。新政时期的产业政策，包括了产业组织政策、产业区域政策和一些产业结构政策，自然成为宏观经济政策的组成部分。而到20世纪80年代以后，美国的产业政策受到两党政治的影响则更加强烈，如在 G. W. 布什政府期间，国会于2007年8月9日签署了《美国竞争法案》，用以复兴美国的制造业。

奥巴马政府之前时期产业政策的主要亮点：①由里根政府于1983年成立了总统竞争力委员会，负责监督美国产业竞争力的变化。②从1991年以来，面对世界经济衰退，美国也开始制定新的产业政策，实施新的项目计划。具体做法是：重建政府与产业的关系，政府以一个合伙人身份，为商用技术发展和应用提供条件；政策目标更加聚集如何促进战略性新技术的不断扩散，以及更大力度地资助和激励一些特定的高新技术领域。③在"冷战"时期，美国对军事科研开发项目的资助一直居于联邦预算的主导地位，资助主要集中在飞机与导弹制造业和电子机械产品制造业。1987年，为了发展商用计算机技术，追赶竞争者，美国发布了SE-MATECH计划，由国防部向计算机产业提供资助。此后，又提出先进技术资助计划，对私人企业提供部分成本资金，支持商用技术发展等。④在克林顿时期，提出了"通用的产业政策"，对扶持高科技产业发展的产业政策强度明显增加，方向引导、直接投资、税收优惠等成为其产业政策手段。

下面,将奥巴马政府之前时期美国产业政策划分为4大时段,其阶段性特征,见表14-1。

表14-1　奥巴马政府之前时期的美国产业政策阶段性特征

时间	1981~1989年	1989~1993年	1993~2000年	2000~2008年
总统	里根	G.H.W.布什	克林顿	G.W.布什
经济理论	芝加哥学派	综合	新凯恩斯主义	芝加哥学派
主要经济观点	提出"政府并不是解决问题的方法,政府本身才是问题的所在",要求减少政府干涉,让自由市场自己解决自身面临的问题	大体承袭了里根时期的主要观点	以新誓约为号召,既反对完全自由放任的政府,又反对过度干预的政府。维护中产阶级利益,重建美国经济,夺回世界竞争中的领导地位	政府应该依靠私人企业做出正确决定,政府应该减少对企业的干预。缩小联邦政府权限,相应扩大州政府权限
经济政策内容	降低所得税、减少通货膨胀、降低利率、增加军费、扩大赤字和公债、减少商业管制	降低所得税、减少通货膨胀、降低利率、增加军费、扩大赤字和公债、减少商业管制	对富人和大公司增税、削减赤字、削减开支、增加教育投入、新技术投资减税、放松兼并限制	对富人和大公司减税、社会福利私有化、减少商业管制、"公平、自由"贸易政策
产业政策内容	很少,除农业外,主要面向军事工业	很少,除农业外,主要面向能源和军事工业	对高科技领域实行倾斜待遇,如增加对高端应用技术研究的资金投入和指导等	很少,除农业外,主要面向能源和军事工业
产业政策强度	极弱	弱	中	弱
产业政策手段	政府采购、贸易补贴、技术援助、金融支持	政府采购、贸易补贴、技术援助、金融支持	方向引导、直接投资、税收优惠	政府采购、税收优惠、贸易补贴、金融支持
对象行业	军工行业	军工行业、能源行业	高科技产业	军工行业、能源行业

资料来源:根据张幼香.试析80年代以来美国经济政策的调整.广东行政学院学报,1999(2);张燕生.80年代以来美国经济的政策和结构调整.宏观经济研究,2001(1)整理而得.

(二) 奥巴马政府时期

美国制造业工作岗位，在1979~2010年间，已由1.94亿个工作岗位降低到了1.15亿个，降幅高达40%。而到2011年，在19个主要制造业中，就有11个业绩低于2000年的水平；[①] 同时，还有65 000家制造业企业关闭，相当于制造业企业总数的1/6。[②] 为此，奥巴马政府认为，美国制造业的衰退已经威胁到美国的竞争力，多次提出要重振制造业。[③]

2012年，从美国总统奥巴马宣布重振美国制造业后，美国总统执行办公室和国家科学技术委员会联合发布《先进制造业国家战略规划》并表示政府将提供税收优惠政策。2013年1月，《国家制造业创新网络：一个初步设计》(National Network for Manufacturing Innovation: A Preliminary Design) 正式颁发；[③] 5月，奥巴马政府宣布计划斥资2亿美元创建3个新的先进制造业创新研究机构，这些新研究所成为奥巴马重振美国制造业的重要举措；[④] 2014年1月15日，奥巴马又宣布成立一家新的由政府与私营部门共同组建的制造业创新中心，突出学术界的作用，并在多个层面采取政策措施，以提高劳动者技能并增强企业的业务能力。[⑤] 奥巴马执政以来的主要产业政策亮点，见表14-2。

表14-2　　　　　　　　奥巴马执政以来的主要产业政策亮点

时间	产业政策内容
2010年8月11日	签署了美国竞争法案，授权为新的科学技术项目提供336亿美元的资助，用以复兴美国的制造业，旨在帮助制造业降低成本，恢复竞争力，创造更多就业岗位
2012年1月24日	奥巴马在国会发表国情咨文演说，高调宣布重振美国制造业，并表示为促进制造业企业向美国国内回归，政府将提供税收优惠政策
2012年2~3月	2月，美国总统执行办公室和国家科学技术委员会联合发布《先进制造业国家战略规划》，3月，政府宣布由联邦政府投资10亿美元成立国家制造业创新网络

---

① U. S. Bureau of Economic Analysis. 1998-2011 Summary Make Annual I – O Table Before Redefinitions. http：//www.bea.gov/industry/io_ annual.htm.

② Bureau of Labor Statistics, Quarterly Census of Employment and Wages (Establishment Size Data Available from QCEW). http：//www.bls.gov/cew/cewsize.htm.

③ National Network for Manufacturing Innovation: A Preliminary Design. http：//manufacturing.gov/docs/NNMI_ prelim_ design.pdf.

④ 唐凤. 美重振制造业出新牌巨资成立三所创新研究机构. 中国科学报，2013-5-14. http://news.sciencenet.cn/htmlnews/2013/5/277842.shtm.

⑤ 王静波. 美国制造业技术创新推进举措. 见上海情报信息平台. http：//www.istis.sh.cn/list/list.aspx? id=8292。

续表

时间	产业政策内容
2013年1月	美国总统执行办公室、国家科学技术委员会和高端制造业国家项目办公室联合发布了《国家制造业创新网络：一个初步设计》
2014年1月15日	奥巴马在北卡罗来纳州宣布成立一家新的由政府与私营部门共同组建的制造业创新中心，更多通过政策去引导产业实现自我发展

资料来源：根据奥巴马执政以来的经济政策与美国经济. http://intl.cssn.cn/gj/gj_gjwtyj/gj_mg/201310/t20131026_593402.shtml; National Network for Manufacturing Innovation: A Preliminary Design. http://manufacturing.gov/docs/NNMI_prelim_design.pdf; 唐凤. 美重振制造业出新牌 巨资成立三所创新研究机构. 中国科学报, 2013-5-14. http://news.sciencenet.cn/htmlnews/2013/5/277842.shtm; 王静波. 美国制造业技术创新推进举措. 上海情报信息平台. http://www.istis.sh.cn/list/list.aspx?id=8292 相关资料整理而得。

第二节 美国产业政策的转型

一、产业政策的重点从放在传统工业产业向新兴工业产业调整

第二次世界大战后，美国的产业政策的重点是加快从传统工业产业向新兴工业产业调整，其中，劳动密集型产业与资本密集型产业多为传统工业产业，知识密集型产业则多为高技术产业或新兴工业产业。

总体看来，里根时代主要制定了综合性的高科技竞争战略、"星球大战"计划等，而克林顿政府则突出制订信息高速公路计划，以赢取更多高科技竞争领域的战略主动权。其推动新兴工业产业发展的政策主要有：(1) 制定了支持高技术工业发展的产业政策，主要有增加科研经费对新型工业实行税收优惠；(2) 对企业推行减低资本收益税政策；(3) 放松反托拉斯法；(4) 激励企业与大学、科研机构等联合开发高技术项目。

二、产业政策的辩论从意识形态对立向被越来越多的人所接受转变

产业政策在欧洲、东亚和其他地区的经济发展中似乎是顺理成章的选择。但在美国，虽然政策四处可见，却是一个颇有争议的问题：第一，美国要不要产业政策；第二，振兴美国产业（主要是制造业）是否必须依靠产业政策。这场辩论，更预示着政策和发展战略上的不同选择。这也反映了当今世界上一个长期存在的问题，即国家干预和自由竞争两种政策主张的矛盾。其实，国家干预从来就存在，财政政策和金融政策就是运用国家的力量干预经济，现在的问题只不过是要不要使用更直接的干预形式——

制定产业政策。

除此之外,金融危机也导致了西方国家特别是美国对国民经济产业政策的重新思考。在宏观经济结构中,除了限制金融产业和金融衍生产品在国民经济中的作用,继续强调能源独立外,美国的政界和商界开始注重产业政策对重振美国制造业的作用,以谋求不断增强美国的经济竞争地位和能力等战略影响力,以及其经济与社会目标。这类产业政策取向虽然在美国政界和社会中颇有争议,一方面,美国确实存在某种形式上的产业政策;另一方面,在产业政策问题上,美国也确实存在模棱两可的态度和意识形态上的障碍。但是,由于两派观点之间有着重要的相通之处,使表现在美国产业政策上的思想泾渭分明,与政策上你中有我的折中实用主义并行不悖。因此,这种障碍不是不可逾越的,在国际竞争的严峻背景下,美国正在克服在产业政策上的意识形态障碍,使产业政策愈益成为美国宏观经济中的一个现实的政策选择。[①]

三、产业政策的效果从短期政治利益向产业创新长远目标转型

与日本和欧洲国家对照,美国产业政策不是带有歧视性态度地对特定产业的保护或资助,它要做的事情就是保持经济和技术的领先地位,虽然几乎从未在其官方文件中出现正式产业政策,但这并不意味着美国没有产业政策,或没有体现产业政策及其各种政策措施的内容的文件或规章,其产业政策更多地反映了美国的政治追求和短期政治利益目的。事实上,美国通过产业政策立法与反托拉斯法的立法演进,即沿着"两法萌芽—发展—转型—共同激励创新"路径演进,完全奠定了美国产业政策对经济的长期干预基础。自第二次世界大战以来,美国从战争中获得了巨大利益,成为世界上经济发展最快的国家,一是在产业政策上,美国政府关注军事技术的研究和开发,同时积极推广军事技术的民用化,从而促成了美国技术和经济的领先地位;二是在反垄断法方面,美国更多聚焦于国内市场垄断问题、不正当竞争问题,尚未顾及国际市场等。[②]

2008年金融危机爆发,美国由此陷入严重的经济危机,但危机也孕育创新机会。奥巴马政府不断强化科学和技术政策或产业技术政策,培养创新力,重视技术转让、推广和技术成果的商业化和工业化等,从而源源

---

① 卢林. 美国产业政策的主要动力. 美国问题研究, 2012 (2): 54-74.
② 宾雪花. 美国产业政策立法与反托拉斯法关系探析. 经济法论丛, 2011 (下): 321-355.

不断地提升了经济效率，推动美国产业政策从短期政治利益向产业创新的长远目标转型。

第三节 启 示

美国的产业政策较少提出具有强制性的目标，更多的是通过政策引导产业的自我发展，并强调产业政策的结果而非目标。与日本等东亚政府行为模式全然不同，美国政府不会有专门的机构去指导、代替企业甚至直接干预企业行为，而是以产业政策法和反垄断法的立法演进，即通过创新驱动的产业政策法，更加注重产业技术政策立法，促进技术进步和创新，保障创新需要的物质条件；通过反垄断法，强化对自由竞争市场结构的维护，创造创新动力需要的持续的竞争威胁，不断鞭策创新者创新；实质上，创新驱动的产业政策法和反垄断法在鼓励创新方面是殊途同归的，通过最大限度地发挥政府创新政策制度设计作用，不断推动科技促进经济发展。从中我们可以得到以下重要启示：

一、产业政策仍是一国提升产业国际竞争力的重要手段

当我们反观美国的实践过程，虽然其产业政策干预作用的力度和强度均有限，但美国也没有全面否定产业政策的应有作用，对于中国这样的新兴工业化国家，如果对产业政策作用的影响无动于衷，必然将在产业结构提升的道路上受阻，也会失去实现赶超的历史机遇期。在全球化竞争的背景下，绝对不能全面否定产业政策的应有作用，即使不能做到最小力度、最低限度的政府干预，我们也必须拥抱产业政策的创新使命不断前行。

二、产业政策的政府干预要有适度性和较高的法律效力

作为市场缺陷的补救性措施，如美国的《电子政府法》《国家合作研究法》等，都是通过产业政策立法的形式，并得到了国会的批准或审核，且严格受到美国"法治"限制，真正体现了美国宪法框架下的严格的有限政府行为。比如，以《小企业法》为依据，2004年，布什颁布了《鼓励制造业创新》，使其产业政策更多地表现为科学技术政策或产业技术政策。中国自1989年正式有了"产业政策"名称以来，出台了诸如《汽车工业产业政策》《水利产业政策》《钢铁产业发展政策》《鼓励和促进中小企业

发展的若干政策意见》等众多政策，以及《中华人民共和国中小企业促进法》《中华人民共和国乡镇企业法》《中华人民共和国农业机械化促进法》《中华人民共和国农业法》《中华人民共和国铁路法》《中华人民共和国民用航空法》《中华人民共和国科学技术进步法》《中华人民共和国促进科技成果转化法》《中华人民共和国清洁生产促进法》《中华人民共和国反垄断法》等系列产业改革，并取得了较好效果。但从整体而言，对照美国产业政策立法的长期实践，中国关于产业政策方面的立法还比较薄弱，绝大多数政策还是比法律层次更低的部门规章、条例或规则，有时甚至是通知、决定、意见、办法、批示等发布的。从中获得的最大启示是，目前中国急需促进产业政策法治化，从直接的政府干预转变为法律的间接干预。

三、产业政策须具有不断被修正及动态调整的响应能力

事实上，产业技术政策已经成为美国引导和支持产业技术发展的重要政策工具，并通过对产业政策的不断修正及动态调整，为企业提供了最有前景的持续创新途径。美国高新技术产业政策动态调整的响应能力主要体现在：一是长期注重研究开发。据OECD（经济合作组织）对1985~1995年间美国和日本研究开发投资的调查表明，美国对产业的研究开发投资中，高新技术产业比重从1985年的8%上升到1995年的19.5%，同期，日本对高新技术产业的研究开发比例则为4.5%，远远高于同期发展中国家的比例。[1] 二是不断完善风险投资政策和中小企业政策。如美国政府允许养老基金和退休基金部分投入风险市场，以增加风险资本的供应渠道；美国政府通过调低长期资本收益税率，来满足其发展环境的培育和优化，以及资金需求等。[2] 三是通过及时修正政府采购政策促进高新技术产业特定领域的发展。四是动态性出台产业政策以及时响应重要新兴产业的发展。例如，在2011年，政府运用积极的财政政策，由政府投资8 000亿美元，通过对智能电网、低碳技术等新能源产业采取一系列行之有效的政策措施，见表14-3，使得美国在21世纪的产业竞争中再一次占据战略上的制高点；又如，美国通过制订"先进科技汽车制造贷款计划"（ATVM），向世界三大汽车厂商提供240亿美元的贷款，不仅加大创新力度，促进其对新能源汽车的研发计划，而且及时奠定了美国"新能源产业"的发展基础等。[3]

---

[1] 徐超平. 日本中小企业技术创新与政府规制透视. 经济师, 2001 (6): 43-44.
[2] 舒春, 綦良群, 常伟. 日本、美国、中国三国高新技术产业政策的比较分析. 科技与管理, 2004, 6 (5): 20-22.
[3] 贾未军. 战略性新兴产业发展的重中之重——美国的新能源产业政策对中国的启示. 产业经济, 2013 (3): 171-172.

表14-3　　　　　《恢复与再投资法》中清洁能源投资情况　　　　单位：亿美元

投资项目	投资额度
能源效率（包括对低收入家庭的补助）	300
可再生能源利用	230
交通和高速铁路	180
智能电网	100
先进的电池、电动车、燃料	60
绿色能源创新和职位培训	40
低碳技术	30
清洁能源设备制造的税收信用	10

资料来源：根据2001年美国总统经济报告相关数据整理。

应该说，产业技术政策是政府引导、促进和规范产业技术发展的政策。从内容上看，产业技术政策的主要内容，如技术发展政策、技术引进政策、技术商业化政策、技术改造政策、技术标准政策等又是创新政策。美国以间接手段来促进高新技术产业发展，把产业技术政策内容置于产业政策或技术政策中，有针对性地实施资源配置，使技术发现和创新过程成为一种常态。其诸多产业政策安排的倾向性修正与动态响应能力的提升，对中国的产业政策制定将具有重要的启示意义。在全球经济调整的背景下，如何结合中国的政治、经济、文化等背景因素，适当借鉴美国的做法，促进中国产业政策在理念、手段和操作方式上的新突破，尤其是解决产业创新的"瓶颈"，促进自主创新能力建设，构筑坚实的实体经济竞争力，应当成为中国未来产业政策研究的重要主题。

第十五章　日本的产业政策

第一节　日本产业政策的主要特征

一、产业政策的含义

产业政策是20世纪70年代以来开始为经济学界普遍采用的概念，日本通产省也是70年代前后才开始使用这个词汇的。学术界对产业政策有着不同的理解和解释，大致可分为"市场否定说"和"市场修正说"两个流派。"市场否定说"流行于欧美，主要是美国。该观点认为，产业政策是政府干预经济手段的总称，产业政策的实质就是计划和政府干预，因此，产业政策是对市场经济的排斥，或主要是为了调整竞争关系、防止垄断。由于这种观点盛行于美国，在很长的一段时间内，美国的产业政策主要集中在产业组织政策方面。"市场修正说"主要起源于日本。该观点认为，市场存在着失灵，产业政策是为了弥补市场的不足而存在的，这种观点的核心是为了实现市场最优化，有必要对市场机制的作用进行一定的人工修正。

日本对于产业政策的含义也存在着"被动说"与"主动说"两种基本解释。"被动说"认为，产业政策是为了弥补或修正市场机制造成的失误而采取的必要措施，也就是说，产业政策是在市场力所不及的情况下才有参与的必要。持这种观点的是日本的研究学者和企业界人士，这种观点认为日本经济的发展依赖于竞争机制和企业家精神，不应该夸大产业政策的作用与它的内含和外延。"主动说"认为，产业政策是在市场机制的前提下，为实现发展过程的优化而进行的主动干预。持这种观点的是政府部门的官员和研究机构。

有学者认为，日本理论界对产业政策的两种观点并不是截然对立的，他们所强调的实际是产业政策两方面的基本含义。因此，产业政策的含义可以理解为，产业政策是政府为修正市场机制作用和优化经济发展过程，对产业及其结构发展与调整所采取的各种经济政策的总称。

二、日本产业政策的实质和目标体系

日本产业政策理论中的"主动说"和"被动说"有一个共同点，都认为产业政策的实质是政府对经济的干预，区别在于对政府干预的合理程度认定不同。日本产业政策的目标虽在时间上具有继承性，但又相互区别，并且包含各自的一套目标体系。

（一）实现经济振兴与经济赶超

日本先确定了以经济振兴与经济赶超为其产业政策目标，具体的产业目标体系包括，倾斜生产方式、重点部门的选择与培育、制定产业技术政策、规定产业折旧制度、防止垄断的同时又制约大量小企业的过度竞争等。

（二）实现结构调整与结构转换

日本在以结构调整和结构转换为总目标时，其目标体系包括，完善社会生产保障系统、组织衰退产业内的生产力转移、在国际分工中获取更大的比较利益。

（三）保持经济领先地位与维持经济增长势头

日本在以保持经济领先地位与维持经济增长势头为目标时，其目标体系包括，制定技术发展战略、产业结构向技术密集型产业过渡、协调国际贸易矛盾、刺激国内消费等。

三、日本产业政策的内容

产业政策的出台，是一个逐步制定并不断得到完善的过程，它不能脱离经济发展的实际需要，一般来说，没有特定的体系，但在内容上还是各有特点的。从日本产业政策实施的实际情况来看，其产业政策主要包括以下几个方面的内容。

（一）产业扶持政策

产业扶持政策的内涵是指，对特定产业的发展起鼓励、刺激、保护作用的政策，主要体现在为特定产业提供有利的发展环境和直接参与特定产业投资两个方面。日本产业扶持政策有以下几个特点：一是与战略重点相联系，扶持的目的是为那些"幼稚产业"排除在短期利益的拖拽下对这些产业发展不利的市场竞争，而这些"幼稚产业"是指，那些可能对国民经济整体繁荣有重大带动作用但现实中尚未充分发展的产业。二是与经济赶超和结构转换相联系,扶持的目的不仅仅是实现特定产业的发展,而且要排除市场选择的曲折过程,迅速实现从落后到先进的发展路线。三是与分享国际比较利益相联系,扶持的目的是要在国际分工中获取更大的比较利益。

(二)产业结构政策

产业结构的演变过程是日本产业政策纵向发展过程的核心线索,日本产业政策的特点之一是以结构政策为主,也就是说,日本产业政策的历史演变过程也是其产业结构不断升级、调整的过程。按照历史顺序,日本产业结构的演变可以归纳为重工业、化学工业化,高度开放化、高度加工化,资源节约化,技术密集化和社会服务化等趋势相继、交错或并存的发展过程,这一过程也被称为"产业结构高度化"过程,即指产业结构由低级向高级不断发展和转换的过程。

(三)产业组织政策

西方各国的产业组织政策的核心是反垄断,由于日本一直是大、中、小企业并存,因而其产业组织政策也比较多元化,既包括对大企业规模和市场份额进行限制的反垄断政策,也包括促进中小企业发展的资金扶助政策,还包括防止过度竞争的市场指导政策,以及鼓励生产集中的企业合并政策。

(四)综合性产业政策

产业政策主要是对供给方面的促进政策,主要包括流通政策、货币政策、财政政策、金融政策、国民收入与分配政策、贸易政策、技术政策等。在产业政策体系方面,见表15-1,除结构政策和组织政策外,还有一些既与生产领域相关,又对国民经济的总供给和总需求平衡关系产生影响,既涉及对资源分配的干预,又属于政府一般经济职能的政策,这类政策称为综合性产业政策。

表15-1　　　　　　　　　日本产业政策体系

政策分类			政策对象
产业发展政策	一般产业政策	产业基础政策	产业基础:产业用地、社会资本、通信设施、产业技术、劳动环境、人力资本等
		环境保护政策	产业过密、环境破坏等
		产业结构政策(包括对外产业政策)	产业结构: 第一产业(农林水产业) 第二产业(制造业) 第三产业(商业、金融业、服务业) 贸易结构
	个别产业政策		幼稚产业、萧条产业

续表

政策分类		政策对象
产业组织政策（产业秩序政策）	禁止垄断法、其他政策	市场结构：市场集中度、产品差别化、参与壁垒等
		市场行为：价格政策、产品政策、强压行为等
		市场成果：技术的效率、利润率、技术革新、调整价格弹性、公正交易等
综合性产业政策		流通政策、货币政策、财政政策、金融政策、国民收入与分配政策、贸易政策、技术政策等

资料来源：根据日本的产业政策. http://m.bijiao.caixin.com/zknews/2017-04-10/101076389.html?utm_source=Zaker&utm_medium=ZakerAPP&utm_campaign=Hezuo；孙志丹，金新仁. 日本产业政策体系及当前政策重点. 浙江经济，1999（6）相关资料整理而得。

四、日本产业政策的理论依据

日本产业政策以应用为导向，并由此形成了日本独特的、以赶超和结构调整为中心的产业政策理论。其理论特色表现为，不拘于一家一派的既有结论，也没有贯彻始终的理论体系，注重因时制宜、因地制宜，在各项政策中都可以找到"取人之长，为我所用"等痕迹。

（一）"雁行理论"

根据日本棉纺织工业的发展史，由日本经济学家赤松要（Kaname Akamatsu）在1932年提出了"雁形理论"（flying geese paradigm），主要是指通过"国外引进—国内市场—产品出口"三阶段的循环，促使后起国家尽快实现产业结构的工业化、重工业化和高加工度化。后来，日本学者山泽逸平又对该理论进行了适度扩展，提出了"引进→进口替代→出口成长→成熟→逆进口"五个阶段的新循环过程。

第二次世界大战后的日本想要实现经济的复苏、产业结构由低级向高级的转换以及赶超英美的目标，依靠传统的产业升级模式显然无法实现。只能采取非常规的、由政府来集中配置资源的产业政策。而赤松要的"雁形理论"恰好提供了一种后进国家实现赶超的发展模式，由此不断促使产业结构从低级向高级转移，即实现从"雁尾"到"雁头"的转移。第二次世界大战后日本产业发展的实践证明，日本沿着"雁行模式"通过引进、消化、吸收和创新，先后发展起了重化工业、汽车、半导体、集成电路等一大批产业。

（二）"赶超论"

当日本经济学家筱原三代平在分析日本当时之所以落后于发达国家，其主要根源在于产业结构的后进性时，就在其1957年所著《产业结构和投资配置》的论文中，大胆提出了"赶超论"，强调需要依托产业政策的力量，使一国的比较优势得以改变，以便促进日本的产业结构趋同于欧美发达国家。

（三）幼稚工业理论与重化工业化

美国的汉密尔顿（Hamilton）和德国的李斯特（List）最早共同提出了幼稚工业论，该理论对日本实施产业政策产生了重大影响。第二次世界大战后初期，日本通过制定"倾斜生产方式""重点生产方式""产业合理化"措施，推行了集中有限资源，优先发展具有广阔市场前景的煤炭、钢铁、电力等幼稚产业的政策，帮助这些产业更新改造技术、提高效率。比如说，当进入高速发展时期时，日本就通过发挥产业政策的作用，决定将当时虽然尚无发展基础，但将来具有广泛发展前景的资本密集型重化工业作为扶持的重点，并实施了出口导向型发展战略。

（四）后发优势理论

后发优势理论是基于李嘉图的静态比较优势理论衍生出来的，比较优势理论认为，各国在不同产业的生产费用上存在差别，各国应优先发展本国拥有优势的产业。日本是资源匮乏的国家，单纯依靠李嘉图的比较优势理论无法满足日本最大程度上获取比较利益的目标。因此，日本学者又借鉴李斯特的"动态比较费用学说"，通过产业政策的保护和培育加快发展其新的优势产业；后起国家也只能通过这种优势产业主动参与国际分工，才能打破旧的国际分工格局，这就是"培育优势说"。日本学者根据比较优势理论和"培育优势说"，提出后起国家可以直接吸收引进先进国家的技术，而且成本要低很多，这样在成本优势和廉价劳动力优势下，借助国家产业政策的扶持和保护，大规模发展其新的优势产业，这就是后发优势理论的引导性结果，也是日本产业扶持政策的依据。

五、日本产业政策的历史演变

（一）经济复兴时期（1945~1960年）

这一时期的日本产业政策，包括倾斜生产方式、产业合理化、产业扶持与振兴政策等多种形式，主要体现为两个方面的特点：一是政策重点主要定位于如何加快从经济恢复向经济振兴转型；二是政策手段从直接控制转向间接控制。而作为其中的倾斜生产方式，重点扶持的产业有钢铁和煤炭等；作为产业合理化政策，则重点扶植的产业是合成纤维、电力、海上运输等。

（二）高速增长时期（1961~1973年）

当日本经济得到恢复和发展之后，日本政府开始着手调整产业结构，促进产业结构高级化，并以赶超美欧为目标。产业政策是主导产业扶植政策、企业改组政策。具体包括：第一，由政府于1960年6月公布了从保护贸易转向自由贸易体制的相关政策，1964年后，又及时将外国对日本直接投资自由化作为产业政策研究的重要课题。第二，对钢铁、合成纤维等多个产业的设备投资进行了干预，及时调整了设备投资政策。第三，在制定与执行《中、小企业现代化促进法》《机械工业振兴临时措施法》《电子工业振兴临时措施法》《飞机工业振兴法》等的基础上，为扶持电子计算机工业，1961年在政府的支持下，由6家电子计算机公司共同出资建立了国产电子计算机的收购机构——日本电子计算机股份公司，继续推行产业扶持政策。

（三）经济结构调整时期（1974~1990年）

进入20世纪70年代，先是石油危机爆发，后是日本和其他资本主义国家尤其是美国之间的贸易摩擦加大，导致日本在1974~1975年经历第二次世界大战后经济最大的不景气，高速增长由此告终。为了摆脱困境，日本采取了改进生产技术、提高能源利用效率的节能措施，但只能解燃眉之急。这一时期，钢铁、化工等高能耗的产业生产能力下降，一批节能高技术产业，如电子、机械、新原材料、生物工程脱颖而出。新兴产业发展的同时，许多传统产业陷入结构性萧条。从所实施的产业政策特点来看，政府已经不像以往那样直接、频繁地介入产业和企业活动，更多的是间接和辅助性地帮助企业，更多利用市场进行资源配置。

（四）"泡沫经济"崩溃时期（1991年至今）

随着"泡沫经济"的破灭，日本于1991年陷入了第二次世界大战后最严重的持续萧条时期，通货膨胀率为0.57%，失业率在1999年接近5%。所以，这一时期的经济增长目标是景气对策，抑制衰退；而产业政策的重点是支持"创造性知识密集型"产业发展，实现由单一增长目标转向以"生活大国"为目标，经济增长方式由出口主导型向内需主导型转变，并促使现有产业主动向高附加值产业转移。

六、日本产业政策的特点及局限

（一）产业政策特点

第二次世界大战后以来，日本产业政策贯穿了经济发展的始终，但不同阶段又有不同的内容和特点，总体来说，日本产业政策有以下几个特点：

（1）日本产业政策，是一个包含了诸如产业保护政策、产业扶持政策与振兴政策、中小企业政策、产业技术政策、竞争秩序政策等多个细分政策的比较完整的体系。其中，以产业结构政策为核心的产业政策体系，在加快第二次世界大战后日本经济发展中起了相当积极的作用。

（2）日本产业政策作为国家干预经济的一种手段，与凯恩斯主义的宏观经济政策相比较，虽然日本的产业政策本质上并无明显不同，但二者在国家干预经济的方向和重点上却是不同的。前者主要着重于需求方面的管理，而日本在第二次世界大战后的产业政策则着重于供给方面的管理。

（3）日本产业政策在其第二次世界大战后的政策手段上，主要经历了从直接介入性措施向诱导性政策手段的转变，并通过相应的政策手段加以扶持来加快整个产业结构的合理化与高级化。

（4）作为重要支持政策，日本政府在产业政策的实施层面比较偏重于财政政策与货币政策；另外，为适应日本经济的外向型特点，也比较满足鼓励出口性方面的支持政策需要。

（二）产业政策的局限

1. 政策目标的结构性失调。

因过度注重产业的发展而忽视生态环境的保护等，日本这种产业政策目标的结构性失调，也大大制约了整体产业和经济向更高层次发展。

2. 产业政策的操作局限。

日本的产业政策以产业结构政策为核心，修正现有产业政策实施上的滞后性，使得产业政策很难根据实际情况进行调整，结果使政府和企业都难以迅速应对市场化和全球化的浪潮。

第二节　日本产业政策的转型

一、主要转型特点

从以上相关分析中得知，第二次世界大战后日本经济大致经历了经济恢复时期（1945～1960年）、高速增长时期（1961～1972年）、稳定增长时期（1973～1990年）和"泡沫经济"时期（1991年以后）等4个不同时期。每一时期日本都实施了特定的产业政策，并且产业政策在不同时期有不同的侧重点，产业政策实施的方式也有很大的不同，日本产业政策实施的过程也伴随着产业政策的转型，在此，我们主要研究日本产业政策转型的方向以及实施效果。① 其主要转型特点如下：

(一) 从政府直接干预转向间接引导、增强市场在资源配置中的作用

1. 政策手段从直接干预转向间接引导和经济展望。

日本在倾斜生产方式时期（1945~1950年），其政策手段尚带有很强的计划经济色彩。而到产业合理化政策时期（1951~1960年），则突出以间接控制为主；到了高速增长时期（1961~1973年），开始实施贸易自由化和资本自由化举措。此后，"展望"逐渐成为日本政府实施产业政策的重要手段。如分别公布了《70年代展望》《1975年展望》《80年代的通产政策展望》等，这一阶段产业政策手段变得多样化，包括财政、税收、金融及通商政策等，但是直接干预的手段逐渐弱化。

2. 逐渐降低政府规制比例。

第二次世界大战后，日本政府通过政府规制方式，对各类经济（产业）活动实施了广泛而深入的干预，并对资源配置和经济发展产生了影响。但到了20世纪90年代，除房地产业受规制领域所占比重上升外，制造业和服务业、运输和通信业的受规制领域所占比重都有一定的下降，整个产业受规制领域比重由1965年的47.8%下降到20世纪90年代的41.8%，见表15-2，② 这说明日本在逐渐放宽政府对经济的干预。

表15-2　　　　　各产业中受规制领域所占的比重　　　　　单位:%

项　目	1965年	1990年
农林水产业	85.7	87.1
矿业	100	100
建筑业	100	100
制造业	23.4	14.1
批发零售业	—	—
金融保险证券业	100	100
房地产业	2.6	7.5
运输、通信业	98.8	97.3
电力、煤气、供水	100	100
服务业	72.8	55.6
公务	0	0
其他	0	0
合计	47.8	41.8

注：受规制领域所占的比重是指，规制部分的附加值占行业附加值总额的比重。"—"表示数据缺失。

资料来源：[日] 经济企划厅.1994年度《经济白皮书》.

---

① 秦嗣毅.日本产业政策的演变及特点.东北亚论坛，2003 (2).
② [日] 经济企划厅.1994年度《经济白皮书》.

3. 强化市场机制的调节作用。

在经历了 20 世纪 90 年代"泡沫危机"之后，日本产业结构审议会于 1997 年提出了《面向 21 世纪的日本经济结构改革思路》报告，之后由通产省形成了《经济结构改革与创造行动计划》，在 1997 年 5 月经政府审议通过并付诸行动，见表 15-3。计划中还提出一系列其他创造富有国际竞争力企业环境的举措。如改革企业相关制度，提出禁止垄断法修正案；改革制度促使人才流动；构建社会资本及提高其运用效率等。与之前的倾斜式产业政策、产业优化政策和产业扶持政策相比，90 年代之后的产业政策更多地强调放宽限制和为企业创造良好的竞争环境，而减少了政府对经济的直接干预。

表 15-3　　　　　　　　经济结构改革与创造行动计划

计划内容		具体举措
培育新兴产业	资金 人才 技术 信息通信	进行金融体系改革，健全资本市场 促进人才流动和培养，放宽有关限制，促进产业界与教育界结合 整合产、官、学三者合作研究开发的环境，保护知识产权和专利 健全网络系统
创造富有国际竞争力的企业环境	改善高成本结构 改革企业相关制度 改革劳动及雇佣制度 整建社会资本及提高其运用效率 发展地区产业及技术 活跃市中心地区	放宽能源、信息通信、物流等产业的管制 提出禁止垄断法修正案 促进人才流动和雇佣制度的弹性化，增加女性和老人的就业机会 放宽管制，重建机场环境等 促进区域产业发展和集中 重建城市机能，促进商业活动及产业业务的集聚
减轻公共负担以维持经济活力	改革社会保障制度 缩减财政支出	调整政府与民间的负担比例，使之合理化 促使财政支出重点化、公共支出效率化

资料来源：根据日本经济结构改革行动计划的内容．国际资料信息，1998（2）相关内容整理．

（二）从改善供给、增加出口转向刺激需求

从日本产业政策的变化趋势可以看出，在 20 世纪 80 年代之前，产业政策的突出特点是扶持重点产业增加供给，实施贸易优惠政策、扩大出口；在 80 年代之后，特别是"泡沫"崩溃之后，日本新一轮产业政策把注意力转向日本国内自身的需求，特别是城市环境设施、文化和生活以及医疗福利等相关领域。日本通产省产业结构审议会在 1994 年制定了《21 世纪的产业结构》规划，对上述 4 个领域 2000 年的市场规模预计为 48.9 万亿日元，2010 年则达到 71.7 万亿日元，将会变成仅次于信息通信产业的经济增长领域。而1998年，日本为了刺激内需，更是采取了诸如发放"地区振兴券"等一系列大刀阔斧的措施。

过去一些主导产业群及市场规模情况，见表15-4。

表15-4　　　　过去一些主导产业群及市场规模情况

新主导产业群	生产额（万亿日元）			占比（%）		
	1994年	2000年	2010年	1994年	2000年	2010年
住宅相关行业	34.0	38.3	39.8	26.3	18.0	11.4
医疗福利相关行业	2.9	6.9	12.4	2.2	3.2	3.6
生活文化相关行业	18.1	25.6	38.2	14.0	12.0	11.0
城市环境整治相关行业	2.4	3.5	4.4	1.9	1.6	1.3
环境相关行业	13.2	19.8	29.1	10.2	9.1	8.3
能源相关行业	2.0	3.5	6.0	1.6	1.6	1.7
信息通信相关行业	31.9	65.0	120.6	24.7	30.5	35.0
流通物流相关行业	8.8	18.6	35.2	6.8	8.9	10.1
人才相关行业	1.9	6.3	12.6	1.5	3.0	3.6
国际化相关行业	0.7	1.7	3.0	0.5	0.8	0.9
商业援助相关领域	3.6	6.6	11.0	2.8	3.1	3.2
新制造技术相关行业	9.9	17.2	36.4	7.7	8.1	10.4
生物工程相关领域	—	—	—	—	—	—
航空宇宙相关工程	—	—	—	—	—	—
合计	129.4	212.5	348.9	100	100	100

注：规划中对生物工程、航空宇宙等产业尚未形成统一数字。1997年5月，通产省拟订的《经济结构改革与创造行动计划》中增加了海洋产业。"—"表示数字缺失。

资料来源：根据日本通产省产业结构审议会.21世纪的产业结构和90年代日本的产业结构调整. http://www.docin.com/p-990267106.html. 提供的资料编制.

（三）从培育有"比较优势"的产业转向培育有"竞争优势"的产业

日本产业政策更多的是产业结构政策，它包括产业结构和贸易结构两部分。产业结构和贸易结构的升级从根本上反映出日本的政策取向，即日本的政策起始于实施产业政策来培养比较优势产业，然后不断转向培育有竞争优势的知识密集型产业和技术密集型的新兴产业。在产业结构方面，日本一直注重主导产业的培育，在产业政策实施前期（20世纪70年代之前）主导产业的选取基本是以"比较优势"理论为依据的，而70年代之后，则更加注重培育有竞争优势的产业。第二次世界大战后初期，日本重点扶持了钢铁和煤炭；50年代，政府重点扶持的产业变为合成纤维、电力、海上运输等；60年代，日本的机械电子、石油化工、有色金属等产业得到迅速发展；70年代"石油危机"之后，日本更加注重高新技术产业发展，特别是计算机和集成电路；90年代，信息通讯产业、高新技术制造业、生物工程、航空宇宙等产业成为日本政府重点发展的对象，产业结构进一步升级。在贸易结构方面，如表15-5所示，1950~1998年，日本出口商品结构发生了很大变化，食品的比重不断下降；纤维及其制品比重由1950年的48.2%下降到1998年的2.6%；化学制品和金属制品比重经历了60~70年代的上升和80~90年代的下降；机械机器的比重则不断上升。这反映了日本的贸易结构由劳动密集型产品向技术密集型产品转换。第二次世界大战后日本出口商品结构变化，见表15-5。

表15-5　　　　　　"二战"后日本出口商品结构变化　　　　　　单位：%

年度	食品	纤维及其制品	化学制品	金属及其制品	机械机器	其他
1950	6.3	48.2	1.9	18.3	9.9	15.4
1960	6.6	30.2	4.2	13.9	22.9	22.2
1970	3.4	12.5	6.4	19.7	46.3	11.7
1980	1.2	4.9	5.2	16.4	62.8	9.5
1998	0.6	2.6	5.3	8.2	74.3	9.6

资料来源：日本《通商产业省通商产业政策史》编纂委员会．日本通商产业政策史第16卷．北京：中国青年出版社，1997：238.

（四）从产业政策为主转向产业政策与竞争政策并举

1. 1945~1960年：被迫形成"竞争政策"。

虽然第二次世界大战后初期产业政策在日本政策体系中处于压倒性的地位，竞争政策却没有"绝迹"。第二次世界大战后初期，美国为实现对日本的控制和改造，把"经济非军事化""建立和平经济""经济民主化"作为管理日本经济的基本原则，其中，"经济民主化"的目的就是解散财阀，并通过对日本政府施压，最终强迫国会通过《关于禁止私人垄断及确保公正交易的法律》（1947年），这是日本的"禁止垄断法"，在1949年和1953年对"禁止垄断法"进行了两次修改，这是日本这一时期在产业政策之外的竞争政策的表现。这一时期的竞争政策是美国强加给日本的，与日本这个后发展国家的现实经济生活存在很大的矛盾。

2. 1960~1973年：竞争政策处于"休眠期"，并开始与产业政策融合。

这一时期，日本提出了"产业立国""出口第一"等战略目标，实施了"国民收入倍增计划"，决意以最短的时间来赶超欧美国家，政府强化了对经济的干预，产业政策处于主导地位，而竞争政策服从、服务于产业政策，两者有融合的趋势。虽然这一时期竞争政策并没有发挥明显作用，但是"禁止垄断法"大大增加了例外措施和超出反垄断法范围内的中小企业保护内容，协调、缓和了产业集中和产业结构转换过程中必然发生的社会经济矛盾，使得产业集中以及产业结构转换得以顺利实现。

3. 1973~1990年：逐渐复苏的竞争政策。

随着经济国际化和全球化，日本有悖于国际竞争规则的政策和交易习惯，使得日本与其他国家的矛盾逐渐激化，国内外矛盾的加剧迫使日本对国内制度和竞争政策进行改革，表现之一就是1977年"禁止垄断法"得到修改和强化，对限制竞争的政府管制和行业习惯进行了改革。

4. 1990年之后：竞争政策逐渐强化，产业政策由战略性政策转为辅助性政策。

进入20世纪80年代，日本与欧美国家的经济摩擦激化，1989年美国对日本施压，美日开始了"日美结构问题框架协议"的讨论，美国要求日本在价格机制、流通体制、排他性交易习惯等与竞争政策有关的方面进行改革。因此，这一时期"规制缓和"成为日本政府的主要政策。

从以上分析中可以发现，日本产业政策与竞争政策的关系，也经历了竞争政策服从于产业政策、竞争政策与产业政策融合、竞争政策为主产业政策为辅的转变过程，当然，竞争政策更多地体现为从被迫制定、"休眠"、复苏稳固到不断加强的过程。其转型经历特征可概括为：一是增强市场在资源配置中的作用的过程中，经历了从政府直接干预转向间接引导；二是从改善供给、增加出口转向刺激需求；三是从培育有"比较优势"的产业转向培育"竞争优势"的产业；四是从产业政策为主转向产业政策与竞争政策并举。

二、转型效果及原因探析

(一) 效果分析

以1990年"泡沫经济"崩溃为界，1990年以前的产业政策对日本的经济产生了积极的促进作用，倾斜式产业政策（1945~1950年）和产业优化政策（1950~1960年）帮助日本迅速实现了经济的恢复，解决了供应不足和第二次世界大战后的失业问题，并奠定了产业政策的应有地位。主导产业扶植政策、企业改组政策（1960~1972年）促进了日本经济的高速增长，日本石油化工、汽车及家电等产业迅速发展起来，并且在国际上处于领先地位。1973年，"石油危机"出现以后，日本着手进行经济结构的调整，重点发展知识密集型产业，20世纪70年代末，日本完成经济赶超任务，经济结构得到优化，知识密集型产业得到发展。到了80年代中期，日本进入"平成大萧条"时期，虽然日本政府在90年代实行了密集的产业政策，但其整体进展迟缓、阻力重重，日本经济并没有取得预想中的恢复和发展，日本产业政策出现了"失灵"。

（二）原因探究

1. 主导产业真空。

在1990年之前的三个经济发展时期，日本产业政策都有明确的主导产业，第二次世界大战后初期确立的主导产业为钢铁和煤炭；20世纪50年代之后，为合成纤维、电力、海上运输；到了60年代，变成机械电子、石油化工、有色金属等。石油危机之后，日本更加注重高新技术产业发展，特别是计算机和集成电路。但90年代之后，日本在其《经济结构改革与创造行动计划》中提出了15个主导产业形成了主导产业群，而不是个别的、明确的主导产业。这实质上也反映了产业政策目标的模糊性。90年代之前，日本制定产业政策都有明确的目标，进而根据目标确定相应的主导产业，如60年代提出"重化学工业化"将化工、机械等作为主导产业；70年代提出"知识集约化"、80年代提出"创造的知识集约化"，大力扶持集成电路和电子计算机等产业。90年代提出"地球时代人类价值的创造"，并确立了由15个主导产业构成的主导产业群。[①]"地球时代人类价值的创造"是一个非常抽象的概念，在一定程度上决定了此时日本产业政策的指导意义已经不大了。而90年代之前的主导产业，如机械等在90年代之后逐渐呈现萎缩态势，日本陷入了主导产业真空。这是90年代日本经济长期萧条的根源之一。

2. 产业政策作用的基础弱化。

日本自20世纪70年代"石油危机"以后，就不断地强调市场在经济发展中的作用。到了90年代，如前文所述，在国际大环境和国内小环境的作用下，虽然经过多年的市场化改革，在广度和深度上推出了放宽限制的举措，但到了90年代时，日本产业政策作用的基础已经空前地弱化了。

3. 自主创新能力薄弱。

以上两点是20世纪90年代日本产业政策失效的表层原因，从深层次来讲，随着经济全球化和市场化，以政府为主导的产业政策会导致日本经济体制僵化、企业自主创新能力不强，进而使整个经济丧失可持续发展的动力，这才是日本陷入主导产业真空的内在原因。

---

① 刘心舜. 日本产业结构调整——从奇迹到衰退的警示. 科技创业月刊, 2006（7）.

第三节 启 示

对于第二次世界大战后日本产业政策的评价，国际学术界向来褒贬不一。日本产业政策曾被当作许多新兴市场经济国家实施产业政策的典范，日本产业政策也确实对第二次世界大战后日本经济的恢复，以及20世纪60~70年代日本经济的腾飞有着积极的作用，但是90年代以来，日本经济持续萎靡不振，也被认为是产业政策种下的不良后果。其实，在日本经济发展的过程中，关于产业政策的检讨和反思一直没有停止过，特别是90年代以后，面对经济发展困境反思更加深入，尤其对于通过实施产业政策实现"经济赶超"的后发国家而言，为了避开"中等收入陷阱"和"比较优势陷阱"，确保实现经济的可持续增长，必须非常注重协调政府干预与市场调节、产业政策与竞争政策的关系，并且要营造出能够激励企业进行自主创新的社会环境。以下是日本产业政策转型的主要启示，值得借鉴与参考。

一、政府干预与市场调节的关系问题

作为1984年出版的颇有影响的《日本的产业政策》一书的作者，日本经济学家小宫隆太郎认为，第二次世界大战后日本经济的发展是市场调节与政府干预博弈的过程，而日本产业政策的负面影响主要表现在政府干预与市场机制的矛盾逐渐尖锐的过程之中。

（一）政府干预有着无法避免的负面影响

产业政策作为一种政府干预手段，在第二次世界大战后初期促进了日本经济的恢复以及20世纪60~70年代经济的迅猛发展，但随着日本经济的快速发展，一些负面影响逐渐显现：大力发展重化工业，带来了环境污染和生活质量的恶化；保护性的贸易政策，引发了广泛的贸易摩擦；日本政府官员、国会议员和企业界形成的被称为"铁三角"的利益集团的游说，导致产业政策执行出现偏差，产业组织转变遭到阻碍；对特定产业的选定上，也容易滋生腐败行为等。[①]

（二）政府干预会对市场调节产生扭曲作用

20世纪50年代初，通产省曾提出过国民车构想，1963年还将此构想

---

① 陈韶华. 战后日本产业政策研究. 武汉大学博士学位论文, 2011.

写入了《特定产业振兴临时措施法》。该政策实质上是政府将自己的强国意志强加在企业身上,是对汽车产业正常竞争格局的破坏,打乱了一些企业的正常投资计划,所以该政策一经提出便遭到许多汽车企业的抵制,最终成为废案。

二、比较优势政策的弊端问题

从20世纪60年代开始,根据日本学者筱原三代平提出的"结果选择标准",以追赶欧美发达国家为需求指向,并确立了"贸易立国"的战略思想,对工业部门实施重工业化和化学工业化。60年代末70年代初,又重点发展电子、机械、汽车、钢铁、电力、石油等产业,国际竞争力大大增强,但同时比较优势的政策弊端也逐渐显现。虽然日本政府和学者意识到这种弊端,且在尝试产业政策转型,但在第二次世界大战后至20世纪末的很长一段时间内,比较优势政策一直影响着日本经济的发展。

(一)忽视了对潜在新兴产业的培育,从而陷入"比较优势陷阱"

20世纪90年代,信息产业在全世界范围内发展迅速,但日本却没有抓住机遇,信息产业的投资水平很低。日本邮政省的统计资料显示,IT产业投资额占GDP的比例从1990年的1.4%上升到1997年的2.3%,占民间设备投资额的比例从1990年的7.3%上升到1997年的12.5%;到1998年,则上升到25%。[1] 远落后于同时期美国IT产业投资占民间设备投资的比例(42%),但却远高于日本的投资水平。由于信息产业发展滞后,当汽车、电子传统主导产业国际竞争力逐渐下降并开始向外转移时,日本经济增长逐渐放缓,在与美国的经济角逐中逐渐败北。

(二)"产业空洞化"

"产业空洞化"是指,伴随着对外直接投资的发展和产业转移,导致本国国内产业竞争力急剧下降,就业减少、投资不足,进而引发贸易条件恶化,使未来方向的新兴发展相对滞后的现象。日本在经历了1985年"广场协议"以后,日元快速升值,制造业的产品成本随着进口原料和国内劳动力成本的上升而大幅增加,日本的制造业企业逐步把生产基地转向海外,以降低产品成本维持产业利润。到20世纪90年代,日本企业的海外产值已占到了其总产值的23%。遵循"雁行模式"的东南亚新兴经济体模仿日本的制造业,给日本产品带来了极大的冲击。2001年,日本对外直接投资企业在东南亚诸国拥有一千多家工厂,造成国内制造业就业人

---

[1] 白雪洁. "IT革命"与日本的产业竞争力. 日本学刊, 2001 (3).

数持续下降，没能及时弥补传统产业转移后留下的产业空洞，从而出现产业空洞化，直接影响日本的国内就业水平。

三、产业政策的方向偏差问题

（一）产业政策扶持存在方向性偏差

这种偏差体现在三个方面。偏差的第一方面是，政府大力扶持的产业并没有得到很好的发展，如1982年日本制定的第五代计算机计划。十年时间，该计划耗资4亿多美元，但由于未能实现预想的目标，不得不终止该计划；[1] 偏差的第二方面是，那些未得到政策优惠的新兴产业却依靠自身的力量得到迅速发展，如第二次世界大战后初期的缝纫机、照相机、自行车、摩托车、钢琴、拉锁、半导体等产业，20世纪60年代后半期的彩色电视机、磁带录音机、音响设备、通讯机械、陶瓷、机器人等产业；偏差的第三方面是，本来应该得到扶持的产业却没有得到很好地扶持，如80年代之后的时装设计、信息处理软件、广告业、经营咨询等高度"知识密集型产业"。

（二）政策更重视模仿创新，对基础研究支持不够

日本科技厅科技政策研究所编制的《科学技术指标》的统计结果显示，在1985～1995年10年间，日本的基础研究费远低于美国、法国与德国。虽然20世纪90年代前基础科学研究的落后并没有制约日本赶超型的经济发展战略，反而充分利用"后发优势"建立起了强大的工业体系。但是，当日本完成了赶超任务，总体上失去模仿的技术样板，只能依靠自身的科技创新才能顺利地实现向新兴产业的拓展时，基础研究不足的弱点严重制约了日本的科技创新能力。由于缺乏革命性的创新，使日本产业不能正确预测产业技术发展的方向，市场缺乏强有力的需求支撑，投资找不到新的引爆点，导致设备与生产能力相对过剩，在90年代后期以高新技术为核心的新科技革命浪潮中，日本逐渐落伍。

---

[1] 转引自张钟. 日本第五代计算机计划宣告失败. 全球科技经济瞭望，1992 (10).

第十六章　韩国的产业政策

20世纪60年代初期，韩国政府为摆脱种种经济困境引入了新的经济体制，即以自由企业原则为基础的，正式实施"政府起主导作用的混合经济体制"，[①] 由此开始了韩国政府通过制定和实施产业政策对国民经济的调控。韩国的产业政策从制定初期至今，大体可以分成三个阶段，1962~1980年，为韩国的选择性培养的产业政策阶段；1981~1997年，为韩国的调整产业结构与构建新经济体系的产业政策阶段；1997年至今，为韩国的技术支持与创新主导性产业政策阶段。其中，在第二阶段，韩国从20世纪80年代初期开始，便将"政府主导型"经济体制转变为"市场主导型"经济体制，围绕构建开放、竞争、自律的经济体系的战略思想，政府实施了一系列改革，其产业政策主要体现为产业合理化政策和产业培养政策两个方面。

第一节　韩国产业政策的主要特征

韩国自1962年开始，修正其20世纪50年代推行的进口替代政策，以政府为主导积极实施出口导向型发展战略，此后，其产业政策也趋于鲜明且随时代演进，一直不断得到调整。1970年，则由劳动密集型出口产业转而重点培育钢铁、石化、船舶、汽车等重化学工业，而到20世纪80年代，又着眼于重化学工业的重复投资和效率低下问题而采取积极的合理化措施。20世纪80年代末期到1997年以前，面对国内外经济环境的变化，构建自律、竞争、开放的经济体系，产业政策中政府的直接干预色彩逐步淡化，开始加强市场主导型的资源分配。具体时期与产业政策实施方

[①] 从主导到引导——韩国大企业集团发展过程中的政府作用分析. http://book.hzu.edu.cn/441743.html.

· 173 ·

向，见表16-1。

表16-1　　　　　　　不同时期韩国产业政策实施的方向

时期	产业政策实施方向
1962~1971年	培育和发展劳动密集型出口产业
1972~1980年	培育和发展政府主导的重化学工业
1981~1985年	实施重化学工业领域的产业合理化
1986~1997年	构建自律、竞争、开放的经济体系

资料来源：根据李智娜. 韩国产业政策的演变及其启示. 商业时代，2007 (6)；金善女，邢会. 韩国产业政策的成功演变及其启示. 河北工业大学学报，2005 (6) 的相关资料整理而得.

总揽韩国产业政策转型前的产业政策发展特征，可以分成四个阶段：劳动密集型出口产业的培育和发展阶段；培育和发展政府主导的重化学工业阶段；重化学工业的产业合理化阶段；构建自律、竞争、开放的经济体系阶段。

一、劳动密集型出口产业的培育和发展（1962~1971年）

20世纪60年代初，韩国的基础产业十分落后，20世纪50年代以来的美国援助日益减少，且实施进口替代政策越来越艰难，韩国工业生产绝大多数要靠进口半成品和原材料，导致对国外市场的依赖性不断增加。由此韩国政府意识到，不能仅仅依靠发展进口替代，想要国家经济走出困境，并持续发展就需充分利用受过良好教育的丰富的劳动力来发展贸易立国。由此，韩国政府提出"出口第一"的口号，并调整了其产业政策，实行了经济改革。即通过大量吸收外资、引进技术，进口原材料、零部件，经过加工装配和生产以后，将产品大部分推向国际市场来达到创收外汇、增加积累、促进整体经济发展的目的。同时，把发展重心放在劳动密集型的轻工业上，这些产业主要有鞋帽、木板、假发、食品加工业、纺织、木材和木制品等。并且，积极实施有目标的市场保护政策和鼓励出口的政策体系来推动出口主导战略，并配合各种措施与手段来积极促进扩张出口。

其主要政策措施有：（1）对直接出口品和用于出口商品生产的进口原材料，提供优惠的出口信贷；（2）减免出口商品生产所用的生产资料和中间产品的进口关税；（3）构建主要用于补偿出口损失、开发新出口市场的储备基金；（4）进行部分退还间接税，用在出口品生产与销售的中间产品；（5）对由出口相关所得的外汇收入，减征一半直接税；（6）实行对出口商品生产的机械设备进行加速折旧补贴；（7）实行对出口成绩优良的企业给予进口方面的优惠政策；（8）进口的原材料多于出口商品需要的，允许免税，并提供原材料损耗补贴；(9) 出口品生产和销售实行廉价的电费和铁路运费。①

另外，政府为价格实现国际接轨并提高国内产品的质量实行了进口自由化政策。这些政策的实施有力地促进了出口，而出口的迅速扩大又带动了相关产业的发展，如纺织业、服装工业、制鞋业、胶合板工业、部分电子工业等。这一阶段，即在第一个"五年计划"、第二个"五年计划"期间，韩国完成了自主型经济的基础，并实现了年均8.8%的实际增长；同时，以工业为中心的第二产业和服务部门依据韩国的产业政策取得了较大的发展；同时，大力度投资了其社会基础设施，其中，通信、交通、电力等行业得到极大扩充，其投资额达到年平均21.3%的高增长率；年均增长高达36.2%的出口规模使韩国大大降低了失业率，也增加了非农业部门的就业机会。可以说，20世纪60年代政府放弃进口替代战略，改而实行出口导向的产业政策，再加上当时有利的国际形势，使韩国迅速摆脱了此前的困境，开始踏上了高速发展的征程。

二、培育和发展政府主导的重化学工业（1972~1980年）

进入20世纪70年代，由于贸易保护主义增强，国际贸易环境恶化，导致高关税与非关税壁垒，对外贸易的扩大受到了严重阻碍。而原油价格上涨引起各种原材料价格普遍上涨，对于主要依赖原材料和燃料进口的韩国来说，是个巨大的冲击。此外，从世界各国经济发展角度，20世纪70年代初期和末期的两次国际"石油危机"给西方国家经济带来了严重打击，迫使其不得不进行产业结构调整，纷纷把一系列与石油有关的产业部门及能耗较大的重工业部门（如石油化工、冶金工业、修造船工业等）逐步向外转移。在这样的政治、经济背景之下，韩国政府将发展建设重化学工业作为重点产业目标。在第三个"五年计划"和第四个"五年计划"期间，确定了六大战略产业为石油化学、钢铁、机械、有色金属、电子、造船等，并努力在"均衡、增长、效率"的基本信念下建设自立经济结构，改善国际收支，提高投资财务的自主分配，增强在国际舞台上的竞争力。并以此为目的，实行一系列对应的措施和政策来加以保障。

（一）通过法律加以保护

由此始终以建立健全法制工作作为重要目标，做到依法管理，逐渐建设发展成更加法制化的经济社会。韩国政府在发展重化学工业的时期制定

---

① 张慧智. 韩国经济发展的产业政策分析. 东北亚论坛，1997 (3).

实施了非铁金属冶炼事业法、钢铁工业、汽车工业、航空工业、石化工业等产业的振兴法。企业想要得到发展就须利用政府给予的优惠政策,所以当企业遇到困难,先想到的是去建议政府修改和完善法律,而不是去回避法律或钻空子。因此,法制化、规范化的产业政策,使被扶植产业得到了良好的发展。

(二) 金融支援政策

韩国政府对金融体系加深了控制力度,实行了政府主导的资金分配方式来应对发展重化学工业需投入巨额资金的难题。韩国政府成立了"国民投资基金",并通过低利率利用国有银行或商业银行等将资金拨给战略型产业。

(三) 重化学工业在赋税方面也获得了政府的支持

通过1974年和1977年两次修改税法,完善了间接税制,降低了重化学产业法人所得税,保证企业资源充沛并实现高度化的产业结构;为促进投资与出口,实行了附加价值税;建立了重化学工业的非关税壁垒,采取了进口保护政策;同时,把轻工业相关的出口关税优惠降低或撤销并转投到出口重化学工业的产品,这也使得重化学工业在20世纪70年代获得了快速发展和壮大。

(四) 其他方面的支持

政府还建设完善了公路、电力、港湾、铁路、运输、通信设施等社会公共基础设施,经济效率得到明显增强,从而韩国构建了自立经济的框架。

三、重化学工业的产业合理化（1981~1985年）

从1962~1981年的四个经济发展五年计划以及韩国采取的相应的产业政策和其他配套措施,使韩国经济得到了迅猛发展。但同时也由于片面追求高速增长以及产业政策的某些失误引发了许多问题,从而导致自20世纪60年代初以后在1979年韩国商品出口首次出现负增长,1980年经济总量增长也自1956年以后首次出现负增长,通货膨胀日益严重,物价连年上涨。这与70年代为重化学工业建设而引进巨额外资和原油价格上涨造成的负担过重,以及对外贸易的慢性赤字积累有着密切联系。另外,长期的产业发展政策,扩大了原有的农业与工业间的差距,使粮食及其他初级产品的自给率不断下降等。产业的二重结构造成了整个工业部门结构的畸形和不合理,导致了韩国经济发展的不均衡。有鉴于此,从20世纪80年代的第五个"五年计划"（1982~1986年）开始,韩国政府提出了"稳定、效率、均衡"的方针,开始调整其产业结构,对之前的产业政策做出了大幅调整,力图从过去的"政府主导型"经济逐渐向"市场主导型"经济转变;并以增强自立增长能力为目标,在保持经济稳定增长的前提下,减少外债、改善国际收支。最终证明也取得了非常好的产业政策绩效,如在1986~1988年出现了币值、国际利息和油价都降低的"三低现象"。同期,韩国经济取得了飞速发展,出口增长率达到19%,经济增长率年均达到12%,项目收支顺差年均达到100亿美元,一举创造了举世瞩目的"汉江奇迹"。产业政策具体体现为以下几个方面:

(一)着重实现产业结构的高度化,重新确立新的产业发展目标

韩国在第五个"五年计划"中提出要着力培养和发展高附加值与节能型产业的目标,并逐步减少对重化学产业的投资措施,重点扶持电子、机械、汽车、钢铁和造船等对外竞争力较弱、创汇能力高、发展前景大的产业;并以信息通信、电子、半导体、精细化工、自动化机械等产业作为第一战略培养对象;以新材料、生物工程、能源等产业作为第二战略培养对象,同时,为促进经济回升,刺激国内需求,大力扶持中小企业和内需产业的发展。

(二)努力拓展新技术的研发,追赶与发达国家的技术与竞争力的差距

韩国首次将"科技立国"的战略目标提上舞台。一方面,大幅度地投入科研费用,制定优惠政策,将以数量为基础的出口经济转变为以科技为主的质量型出口经济;另一方面,从日本、美国、西欧等发达国家购买最先进的技术,并对其进一步做出创新和改良。

(三)实行民营化的金融政策

政府为增强资金配置效益,提倡各金融机构的合理竞争;银行实现自律化的内部经营,大幅减少对产业发展的过度支援;降低银行的优惠政策金融比率,使之增强自立经营的能力;对大股东参与不正当经营进行监管。

(四)鼓励市场竞争

通过市场竞争,进一步释放企业自主权力,改变以前的政府主导企业发展的路线;并充分将市场机制的调节能力发挥出来,从而实现经济的均衡化、效率化、开放化和稳定化。

四、构建自律、竞争、开放的经济体系(1986~1997年)

20世纪80年代末期,特别是1986~1989年,韩国年平均经济增长率

高达10%以上，同时也产生了泡沫经济因素。20世纪90年代初，随着世界经济不景气的来临，韩国经济增长明显出现滑坡，1990年经济增长率为9.3%，1991年为9.7%，而1992年则仅为5.8%，通货膨胀率急剧上升，由1990年的8.6%猛增到1992年的18.5%。面对诸多经济问题，在1993年之后实行了"新经济政策"，为搭建开放、竞争、自律的经济体系先后多次进行了经济改革。具体内容如下：

（1）实行金融自由化政策，如推行金融机构自由化、外汇自由化、资本自由化以及利率自由化等，逐步使原先的国有商业银行转向民营化，为了使金融企业发展效率化、大型化且更具竞争力，鼓励在金融企业内部搭建企业群的平台。

（2）进一步开放经济，实行经常贸易往来自由化和资本往来自由化等为国内企业创造良好的发展环境，为实现经济的"自主发展"模式，政府对企业的干预也随之逐渐减少；同时，改善外国企业的投资环境，在投资领域、土地购置、税收征收、金融信贷和行政审批等方面给予优惠，亚太地区经济合作的新环境和乌拉圭回合谈判的顺利，使韩国与世界经济接轨，并逐步向世界化战略方向发展。

（3）政府只负责编制企业经营基本法规和搭建公平的市场竞争秩序，而不再对企业的生产经营活动进行大范围干预。

（4）通过公有经济私有化政策来增加私人资本与私有经济的比重，并相应减少公有经济与国家资本所占的比重。

（5）实行"国营经济民营化"，原来受国家控制的汽车、钢铁、造船等企业，通过直接或股份制向民间私人经营转移；在调整和优化产业结构方面，继续把第三产业的发展作为重点，努力提高社会基础建设投资额占GDP的比重，使资本密集型产业和知识密集型技术产业发展成韩国经济的主导产业；发展培养内需产业，做好协调轻重工业的比例；为进一步调整和优化产业结构，以坚实和稳定增长为基调，扩大农产品的有效供给，促进第一产业发展。此外，将发展年均达到16%高增长率的尖端技术产业作为重点战略项目。

第二节　韩国产业政策的转型

一、韩国产业政策转型前的主要危机

韩国政府干预下的产业政策对韩国经济的发展起到了重要的推进作

用,但是,政府的过度干预也使韩国付出了金融危机的惨痛代价。1997年,韩国产业政策转型前所面临的危机有以下几个方面。

(一) 政府的速度型扩张忽视了经济发展的质量

长期以来,韩国政府在制定经济发展战略中,由于采取了强有力的增长第一战略目标,这就使得韩国的经济增长中具有"政府强迫"的性质,所以,韩国经济的增长中明显带有偏重速度而忽视发展质量的倾向。据韩国经济院《韩国经济成长要素分析》显示,1963~1992年间,韩国平均实际经济增长率虽然为8.26%,但对经济成长贡献度最大的却是劳动力投入,达31.9%,资本投入的贡献度达到20.9%,规模经济效益的贡献度为20.5%,资源配置改善贡献度为8.9%,而技术进步及其他要素的贡献度仅为14.1%。这种靠劳动和物质要素投入支撑的增长在早期发展阶段可以维持,当参与国际市场竞争时,成本优势、技术档次和综合竞争力就难以显现出来。而且,在韩国经济实行过一段倾斜增长后,国民经济结构与产业部门之间的失衡矛盾又成为制约经济增长的重要因素。

(二) 政府对财阀的过度保护形成企业体制的脆弱

韩国的企业制度与日本和东南亚国家明显不同。日本的企业发展模式一直是以大量中小企业和相当数量的特大型企业共同发展为基础的,相比之下,韩国可以称得上是"大企业经济"。但是,韩国许多大企业集团并不完全是通过内部资本积累、技术创新和竞争发展起来的,而是靠政府过度保护,如通过优惠的融资、税收等手段。由于许多大企业集团相对容易地获取贷款,因而使企业在追求外延扩张的过程中,常常容易忽视内在质量的提高,从而削弱了对国际市场的应变能力和市场竞争力。在20世纪80年代兴起的国际化浪潮中,又导致企业片面追求规模大型化和经营目标多元化,许多大企业集团的资产负债比率极不正常,负债率超过100%的有10家大型企业集团。

(三) 政府控制金融造成银行体系的脆弱

由于政府长期控制银行,韩国的银行业并不发达。从20世纪60年代起,韩国政府颁布法令,使政府对金融的干预和控制合法化。当时,韩国银行几乎丧失了作为中央银行的任何独立性,被置于财政部的管理之下。由于银行缺乏对贷款项目必要的审查和监督,使银行自身安全的屏障功能失效,严重削弱了银行控制贷款风险的能力。另外,韩国银行的脆弱性,还表现在其长期累积沉淀下来的大量不良贷款。据统计,在1997年第四季度初,韩国银行因企业大面积亏损而使得不良债权大幅提升到28.5万亿韩元。如果再加上非银行综合金融会社的不良债权，总规模高达 32.4 万亿韩元。1997 年出现的数起巨型企业集团相继倒闭风潮，更使银行业险象环生。①

（四）"政金商"三位一体带来了腐败

韩国大企业与欧美发达国家的大型跨国公司最大的区别在于：其大部分大型企业集团都是家族式公司，而这些公司的总经理们大都出身于军界或政府机关，与政界有着千丝万缕的联系。引致公众对政府过分介入经济的批评，并由此造成经济政策摇摆不定，危及经济的健康运行。

二、韩国产业政策的转型内容

（一）转型过程

1. 接受国际货币基金组织的管制及其产业结构调整（1998~2002 年）。

当东亚金融危机于 1997 年底扩散到韩国后，韩国不得不开始接受国际货币基金组织的管制，并实施积极的产业结构调整。此后，伴随克服危机而实施的紧缩政策，使企业和金融机构的效益不断恶化。同时，为了促进企业之间的自律竞争以及增强产业竞争力，将之前实施的《工业发展法》修订为《产业发展法》。

1998 年 2 月，针对 5 大财阀企业和 30 大企业集团为对象进行了企业结构调整，并实施了 5 个核心课题，即提高企业经营的透明性、解除系列企业之间的相互支付担保、改善财务结构、选定核心主导事业、加强大股东和经营层的责任等。1998 年 4 月，又缔结了主要债权银行和财阀系列企业之间财务结构改善约定。2001 年 7 月，制定《企业结构调整促进法》，在金融机构已给予 500 亿以上贷款的企业中，对存在复苏可能性的企业，债券金融机构共同促进其经营正常化措施。到了 2001 年 8 月，韩国企业的负债规模大幅缩小、财务稳健性大大提高，外汇储备也超过了 1 000 亿美元。

除了上述产业结构调整之外，韩国政府在应对世界信息产业快速发展方面，加大了信息技术基础领域的投资，同时为了搞活高科技企业及其融资需要，还设立创业板股票市场并制定了培育中小高科技企业的相关法律。

---

① 武士国，陈新军. 韩国政府主导型经济的利弊得失分析. 宏观经济研究. 1998（5）：60-70.

2. 向创新主导型经济体系的转换（2003年至今）。

金融危机以后，经过产业结构调整韩国迅速摆脱了国际货币基金组织的管制，但21世纪初期，韩国国内投资持续萎缩、收入差距不断拉大，由此，韩国政府加大了新技术领域的研究开发投入，致力于创新主导型经济体系的构建。同时，韩国政府实施积极的FTA战略，与多个国家同时展开FTA协商，获得了巨大的成功，其中，2007年6月与美国签署了FTA协定，2010年10月，与欧盟签署了FTA协定，已生效的FTA中涉及的国家已超过40个。为了开辟未来收益的源泉，韩国政府综合评估可否提高企业价值、技术与产品是否先进、可否带来经济增长和扩大就业等因素，拟订韩国未来的新增长动力产业。2009年5月，韩国政府正式公布《新增长动力综合推进计划》，17个新增长动力产业，见表16-2，截至2013年共投入24.5兆韩元的资金。[①] 这一计划又包括，新增长动力具体推进计划、技术战略指导、人力培养综合方案、中小企业支援方案等4个具体计划。其技术战略指导包括，通过"选择与集中"，为抢占未来市场以及新市场而选定62个部门作为明星品牌，再分1 200多个核心技术课题，有步骤地进行具体开发。同时，为了新增长动力产业的持续发展，用10年时间拟实现70万名核心人力培养目标。

表16-2　绿色技术、尖端融合、高附加值服务等三大产业领域17个新增长动力产业

绿色技术产业领域	尖端融合产业领域	高附加值服务产业领域
1. 新再生能源	7. 广播通信融合产业	13. 全球医疗保健
2. 低碳能源	8. 信息技术融合系统	14. 全球教育服务
3. 高度水处理	9. 机器人应用	15. 绿色金融
4. LED应用	10. 新材料、纳米融合	16. 文化产品
5. 绿色运输系统	11. 生物制药、医疗器械	17. 会展、旅游
6. 尖端绿色城市	12. 高附加值食品工业	

资料来源：根据韩国知识经济部：《新增动力综合推进计划》，2009年相关资料整理。

（二）如何转型

1. 产业政策从直接干预转向立法确定。

转型之前，韩国在很大程度上直接由政府部门制定其产业政策，而且有明确的国家计划和优惠政策。产业政策转型后，韩国才开始注重市场机制，并更多地让市场机制引导企业的经营活动，同时，通过更多的法律形

[①] 韩国国家科学技术委员会和未来企业委员会．新增长动力综合发展战略．2009年1月，http：//www.istis.sh.cn/list.aspx？id=6928．

式来确定产业政策,如韩国政府颁布《绿色增长基本法》草案等。可以说,韩国经济的快速发展,与政府积极推动产业政策从直接干预转向立法确定是分不开的。

2. 产业政策从注重传统产业转向注重战略产业。

韩国从自身比较优势出发,将纤维纺织行业列为战略产业之一,给予必要的产业政策支持,据韩国产业资源部统计,1997~2004年间,其年均外贸顺差就达到了120多亿美元,居各行业出口榜首。针对其他类似的传统产业,韩国也从产业政策层面大力进行升级支持,如在2008年7月,韩国公布了IT产业新增长战略——《IT韩国未来战略》,用5年时间共投资189.3万亿韩元,集中发展基于IT的核心战略产业,并开发与产业融合相关的技术等;同时,通过成立知识经济部,进一步强化韩国管理实体经济的部门职能,为韩国推进IT与产业融合提供了高效的组织保障。

3. 提出重点发展绿色产业的产业政策。

韩国政府为应对金融危机,专门将绿色技术产业列入《新动力规划及发展战略》中,其相关具体举措包括:第一,2009年1月,在公布《新增长动力规划及发展战略》和《绿色能源技术开发战略路线图》的基础上,确定绿色战略的具体发展路径与推进的重点领域;第二,在更广泛的层面上,鼓励和吸引民间资本参与产业结构调整与企业转型;第三,进一步加大对绿色产业的投入力度,加快促进财税、金融等领域的支持与创新步伐;第四,以警告制度作为实施标识,不断约束规制能耗产品的使用与排放;第五,加大对重点领域和产品的聚焦力度,推动绿色战略更好地实施落地;第六,明确绿色战略的目标和重点,抓紧出台温室气体减排等国家级规划。

4. 从扶持企业集团转向对大型企业集团进行改革。

从20世纪70年代起,通过财政、信贷、贸易等优惠措施,从发挥规模优势与提高资本集中度的角度,韩国政府优先推行了一段时期的企业集团化战略,增强了国家竞争力。而在2003年以后,韩国开始推动从扶持企业集团转向对大型企业集团进行改革,除现代、大宇、三星、LG和鲜京五大集团外,凡排名第6~30位的大企业集团,都将列入当时的改革名单之内。同时,作为配套政策,也增加了中小企业产品在政府采购中的相应比重等。

5. 充分考虑顺序发展与产业发展规律。

综观韩国产业发展史,其产业政策在不同的特定阶段,有选择、有重点地分别采取了配套性强的细分政策,如经济起飞阶段,重点实行了"重工轻农、重出口轻内需"的倾斜产业政策;进入21世纪后,又及时将信息技术产业作为重点发展产业给予政策支持等。另外,政府通过宏观经济政策,间接对产业发展方向给予引导,避免成为产业投资主体和经营主体。此外,产业政策也必须与财政政策、金融政策等宏观经济政策相一致,才能收到好的效果。产业政策必须与社会发展相协调,才能保证社会经济平衡稳定地发展。如重化学工业政策必须与环保、就业、社会公平综合兼顾,不能只采取单项政策,否则会导致增长与发展相矛盾的结果。

6. 注重创新机制的利用。

20世纪60~70年代,韩国当时强调引进技术而忽视了相应的技术开发,同时,对于能够强化技术设计开发能力的"软技术"引进比较少,其引进的主要是一些应用技术。80年代,韩国开始注重创新机制的建立,加强对产业技术开发政策的引导,一是成立"技术振兴审议会",它是由总统直接管辖的科技开发最高审议机构。二是进一步加大对技术开发的投资力度。三是为政府在税收、金融等方面提供一些优惠政策分担企业技术开发的风险,同时,鼓励产业技术开发。虽然经历了一些政策改革,但韩国在这一时期还只是停留在重视一般科技水平对产业发展的作用上。另外,随着"21世纪韩国精英工程"和"教育信息化工程"的相继开展,国内掀起了一股开展全民信息化教育运动的高潮,为韩国培养信息化教育人才奠定了基础。

三、转型成效与问题分析

(一) 转型成效

1. 文化产业异军突起。

从1998年确立"文化立国"的战略开始,在政策上全面出台了《国民政府的新文化政策》《文化产业促进法》《文化产业发展推进计划》等法律保障政策;2011年5月,韩国还专门制定了文化创意产业振兴基本计划,对3D等高端技术领域给予政策倾斜。自韩国产业政策转型后,韩国流行音乐成为韩国国民经济发展中的重要动力;韩国也是世界上最大的在线游戏生产国,在2008年和2009年,韩国国内游戏市场增长率分别达到9%和17.4%;韩剧(韩国的电影和电视剧简称"韩剧")也在中国受到热捧,韩国文化产业迎来了历史上最大的繁荣时期。

2. 新能源产业迅猛发展。

(1) 核能。韩国缺乏自然能源，因此，非常重视核能的开发与利用。在 2010 年初，韩国知识经济部发布了《核电出口产业化战略》，计划将核能发电装置容量从原来的 26% 提升至 41%，至 2030 年拟新建 11 部核能机组。①

(2) 太阳能。加快三星、LG、现代重工、STX 太阳能等大企业的发展。虽然从专利申请的国际比较来看，韩国太阳能专利件数不及美国、日本的多，但近年来已经显示出强劲的发展势头。

(3) 新能源汽车。韩国企业的主要目标是发展混合动力车、氢燃料电池汽车和电动汽车，尤其是在推动氢燃料电池汽车的开发方面，韩国国内共有 120 多家企业联合参与，与其他发达国家基本处于同一水平。预计到 2030 年，该新型动力汽车的生产量将达到 100 万辆，创造产值将超过 16.8 万亿韩元。

3. 韩国产业结构进一步优化升级。

随着产业政策的转型，韩国的电子信息产品成为主导，并发展成为世界第三大半导体生产国，其间，多家知名大企业财团也积累了丰富的发展经验。进入 2000 年以后，韩国产业结构得到进一步优化升级，韩国经济快速走出谷底，并呈现良好的复苏态势。

(二) 存在的问题

1. 大企业集团问题重重。

韩国产业政策支持了大企业集团的发展，虽然也扩大了国家的国际影响力，带动了整个国民经济的发展，同时，却使得韩国的中小企业发展受到了抑制，导致韩国企业规模结构中大企业占主导，小企业发展不足的不均衡现象，行业集中度很高，在产业政策支持下的大企业集团发展也不尽如人意。应该说，韩国产业政策转型后虽然为大企业集团的发展提供了有利条件，同时也埋下了失败的祸根。

2. 企业对产业政策过度依赖。

韩国制定产业政策时，一方面，以其优惠税收、低利率贷款、政府投资基金等金融资源，为相关行业的企业聚集了多方面的发展支持，在较短时间内就能推进企业向相关产业的方向发展，并进一步提高企业的经营绩效；另一方面，通过改善制度，也为促进企业的绿色产业发展提供更加良好的金融支持环境，能大大加快这些企业进入快速增长的发展

---

① 曹晓蕾. 韩国新能源领域知识产权与产业发展研究. 东北亚论坛，2011，20 (3)：92-97.

轨道。这在客观上导致更多企业利用这种产业政策的依赖性而疏于创新和发展，由此滋生各种加剧企业风险的行为，从而可能进一步恶化企业的成长绩效。

第三节 启 示

一、转型是不同发展阶段的必然要求

韩国经济与产业迅猛发展的事实得益于韩国产业政策的转型，转型也是推动经济增长和可持续发展的必然要求。许多实践都证明，国家经济的发展离不开适应其发展阶段的产业政策转型。国家经济发展到一个新的阶段，必然要出现一系列新问题，如体制问题、资源问题、生态问题等，这些都是我们在新的经济形势下要直接面对的问题。面对新形势下的新任务，若原有的产业政策已不适用，就必须对产业发展目标和实施手段做出规划，这就需要拟订新的产业政策，即产业政策的转型。

二、转型是政府的自我革命

转型是政府对现有政策的根本调整和改变，韩国政府在产业政策转型中起到了巨大作用。韩国政府在东亚金融危机后审视当时境况，对原有的产业政策做出了大力度的变革。在产业政策转型中，韩国政府从直接干预转向市场主导，从行政手段转向利用经济和法治手段，这些都是政府在调整自己的职能、削减自己的权利，对政府来说确实是一场前所未有的革命。正因为韩国政府成功的自我革命才使得其经济快速发展，产业逐步具有竞争力。

三、转型的根本是市场秩序的重建

产业政策的转型涉及市场秩序的问题。转型是改变原有的产业政策，是对市场主客体的利益整合和调整，是确保市场竞争秩序的重要条件；为防止垄断，需使新的产业政策做到确保交易行为秩序，交易行为应以诚信为本，买卖自由、买卖公平。如此才能使转型后的产业政策更好地服务于市场、服务于经济，所以，产业政策转型的根本是市场秩序的重新建立。

四、转型目标是催生新产业革命

每个国家在不同的经济发展阶段,需要发展不同的产业来支撑经济。当经济发展到一定时期,为了适应国际环境、发展本国经济,就必须对原有产业政策进行修订。新的产业政策,即转型的产业政策需要对适应经济发展形势的产业给予倾斜,需要对新兴产业或幼稚产业给予一定的保护,这可能会引起产业的升级换代以及新产业的出现。

第十七章 法国的产业政策

法国的产业政策具有比较强的政府主导性。在第二次世界大战结束后至 20 世纪末，法国一直推行阶段性国民经济方针政策。在传统的欧美资本主义国家中，比较而言，法国更加看重由政府指定的宏观经济政策。另外，法国在第二次世界大战后开始的那段岁月，以农业基础设施的建设为主，通过农产品的富足带动手工业、制造业的快速发展。在 20 世纪 70~80 年代，由于国际金融体系的瓦解，欧美发达经济体普遍陷入滞胀。法国进行积极的转型，将未来国家经济的重心转移至高科技领域，使得国家依旧能够保有一定的竞争力。这些发展、转型的国家层面的思路和历程十分清晰。对于中国而言，目前正面临着在转型过程中出现的各种各样的问题，应该积极地对发达国家的历史经验教训进行研究，找出一条有中国特色并适合中国国情的转型道路。

第一节 法国产业政策的主要特征

与其他经历过战争的资本主义国家一样，法国的经济发展经历了第二次世界大战后重建阶段、工业现代化阶段和经济的滞胀与调整阶段。至 20 世纪 50 年代末，政府的主要目标是快速修复战时破坏的工业设施及推动一系列的政策振兴战后经济。另外，法国在这一时期也开始加大能源、原材料和交通运输领域的政策力度。法国的核电计划，也是从这一时期开始实施的。

一、20 世纪 50 年代末~70 年代

法国政府的政策着眼点从外部世界回到本土。此时，政府的战略规划是在上一期的基础上大力高速推动经济的增长和人民生活水平的提高。产业核心从工业向制造业转型，并随之提高服务业的发展水平。随着 1957

年《罗马条约》的签署，欧盟成员国的联系逐渐紧密，德国的煤炭、英国的石油以及欧洲各国开放的市场促进了法国的经济增长。这一时期，也是欧洲各国发展的黄金时期。

二、20世纪70年代~20世纪末

由于石油危机、经济危机的爆发以及布雷顿森林体系的瓦解，整个世界的经济局势和金融局势发生动荡，法国也陷入了"滞胀"的困境。于是，法国在20世纪80年代初期对产业结构进行了调整，将政策重心从第二产业向第三产业转移。高科技领域和计算机信息领域得以发展，而农业与工业等物质生产部门的比重则下调。劳动密集型产业逐步向资本密集型产业以及知识密集型产业过渡，其中，知识经济学、信息经济学也随之兴起。

三、21世纪初以来

为应对经济的全球化和保持法国工业强大的竞争力，法国政府采取了更新的以保护和扶植小企业为主的产业政策，建立了一系列产业园区、提高企业内部的信息化水平、鼓励同行业或相关行业企业的相互联系，使小企业能够迅速拥有竞争力，加强市场的活力。

第二节 法国产业政策的转型

一、转型的主要特点

法国第二次世界大战后工业结构的迅速调整离不开政府政策的推动，而比起其他资本主义强国，法国的经济也更具有较强的政府干预色彩。法国的产业政策主要由中央政府进行主导，地方政府不制定较大的产业政策。

（一）始终贯彻以国家计划为核心的产业政策

法国产业政策的主要特点就是推行以经济计划为倾向的经济政策，并在每一次计划中都推行相应的产业政策，每一次的产业政策都是对产业结构的调整。在第二次世界大战后萧条的经济环境中，法国私营企业的力量十分薄弱，根本无法带动经济发展，急需通过国家的力量进行有组织、有计划的经济行为。并且，应该用法律法案来规定政策的实施对象、手段等细则，使得政策得以有效地实施。第二次世界大战结束后，1947年法国政府开始推行大约五年一期的经济计划，每次计划中都会明确国家进一步发展的预期目标，也会规划出下一个计划的经济增长标准，并规定各个产业的政策目标以及实施措施。前三个五年计划为1947~1961年，主要是恢复第二次世界大战后的基础设施建设，发展基础工农业，并为接下来加工业的发展提供原材料。第四个五年计划为1962~1965年，将重点放在调整社会结构上。1970~1975年的第六个五年计划，开始对工业结构进行调整。1976~1988年，推行的第七个五年计划至第九个五年计划，开始施行地方分权以及一系列社会改革，对传统工业和落后的劳动密集型产业进行整顿，并将高科技、信息技术等产业，定位为未来发展的重点目标。1989~1992年的第十个五年计划的主要目标是完善法国的各种标准，以便于更好地融入欧洲共同体。这种几年一度的计划经济体制在欧美发达资本主义国家中并不常见，但的确为法国在第二次世界大战后的经济发展起到了不错的促进作用。政府使用国家的财政预算来对市场进行一系列引导和调整，使得整个市场可以遵循国家层面的产业政策相应地变化，并能够同时保有资本主义市场经济自发调节的活力。这种依靠强势政府而为的混合经济体制，对于法国在第二次世界大战后依然保有强劲的经济实力不无裨益。

（二）扩大国有化，构建以国有企业为主的产业政策

与这种倾向于计划经济的混合经济体制相关的是，法国政府下大力气扶植国有企业，通过国有企业作为市场的标杆来实现产业政策。法国具有悠久的中央集权历史，它会为了支持主要的加工企业而建立很多为其提供原材料的小型企业。为适应20世纪30年代的"大萧条"以及完成第二次世界大战后的重建任务，巨型的国有企业在一波接一波的国有化浪潮中应运而生。法国政府在石油、电力、铁路、航空等领域仰赖于各大国企的支持，在执行国民经济计划的过程中，也会与国企保持密切的合作。法国在管理国有企业事务上，专门成立了国有资产局。它由法国经济财政部直属管辖，主要功能是管理并保值国有企业资产。它作为政府间接干预市场的主要通道，也在市场调节、产业政策引导方面起到了不可或缺的作用。在这个国有资产局中，法国财政部会邀请一些政界或是学术界的知名人士，对一些重要的文件法案等提出他们的看法。这样可以使得决策制定得更加合理，也能够保持与民众的互动，使政策制定的过程更加透明、合乎民主程序。另外，法国政府对于国有企业的管理还采取了财政总监制度，财政部内部任命财政监督员，驻扎在地方政府和国有企业内部，与工业部、国

防部、运输部等部门派出的管理者们一起管理国有企业。在对国家层面的产业政策进行详尽的分析之后,他们一起商讨国有企业下一步的运作方向,制订长期计划。强有力的政府以及实力雄厚的国有企业对社会起到了一定的推动作用,使得法国的政策方向更加集中。在大企业的庇护下,小企业所处的经济环境也比较平稳,市场的秩序性很强。

二、转型的内在机制

(一)在转型的过程中,法国的产业政策十分注重地区均衡性,并专门成立了机构对地区的政策实施进行监管

法国对于地区政策非常重视,并实行了一系列国土整治政策,城市、农村、山区、海边、老工业区和新工业区均包括在内。为了引导地方的经济政策与国家相一致,政府先对地方的整治方案进行统一部署,对老工业基地采取淘汰升级等策略,对于新工业基地进行扶植鼓励的方针政策,再由地方政府根据中央政府的文件进行下一步部署。国家还设立了专门的监督机构,对地方实施项目的进程进行检查。另外,中央还与地方大区签署具有法律效力的合同,建立责任制,这是为了落实国家经济计划的实施,保证与国家政策重点相关的项目得以顺利开展。

1981年之后,法国政府国土整治的手段得到进一步完善。政府把以前种类繁多的社会发展基金和地区发展基金、中小企业发展基金、农业手工业发展基金等都统一归为国土整治奖励基金,并于4年后立法将其标准化。20世纪70年代后期,由于经济危机、缺少工作机会等社会压力,约七成的研究人员和四成的大学生都聚集在巴黎,地区发展极不平衡。那么,就需要将工业和科研基地从巴黎等主要大城市分散至全国各地,平衡整个国家的经济发展。[1] 在此基础上,1982年法国政府实行地方分权法,将省长的权力向地方选举产生的市长和议长进行过渡。市级地方政府有更大的权力,他们有权勘查开采当地的煤、铁等矿产资源以及使用当地的自然资源,并可以根据当地的情况进行自主招商引资。[2] 1983年,再进一步下放权力,使大区可以有立法、行政等独立决策权以及自主制定社会、经济、文化等方针政策的权力,并可以独立制定财政预算和行使税收权。[3] 另外,法国政府在巴黎等地区建立科研生产部门实行劝阻式税制、对外

---

[1] 何农. 法国整治国土均衡发展. 光明日报, 2000 - 3 - 22.
[2] 李玉平. 法国的产业政策实践及其思考. 国际技术经济研究, 1990 (1).
[3] 潘小娟. 法国通过国土整治促进区域经济协调发展. 中国行政管理, 1997 (8).

地，尤其是贫困地区参与国家国土整治的活动则采取诱导式税制。按照地域条件和企业人员的差异，给予部分或全部税收减免。2000年，巴黎研究人员和大学生的比例已经降至45%和23%，并且在外省各个地区分别成立了地方的核心城市。里昂拥有大规模的科研基地、马赛、尼斯等地成为旅游中心，夏天可以去蔚蓝海岸度假，也能欣赏普罗旺斯的薰衣草田。波尔多成为世界知名的葡萄酒生产中心，大大小小的葡萄酒庄园遍布各地、享誉全球。图卢兹是空中客车公司总部的所在地，也是法国有名的大学城。斯特拉斯堡成为欧洲议会的总部，在政治上的影响举足轻重。

（二）以结构调整为主要目标，产业政策的鼓励对象从农业、工业向电子信息等第三产业发展，从资本密集型向知识密集型过渡

在欧洲层面，为了适应新技术时代的发展，当时的欧共体在信息工业化、通信技术、医疗卫生、环保等高科技领域进行了一系列部署。1983年，欧共体确立了《欧洲信息技术研究与发展战略计划》，以期望在为期10年内实现追赶美日步伐的目标；1985年，密特朗总统计划建立欧洲研究协调机构、欧共体宣布建立《欧洲工业技术基础研究计划》。1987年，欧共体理事会通过为期5年的《科学技术发展总规划》以及《欧洲先进通讯技术研究和发展计划》。[①] 欧共体理事会评估各个成员的科技水平，并对有需要的企业给予贷款、补贴等优惠政策。这一系列欧洲层面上的信息技术政策和规划，以及大力推广的科研鼓励措施，在很大程度上改变了欧洲高科技领域落后的局面。

法国政府也采取了一系列政策来提高本国的信息化水平。1982年，制定了《研究与技术开发纲要指导法》，首次将科研和技术开发列为主要的投资领域。[②] 它使得公共科研机构的工作人员享受政府的公务员地位，并把研究机构和需要其成果的企业进行结合，既保证了科研机构的有效运行，也为企业提供了便利。同年，还成立了国家科学与技术高级理事会，聘请了各个科技领域的专家学者来为政府出谋划策。它的功能主要是针对法国未来在欧盟和整个世界领域的战略部署提出宏观的科技政策建议。1982年，法国政府实施了《电子行业行动计划》；1983年，法国政府推出了鼓励创新的优惠政策，即科研税收信贷政策。它的减免税负的优惠条件只有一项，就是科研活动开支的大小。1988年，政府还补充规定，1988年以前未享受此种优惠的企业，可在1988~1990年间减缴税款。虽然这

---

① 宋敏，王忠凯．法国各主要政党对欧洲一体化的态度．国际论坛，2000（3）.
② 夏奇峰．2010年法国创新政策及创新体系改革．全球科技经济瞭望，2011（9）.

个减税额度有一定的上限,但能看出法国政府对于高新企业的扶植力度。另外,刚从学校毕业的工程师可以和企业签署工业研究培训协议,他们可以签署一个研究课题并执行3年,在此期间,国家科技部提供最高限额相当于受培训工程师工资50%的资助。此外,法国还向各个科研机构提供各类科研基金、补贴以及奖励措施。1984年,实施了《全民信息计划》,为学校配置了12万台计算机、培养了10万名以上的教师,并对社会开放了1 000多个公共实验室及7 000台以上的计算机。[1] 法国政府还努力推动信息技术的普及化,为中小企业制定优惠政策,要求企业都拥有自己内部的信息系统,提高信息化水平。另外,法国政府还实施了许多国家级的重大技术项目。1989年,法国政府制定了两大支持国家级重大技术项目的方案,一个是"技术突破"的方案,由研发技术部负责;另一个是"重大创新"方案,对产品能在5年左右投放市场或实现工业化生产的项目进行应用研究,由工业部负责。[2]

　　这种集中化、密集式的科研政策部署,体现了法国的国家力量。在对未来形势有一定把握的情况下,法国政府主动立法、建立了相关的研究部门、成立了理事会、实行国民经济计划并提出了税收优惠政策。它的产业政策手段多种多样,但又能够并行不悖、相互呼应,紧密地交织在一起,使法国的科技水平一直位于世界前列。另外,法国也在逐步调整钢铁、汽车等传统工业的产业结构,1973年的经济危机让东北部工业区的结构问题日益明显,失业率居高不下,企业亏损。1974～1985年间,法国的生铁产量减少32.5%,钢产量减少30.4%,而从事钢铁行业的人员人数也减少了将近50%。[3] 于是,政府在1984年出台措施,颁布《工业结构改革方案》,减少东北部老工业基地阿尔萨斯、洛林等地的钢铁和煤炭产量,将机器和设备进行更新,提高钢铁、化工等技术含量和附加值并鼓励高新技术的发展。向国际市场开放,培养新兴产业、引进外资,与国际接轨。国家也出资建造中小企业孵化器,对小企业的发展进行规划,在当地建立了很多工程师学校,对工人进行培训并鼓励年轻人学习。同时,对内鼓励企业合并,将产能落后的企业淘汰,最终将剩下来的40多家企业联合成立两家钢铁集团。两家有明确的分工,互相补充,此举完成了钢铁行业的结构升级。

---

[1] 肖宁洪. 企业所得税税收优惠制度与技术创新. 连云港职业技术学院学报, 2009 (3).
[2] 成良斌. 法国高技术产业化的若干政策. 外国经济与管理, 1993 (8).
[3] 刘慧. 法国国土规划理论与实践. 发展规划研究, 2009 (29).

第三节 启 示

一、法国的产业政策并不是简单的直上直下式的命令性政策，更多的是寻求各级市场、各个经济领域的协调配合

一项好的产业政策的最终目的并不是简单地让其他领域为一个特定领域牺牲自己的利益，而是在将一个领域设为重点发展对象的同时，带动与之相关的其他领域一起发展壮大。法国的产业政策，旨在推动某些特定的部门为国民经济的稳定运行提供持久的动力。自1981年以来，法国政府的主要产业经济政策为鼓励科技创新，包括基因科技、卫生医疗、材料和纳米工程等。以创新政策举例，它并不仅仅是鼓励知识产权的保护，而是更进一步地推动实现更高的教育水平、企业家才能、为小型企业创造更多的生存空间、提升全球化时代下的生产力水平、推行绿色科技，等等。

二、强调通过有法律效力的规章制度来更好地完善其产业政策的实施，同时努力使其发布的竞争性政策与保护性政策相互协调

第二次世界大战后，法国在产业政策转型的过程中加快了国有化进程，并进一步带动其他行业的发展。整体上，法国在转型期间遵循的方针政策主要表现为，一是以国有计划经济为主，通过立法的形式来规范计划中包含的产业结构调整的政策，将信息技术列为未来的主要发展目标；二是对产业目标的执行力度非常强，在认定未来的发展方向之后，通过各种立法、行政文件、税收等手段对目标产业进行全方位的支持和激励，并根据自身区域特点，在工业转型的重点地区相应设立高新技术产业区及新工业区；三是政府不遗余力地建立了很多专门的机构，来更好地引导产业结构的调整。比如说，在促进科技成果产业化方面，法国政府就以法令规定，各种研究机构必须向企业推广科研成果，在大学内增设"成果转化服务中心"，促进研究成果转化，并在巴黎总部设立中小企业局，负责制定扶植中小企业的产业技术政策等。

三、注重结合国内外经济形势及本国自身发展特征，确定优先发展行业及限制性发展行业，并运用财政、税收、信贷等多种政策手段，不断提升其市场的竞争与活力

法国在确定优先发展行业及限制性发展行业方面，出于保护本国资源

和民族工业考虑，注重转移或转产有污染的产业，大力发展高科技产业，逐渐实现产业内由以中低技术行业和资源性产业为主向以信息技术为主的高技术行业的演化。并通过减轻企业财政负担，建立工业现代化基金，专门为企业技术改造和实施发放低息贷款等，鼓励高新技术产品、低耗能产品的生产和消费，推动其价值链低端行业加快转型；同时，还利用财政、税收、信贷等多种政策手段，如逐步削减以至取消对亏损企业的补贴，对投资增长的企业给予税收优惠，逐年削减企业和个人的税负和社会分摊，不断优化供给结构和需求结构，推动产业结构自动升级。

第六篇

产业政策转型建议

　　从第二次世界大战后日本、韩国等许多新兴工业化国家的发展经验来看，当经济发展进入转换阶段后，往往会伴随从目标、内容、手段到实施方式的一系列产业政策转型现象的发生。在产业发展初期，产业政策的主要目标是突出扶持主导产业或者保护幼稚产业，通过政策性的直接干预，发挥其比较优势，并帮助企业实现对先进国家的模仿和学习，实现跨越式发展；而当经济发展到一定阶段后，随着与发达国家的差距逐渐缩小，技术革新逐渐失去模仿对象，自主创新自然会成为经济发展的新动能，此时的发展战略和经济政策议程也会发生明显的变化，开始从比较优势战略向创造有利于竞争和创新的社会经济环境方向转型。

　　虽然中国已经建立的产业政策体系并不十分完善，但经过不同发展阶段的改革与变迁，在中国经济保持高速增长的过程中，产业政策的确发挥了重要作用，并成为世界上使用产业政策最为普遍的国家之一。然而，中国产业政策体系，基本上是围绕对先进国家经济追赶的战略目标而逐步建立的。目前，中国经济已经从高速增长向中高速增长阶段转换，经济增长动力也从"模仿追赶"进入了"创新驱动发展"的新阶段；经济发展水平则从低收入国家跨入了中等收入国家，总体迈入了不同于以往的发展"新常态"。从根本上讲，现有产业政策体系已经不能适应新阶段与"新常态"的发展要求，如过于依靠财政补贴、低息贷款、低价供地、能源资源价格控制等直接干预市场措施，依靠市场准入限制、项目审批、强制淘汰等行政措施进行企业扶持、技术选择和产业选择，明显扭曲了市场竞争机制，制约了市场在资源配置中的决定性作用。因而对产业政策转型的目的认知，主要是通过改变产业部门间的资源配置，实现产业结构的优化，提高产业的技术水平，增强产业竞争力，从而促进产业成长和经济增长。

当前，中国正朝着实现"两个一百年"的奋斗目标和中华民族伟大复兴的"中国梦"而阔步向前，中国产业发展的总体环境也正经历着深刻变化，正处于从"扩张型"向"升级型"跨越的阶段。而当今世界资源配置全球化、区域经济一体化、发展方式低碳化趋势日渐明晰，全球产业分工体系与金融体系处于加快变动的重构时期，我国东中西部经济发展差异加大、区域协调发展态势愈发迫切，外需继续乏力且内需启动尚显不足、投资拉动效应过甚而消费支撑后劲不足、区域发展不均且城乡差距日趋扩大、产业结构待调整与发展方式待转变并存、资源供给趋紧与环境承载超负荷，整体发展环境日趋恶化等，中国产业经济发展正面临着挑战与机遇并存、外压与内压并举、转型与跨越并重的严峻考验，由此势必给中国产业政策转型带来诸多新的考验，对构建中国特色产业政策体系带来更多新的考量，并将产业政策带入一个转型新时代。因此，如何主动推动产业政策转型及利用何种产业政策来促进经济转型，将是本篇要讨论的关键。

第十八章 产业政策转型的主要原则

从以上分析可知，传统产业政策手段在一定程度上存在竞争扭曲和创新阻碍的情形。中国当前传统产业政策体系中存在的一些弊端，已难以适应未来中国创新驱动发展的需要。因此，我们将未来中国产业政策转型的总路径概括为，从传统产业政策迈向竞争和创新政策，并明确在这一转型过程中应遵循以下主要原则。

第一节 产业政策转型应面向经济"新常态"的挑战

当前，中国经济已进入"新常态"，中国经济正面临着从传统粗放型增长转向新的集约型增长，伴随全面建设小康社会目标的推进，其经济发展的规模、速度、质量和效益也将更趋向于合理化和良性化；但与此同时，中国的产业发展也面临着国际经济发展态势的日趋疲软，国内经济发展的后发优势逐渐减弱、制约因素日益显现、内生增长动力不足等新的形势与前所未有的挑战。在时间方面，存在"两个一百年"的重要节点，要确保实现全面小康与现代化建设任务，中国产业政策如何转型将成为目前影响中国产业发展的关键。

第二节 产业政策转型应吸取已有的经验教训

如前所述，中国产业政策在促进经济高速增长的同时，已经表现出诸多负面因素。在实践中，在一些产业政策十分密集的行业，比如，汽车、钢铁等行业产能增长普遍较快甚至大规模出现产能过剩，但从技术水平和世界前沿技术水平的差距缩小方面来看，则大部分没有达到预期效果；而在一些产业政策相对较少的行业技术进步的速度反而超过预期目标，比如说,互联网、电子商务等。产业政策的负面因素主要表现在两个方面:一是产业政策"失灵"现象经常存在,特别是从技术进步和创新促进的实际效果来看,产生了良好效果的案例比较少,负面案例比较多;二是过大过全的产业政策体系及其实施已经明显干预和扭曲了微观经济主体的运行,在不少方面已经成为形成良好市场竞争秩序的制约因素。结合前几篇对中国产业政策现状与问题、多个产业政策案例及国际经验的大量研究,我们认为过去产业政策实施中暴露出来的问题是今后的宝贵财富,是产业政策转型的认知起点。

第三节 产业政策转型应围绕促进创新这一核心功能

面对中国经济的历史性变化和新的产业转型任务,我们必须始终清晰地意识到,创新驱动是决定中国经济未来的关键。在以经济追赶为基本特征的时代,中国传统政策的核心功能是促进对国外先进产业的学习和模仿,保护国内一些产业的生存环境,因而其基本特征是实施选择性补贴,即把认为重要的、代表方向的好企业、好产业挑出来,政府给予大力支持和扶持。这样一种政策逻辑如果是针对追赶型经济,有一个成功标杆竖在前面,比如向发达国家学习,但如果是着眼于创新驱动时,政府同样也不知道,专家也不知道,此时如果进行选择性补贴根本不知道"选什么",如果一定要"选择"则一旦选错就变成创新的桎梏了。因此,面对发展阶段的转换,当前中国产业政策转型也应指向创新驱动这一核心任务。应该说,作为激励创新的动力机制,更多的不是通过产业政策把现有的成功创新者挑选出来加以鼓励,而是创造一个能够发现创新、赋予创新的市场机制。从近代历史看,专利制度是这方面的成功案例。专利制度通过赋予技术创新者对成果享有排他性的获取收益权利,在很大程度上解决了技术创新的激励问题。那么,商业模式的创新怎么进行激励呢?现有的办法是给予股权,通过一套金融制度的安排,通过股权激励来解决。无论哪种方式,其根本都是通过完善市场让创新者成为市场竞争的获胜者和获利者。

第四节 产业政策转型应立足"两只手"的有机协调

无论是产业政策还是创新与竞争政策,它们都是国家治理经济的政策工具，归根结底，其在产业政策中的地位是由其在特定时代条件下所面临的重大现实问题和解决这一问题的效率决定的，在功能上各有侧重，政策运用目标、思路和手段也会各有不同。其中，产业政策重在应用政府的"有形之手"的作用，引导资源流向符合国家战略方向，实现均衡跃迁；竞争政策意在发挥市场"无形之手"的决定性作用，引导市场尽可能实现其竞争性均衡，持续促进资源的高效配置；而创新政策则是采取"政府引导加企业主导"的作用方式，促进相关产业的创新活动及创新成果的有效转化。由于创新是具有高度不确定性的经济行为，更需要市场主体自主决策、自担风险。政府推动创新驱动的主要职责，不是代替市场主体决策，更不是冲在一线主导创新活动，而是要全力为各类创新主体构建一个甘愿创新、自担风险的外部环境；只有当政府真正实现了角色转变，经济才会真正转到创新驱动的轨道上来。这就要求通过有效运用"有形之手"推动公平竞争和公平交易，主动优化产业政策的实施方式，培育市场化的创新机制，进一步加强创新与竞争政策的制度供给，为"创新驱动"建立起市场和政府各得其所、良性互动的体制机制基础，突出政策目标、政策手段、政策路径、政策组织与程序、政策绩效评价等重点环节，不断走向以创新与竞争政策引领产业发展的新阶段。

第十九章 产业政策转型实施建议[①]

日本、韩国的发展历程都很好地印证了实现创新驱动,迫切需要推进产业政策转型。英国也有类似经历,英国在20世纪60~70年代曾经学习日本,培育大量企业,鼓励大企业学习美国,缩短差距;后来发现美国真正的创新引领者并不是已经成功的企业,而是新产生的像英特尔这样不断冒出来的新企业,是促进创新不断涌现的市场环境。所以,20世纪80~90年代,英国又开始废除大量的产业政策,转向维护市场竞争、鼓励创新的政策体系。那么,具体到中国而言,如何从传统的产业迈向创新与竞争政策呢?具体做法虽然涵盖甚广,但我们认为以下几个方面的建议十分重要。

第一节 政策目标转型:从以产业扶持为主转向促进创新和维护竞争

加快产业政策转型将是政策目标的调整,即逐步实现从以产业扶持为主转向维护竞争和促进创新的政策目标。也就是说,要把维护竞争和促进创新作为政策首要的基础性目标,用竞争和创新政策取代传统产业性政策成为基础性政策。

一、以促进创新为政策核心目标

前述案例已经表明,创新现在已经成为世界各发展领先国家经济政策的首要核心目标。作为产业发展的原动力,创新是主动应对新一轮科技革命与产业变革的关键所在。能够形成有效的创新驱动,也是跨越"中等收

[①] 本章部分内容见刘涛雄,罗贞礼. 从传统产业政策迈向竞争与创新政策——新常态下中国产业政策转型的逻辑与对策. 党政干部参考,2016(2):23-24.

入陷阱"的根本。从美国产业政策的功能定位可以看出，其核心目标是长期专注于如何从整体上改变企业所处的商业环境，不断增强它们的创新能力和发展活力。今后，中国产业政策应以创新为核心目标，从对追赶产业扶持为主的传统产业政策转向以促进创新为核心目标的创新政策。

首先，需要明确促进创新是各项政策的首要目标，相关政策应该以此为标尺，凡是不利于这一目标的政策措施都应该"不出"或"慎出"，需要在此基础上合理规划政府的行为，划清各级政府的政策领域，对现行政策进行有针对性的调整，明确何为有所为、何为有所不为，将政策的主要功能转到促进创新上来。其次，可借鉴发达国家的创新政策经验，改进政府对创新活动的支持和管理方式。创新政策的理论基础、实施方式诸方面都和传统产业政策有很大的不同。如更加注重市场竞争的维护，更加重视知识产权保护等；也包括对研究开发活动的税收优惠、经费支持与补贴等财政激励政策，以创造或者扩大对创新产品市场需求为目标的政府采购政策、风险投资鼓励政策以及中小企业政策，专利制度、规制政策等。最后，建立完善创新导向的金融支持体系。创新活动也是高风险活动，且在不同阶段、不同领域面临着不同性质的风险。现代市场中解决创新活动高风险、信息不对称等问题的最有效的制度安排便是发育良好的金融体系，如发达的风险投资、天使基金和证券市场等。

二、以维护竞争为政策基本取向

从前文的理论框架与分析可知，创新的第一推动力是有效的市场竞争。中国的传统性产业政策，往往因重视发展规模经济和产业集中度等市场结构层面，而常常抑制了市场竞争机制的资源配置作用，且缺少有效的纠错监督机制。结合前期国际经验的比较分析，日本虽然非常重视实施产业政策，但从20世纪70~80年代以后，随着政府干预资源配置的作用逐渐让位于市场机制，其政策目标取向也经历了由竞争政策取代产业政策的转型发展。基于中国建设统一市场与维护竞争的客观要求，首先，要用竞争政策替代传统产业政策成为基础性政策，明确各项政策的基本取向是着眼于完善市场机制，让"有效竞争"运作起来。其次，是要倡导公平竞争、自由竞争在深化改革中扮演的重要角色，以竞争引领市场化改革方向，摒弃具有国家强制干预色彩的传统产业政策；打破地方保护，建设和维护全国统一大市场；打破行业进入壁垒，鼓励创新和创业者进行"创造性破坏"，形成以市场为核心的创新创业体系。最后，就是要完善市场运行的软性、硬性基础设施，建立行之有效的市场监督机制，严格规范各层次、各方面与产业相关政策的行使方式，充分发挥市场在资源配置中的决定性作用，确立竞争政策在整个经济政策体系中的基础性地位。

第二节 政策手段转型：从挑选型政策转向普适型政策

产业政策的转型成功有赖于政策手段的成功转型，逐渐从挑选型政策转向普适型政策，并建立起基于竞争—创新框架的负面清单制度。

一、弱化挑选型政策

现行挑选型产业政策存在明显缺陷，如中国在钢铁产业政策方面，因长期从限产指标、淘汰标准、行业集中度等微观层面，强制性实施挑选型产业政策，其政策实施效果多不理想，挑选型产业政策的弊端亦日渐显现。前述分析表明，弊端至少表现在：一是过多干预微观经济的产业政策，容易造成管理僵化。二是过多行政干预会影响市场的正常运行，导致产业政策出现负面影响。三是过去常用的目录指导政策在实际操作当中，也容易把本来具有市场需求的产能当作落后产能给予淘汰。四是因片面强调市场集中度，也会导致大量低效率的兼并重组。五是维系行政垄断方式治理产能过剩，不仅会加剧市场波动，而且会进一步加剧产能过剩的程度。

二、实施普适型政策

普适性政策是指，作为政府治理经济的政策工具，在其规定的有效时间和有效区域内（如全国或某个地区等）对政策客体具有普遍适用性。从西方国家普适型政策实践来看，确保所有的目标群体，即政策直接作用和影响的公众群体与社会成员，都能受到该政策的管制、调节和制约并平等享受其政策所带来的收益将尤为重要。为此，在实施普适型政策中，应构建统一开放、公平竞争的现代市场体系，充分发挥市场的优胜劣汰机制，而政府尽量减少挑选型政策的运用，从挑选赢家转向有效提供服务，而对"赢家的挑选"则是通过市场机制来完成的。

三、建立创新与竞争政策负面清单制度

负面清单制度是普适型政策的有效方式。建立良好的竞争和创新政策体系，必须坚持简政放权，从行政审批向"负面清单"管理迈进，做到审

批清单之外的事项均由社会主体依法自行决定。负面清单管理不仅是市场准入方式的重大变革,这种管理方式还有利于规范和约束政府行为,并为建立创新与竞争政策绩效多元主体评价体系,创造稳定、透明、可预期的制度环境。

第三节 政策组织与程序转型:从行政批文转向行政立法

自 1989 年国务院颁布《产业政策大纲》以及《关于当前产业政策要点的决定》以来,中国出台并实施了大量的产业政策。基于实践经验,中国产业政策的组织与程序因其自身特色的行政环境,形成了相关部办委局都能以"行政批文",分散式颁发各自产业政策的历史格局;在产业政策重大决策中长期缺少公众参与,致使行政手段在产业政策中所发挥的作用也超出了预期范围,很难保证政策的合法有效。因此,加快产业政策组织与程序从行政批文向行政立法转型,已是大势所趋。今后应以立法的形式和程序为主,制定竞争与创新政策法,避免由行政部门直接出台相关政策,不断加强对行政机关和公务人员的法律规范,加强对行政机关的政策决策程序活动进行监督的法律规范,真正做到依法治国,有法可依。

一、组建国家创新与竞争政策委员会

要借鉴欧美国家成立各种产业政策委员会的成功经验,结合中国经济体制改革总体进程及"十三五"重要规划机遇期,突出以国家层面的战略利益为首要考量,注重减少冗余或政策职能重复,避免政出多门又相互矛盾的产业政策制定乱局,建议组建创新与竞争政策制定及管控的协调机构——国家创新与竞争政策委员会,全面承担起对国家创新与竞争政策绩效的整体综合评估,对创新与竞争政策需求的宏观指导,对相关创新与竞争政策职能部门制定权限的有效监管等。具体操作上,可由全国人大主导、多部门参与,委员会下可设立研究支撑部门、国家创新与竞争政策评估部门等。委员会重点是要负责开展对重大创新与竞争政策制定的事前评估、事后评价等工作,定期或不定期向国家提交创新与竞争政策发展建议报告等。委员会建立后,经过委员会的评估应成为所有经济政策立法过程的一个必备程序,以保证阻碍创新扭曲竞争的政策不获通过。

这一委员会的设立有一个重要的优点是,可以将创新政策和竞争政策有效地协同起来。从目前欧美发达国家的现状来看,一般会在国会或类似

机构设有关于竞争政策的专门委员会。这是传统自由市场经济的产物，其核心目标是维护竞争。从前文的研究可知，对创新的促进，一方面，首要的是依赖市场竞争；另一方面，确实又存在市场竞争失效从而出现创新不足的情况，此时确实需要"政府之手"的参与；但"政府之手"的参与又应该有合适的方式，不应该以进一步扭曲市场为代价。这样，就需要在政策设计和评估上对创新的促进和对市场竞争的维护两者有机地统一起来，通过创新与竞争委员会可以有效地实现这一目标。

二、推动创新与竞争政策的去地方政府化

消除地方保护主义，保持创新与竞争政策对市场调节的统一性和协调性。中国现行产业政策的制定主体，包括中央政府和地方政府两个层面。中央政策具有全局性、指导性和原则性等特点，地方政府政策则更具针对性、特殊性和可操作性。从中国过去的产业政策实施经验看，一旦地方政府拥有产业政策的自由度过大，往往就会加大上下级政府之间对经济运行信息的不对称程度，就会产生国家与地方之间的利益考量分歧与目标认知矛盾，导致政策相互矛盾与掣肘。

比较明显的案例，就是多年来产能过剩现象的不断出现，反映出很多地区为了各自的地区生产总值、当地税收与就业等局部利益，公开制订和执行偏离国家行业规范条件的地方性产业政策，鼓励盲目扩张生产产能，使得落后工艺装备难以淘汰，行业产能过剩，粗放式发展方式也就无法得到根本扭转。为此，要按照"有所为，有所不为"的原则，尽快让创新与竞争政策制定主体回归中央政府，通过制定创新与竞争政策法，规范中央和地方关系，划定不同层级政府的政策空间，不断加强对行政机关的政策活动监督，加强对行政机关和公务人员的法律约束。

第四节 政策绩效评价转型：从政府主导转向第三方评估

产业政策绩效评价转型是建立竞争创新产业政策的关键环节，要尽快建立基于竞争—创新框架的第三方评估机制。中国过去产业政策的设计和实施，因过多局限于"挑选赢家"等，致使产业政策的有效性十分有限。同时，由于各级政府对产业政策的解读与中央会有出入，很多时候中央下达的政策往往受地方政府自身的利益所干扰，使得政策的执行力度大打折

扣，普遍存在对产业政策的实施缺乏有效监管的情况。而从现实操作过程来看，目前即使普遍转向创新与竞争政策，往往也都是由发改委牵头，召集少数相关部办委局协商制定后直接运行，既缺少对政策制定过程中事前的多元参与，也缺乏对政策实施绩效的监督、检查与事后的科学评估。如何克服传统政策绩效考核办法，积极建立并推进创新与竞争政策评价机制，将成为今后减少或摆脱行政性干扰的重要工作环节。为此，应通过引入第三方评估机构，在政策的制定、运行、影响以及总结等环节，加快建立政策评估与审议制度，并及时向社会公开；同时，可通过网络等新媒体平台，广泛接受公众力量的有效监督，增加政府政策的透明度，以最大限度地减少创新与竞争政策的无效性。

政策绩效评价包括深入梳理政策所发挥的效果、存在的问题以及问题产生的原因，准确衡量和检查包括对经济发展的长期影响，对市场环境的影响，以及对促进具体产业发展的正向作用与负面作用等；也包括跟踪监测相关政策与产业经济的动态运行情况，相关决策与执行活动的成本效益情况等。这些都是确保在后续的创新与竞争政策制定过程中主动吸取教训，并尽可能地降低其政策的负面效果，实现创新与竞争政策科学决策与实施效果的关键举措。为了解决中国产业政策决策中长期存在的制定不清、实施不力、效果不明等问题，确保创新与竞争政策的科学性、权威性和有效性，并推动政府治理能力的不断提升，必须加快推动产业政策绩效评价从政府主导向第三方评估转型。

结　语

产业政策一直以来都扮演着至关重要的角色，虽然不同的发展阶段尚有差异，但对于国家经济发展而言，已经产生了非常重要的作用。针对中国"十三五"时期（2015~2020年）的改革开放进程来看，加快实施国家创新驱动战略，将是关键的历史机遇期，也是非常重要的时间节点；与此同时，中国的产业政策也迎来了不得不率先转型的关键时刻。事实上，中国要实现全面小康，不但经济需要转型，产业需要转型，而且产业政策也需要转型。

基于政府和经济社会各界对产业政策的普遍关注程度，本书紧紧围绕"中国产业政策转型研究"这一命题，力求站在全国经济发展总体迈入"新常态"的战略高度及"十三五"重要发展机遇期，遵从发挥市场决定作用、提升政府治理能力、加大创新驱动力度等重大认知理念，紧密结合国内典型产业政策的历史演变规律，有效地借鉴国际产业政策转型典型经验，建立了"竞争—创新"分析的基本逻辑关系，并围绕"新常态"下政策转型的维度刻画及转型大局，结合"双引擎"（市场决定+创新驱动）协同的动力配置思路，坚持"从产业政策迈向创新与竞争政策"的战略取向定位，分目标、手段、程序规制、绩效评价等"四大"任务导向，对产业政策转型进行了重点研究，提出了组建国家创新与竞争政策委员会、推动创新与竞争政策的去地方政府化、引进创新与竞争政策听证系统等多项具体政策建议，在实施精准产业政策转型研究方面，已取得了比较圆满的研究成果。

诚然，产业政策是诸多政策工具之一。产业政策虽然在大多数发达国家与发展中国家都得到过普遍运用，但随着未来市场在资源配置中起决定性作用的充分发挥，真正要解决好资源在不同产业间的分配问题，也绝非只靠市场机制就可以完成的，政府作用如何发挥，也值得中国学者们认真对待与客观研究。总之，无论认为"市场万能"还是认为"政府万能"，都会与现实相脱节。随着市场的竞争性作用和政府的创新引导作用的不断增强，我们更加坚信，未来对产业政策的研究将更加严谨，案例将会更加丰富，量化式的政策论证也将更为具体；并希望目前所取得的研究成果，能为更广泛地加强创新与竞争政策体系的顶层设计、创新与竞争政策的组织模式创新、创新与竞争政策实施的制度环境优化等，甚至为建立起中国未来完整的创新与竞争政策体系，起到抛砖引玉的作用。

参考文献

[1] 曹玲, 张慧智. 韩国能源产业政策分析及启示. 社会科学战线, 2013 (2): 256-258.

[2] 崔永植. 韩国产业政策及其发展研究. 延边大学士学位论文, 2013.

[3] 财政部. 关于推动中国动漫产业发展的若干意见, 2006 (4).

[4] 陈淮. 日本产业政策研究 (第3版). 北京: 中国人民大学出版社, 1991.

[5] 陈建安. 产业结构调整与政府的经济政策. 上海: 上海财经大学出版社, 2002.

[6] 冯晓琦, 万军. 中国转轨时期的产业政策与竞争政策. 经济问题, 2005 (7): 21.

[7] 黄磊. 韩国德国产业政策比较及对中国的启示. 国际经贸探索, 2004 (3): 39-42.

[8] 胡启立. "芯"路历程. 北京: 电子工业出版社, 2006.

[9] 霍焱. 韩国产业政策研究. 延边大学士学位论文, 2003.

[10] 杰拉尔德·迈耶, 达德利·西尔斯. 发展经济学的先驱. 北京: 经济科学出版社, 1988.

[11] 金善女, 邢会. 韩国产业政策的成功演变及其启示. 河北工业大学学报, 2005 (12): 109-113.

[12] 江苏省经济和信息化委员会, 江苏省半导体行业协会编. 江苏省集成电路产业发展报告 (2012). 北京: 电子工业出版社, 2013.

[13] [阿根廷] 劳尔·普雷维什. 外围资本主义危机与改造. 上海: 商务印书馆, 1990.

[14] 刘桂清. 反垄断法中的产业政策与竞争政策. 北京: 北京大学出版社, 2010.

[15] 刘琳, 雷云燕. 美国产业政策及产业结构调整的特点及对中国的启示, 商场现代化, 2014 (5): 118.

[16] 卢斌, 郑玉叨, 牛兴侦. 中国动漫产业发展报告 (2011), 社会科学

文献出版社，2011：5-15.

[17] 吕明元．美国农业创新发展中的产业政策．世界农业，2007（2）：37-40.

[18] 李淑华，崔基哲．论韩国信息产业发展中的政府推进作用．延边大学学报（社会科学版），2014（5）：20-25.

[19] 李智娜．韩国产业政策的演变及其启示．商业时代，2007（6）：100-112.

[20] 朴东宙．韩国产业结构调整及其对中国的启迪．长春理工大学士学位论文，2011.

[21] 邱善勤，陶少华，高松涛．中国集成电路产业黄金十年．北京：电子工业出版社，2011.

[22] 宋德生．论美国集成电路工业模式的演变．世界经济研究．1987（4）．

[23] 王阳元，王永文．中国集成电路产业发展之路．北京：科学出版社，2008.

[24] 吴小丁．反垄断与经济发展．上海：商务印书馆，2006.

[25] 魏蔚．韩国产业政策分析．亚非纵横，2007（6）：42-46.

[26] 魏蔚．试析韩国绿色增长战略与新能源产业发展．当代韩国，2012（4）：48-59.

[27] 肖红军．韩国产业政策新动态及启示．国际经贸导刊，2015（2）上：12-14.

[28] ［日］小宫隆太郎，奥野正宽，铃村兴太郎．日本的产业政策．东京：东京大学出版社，1986.

[29] 杨丽．韩国优化产业结构的经验及对中国的启示．中国市场，2014（4）：24-27.

[30] 曾超．韩国的产业政策研究及启示．2013（10）：215-217.

[31] 中国半导体行业协会．中国半导体产业发展状况报告，2013.

[32] 朱贻玮．中国集成电路产业发展论述文集．北京：新时代出版社，2006.

[33] 周军．从中国的经济发展看新古典主义经济发展理论的得失．云南财贸学院学报，1996（3）：45-49.

[34] Acemoglu D., Guerrieri V. Capital Deepening and Non-Balanced Economic Growth. Journal of Political Economy, 2008, 116（3）：467-498.

[35] A. O. Hischman. The Strategy of Economic Development. New Haven：

Yale University Press, 1958.

[36] Brander James A., Spencer, Barbara. Strategic Commitment with R&D: The Symmetric Case. Bell Journal of Economics, Spring 1983, 14 (1): 225 – 235.

[37] Brander James A., Barbara J. Spencer. Export Subsidies and International Market Share Rivalry. Journal of International Economics, 1985, (18): 83 – 110.

[38] Curtis J. B. Fractured Shale-gas Systems. AAPG Bulletin, 2002, 86 (11): 1921 – 1938.

[39] Perroux F. Note sur les notion de pole de croissance. Economie Appliquee, 1955, 7 (1 – 2): 307 – 320.

后　记

《中国产业政策转型研究》，是2015年第三批国家社科基金后期资助项目研究成果。本书由刘涛雄、张永伟负责整体框架设计和全书统稿，罗贞礼研究员协助进行了全书统稿。其中，书稿的第一、第二、第三、第十三章由罗贞礼执笔，第四、第五、第十五章由刘涛雄、常龙杰执笔，第六、第七、第十六章由徐晓飞、张永伟执笔，第十章由常龙杰执笔，第八、第九、第十四章由张辉、蔡莹莹执笔，第十一、第十二章由李紫嫣执笔，第十七章由车超执笔，第十八、第十九章由刘涛雄、罗贞礼执笔，最后由刘涛雄、张永伟定稿。

借本书出版之际，特别感谢国务院发展研究中心原党组书记、清华大学创新发展研究院院长、中国电动汽车百人会理事长陈清泰先生对本课题的指导；感谢国家社科基金及经济科学出版社的诸多支持；衷心感谢清华大学产业发展与环境治理中心（CIDEG）给予的前期研究支持，以及清华大学社会科学学院各位同仁给予的诸多关心与帮助。并向所有参与、关心、支持的专家学者表示衷心感谢！同时，也恳请大家对本书不足之处给予批评指正！

作者

2017年9月于清华园

图书在版编目（CIP）数据

中国产业政策转型研究/刘涛雄等著．—北京：经济科学出版社，2017.11

国家社科基金后期资助项目
ISBN 978-7-5141-8803-5

Ⅰ.①中… Ⅱ.①刘… Ⅲ.①产业政策-研究-中国 Ⅳ.①F121

中国版本图书馆 CIP 数据核字（2017）第 310456 号

责任编辑：王柳松
责任校对：隗立娜
责任印制：邱 天

中国产业政策转型研究
刘涛雄 张永伟 罗贞礼等著
经济科学出版社出版、发行 新华书店经销
社址：北京市海淀区阜成路甲 28 号 邮编：100142
总编部电话：010-88191217 发行部电话：010-88191522
网址：www.esp.com.cn
电子邮箱：eps@esp.com.cn
天猫网店：经济科学出版社旗舰店
网址：http://jjkxcbs.tmall.com
固安华明印业有限公司印装
710×1000 16 开 14 印张 270000 字
2017 年 11 月第 1 版 2017 年 11 月第 1 次印刷
ISBN 978-7-5141-8803-5 定价：52.00 元
（图书出现印装问题，本社负责调换．电话：010-88191502）
（版权所有 翻印必究 举报电话：010-88191586
电子邮箱：dbts@esp.com.cn）